Studien zu Literatur und Film der Gegenwart
Band 6

Leben ist Kommunikation und Kommunikation ist Leben, Kommunikation macht den Menschen aus und begründet seine Freiheit. Wer wissen will, welche Möglichkeiten Kommunikation bereitstellt, der ist gut beraten, sich auch mit Literatur und Film zu beschäftigen. Literatur und Film konstruieren, reflektieren, kommentieren, verfremden, entwerfen Wirklichkeit(en), sie haben den Vorzug, dabei nicht an die Regeln der Realität gebunden zu sein.

Die Reihe konzentriert sich auf das, was uns heute am nächsten ist – die Literatur und den Film der Gegenwart. Sie bezieht dabei nicht nur als besonders künstlerisch geltende Arbeiten, sondern populäre Lese- und Filmstoffe, auf Spannung und Unterhaltung zielende Texte und Filme ebenso mit ein. Die von den Arbeiten der Reihe diskutierten Filme und Texte werden als einschlägig angesehen für den Literatur- und Filmbetrieb der Gegenwart und damit auch für die Gesellschaft und die Zeit, in der sie entstanden sind und rezipiert werden.

Vorschläge für die Reihe sind jederzeit gern willkommen.

Reihenherausgeber: Univ.-Prof. Dr. Stefan Neuhaus
Universität Koblenz-Landau, Standort Koblenz, Universitätstr. 1, 56070 Koblenz

neuhaus@uni-koblenz.de

Einmal Phantásien und zurück

Michael Endes *Unendliche Geschichte* – Hintergründe, literarische Einflüsse und Realitätsbezüge

von

Linda Müller

Tectum Verlag

Linda Müller

Einmal Phantásien und zurück.
Michael Endes *Unendliche Geschichte* –
Hintergründe, literarische Einflüsse und Realitätsbezüge

Studien zu Literatur und Film der Gegenwart; Band 6

ISBN: 978-3-8288-3205-3
Umschlagabbildung: © Lonely | shutterstock.com
ISSN: 2195-1314

Besuchen Sie uns im Internet
www.tectum-verlag.de

Bibliografische Informationen der Deutschen Bibliothek
Die Deutsche Bibliothek verzeichnet diese Publikation in der Deutschen Nationalbibliografie; detaillierte bibliografische Angaben sind im Internet über http://dnb.ddb.de abrufbar.

Für meine Oma im Land der Ferne

„Wer bist du denn?", fragt das Kind.

„Der Pagad", antwortet der Mann, setzt sich auf die Rampe und baumelt mit den Beinen.

„Und was bist du?", fragt das Kind.

„Ein Magier", antwortet der Mann, „und ein Gaukler. Beides."

„Und wie heißt du?", will das Kind wissen.

„Ich habe eine Menge Namen", antwortet der Pagad, „aber am Anfang heiße ich Ende."

[...]

„Wir könnten zusammen losgehen", schlägt das Kind vor, „und eine neue Welt suchen, wo wir beide wohnen können."

„Eine gute Idee!" sagt der Pagad und setzt seinen großen, sonderbaren Hut auf. „Und wenn wir keine finden, dann zaubern wir uns eine."

„Kannst du das denn?", fragt das Kind.

„Ich hab's noch nicht versucht", antwortet der Pagad, „aber wenn du mir dabei hilfst ... Übrigens finde ich, du solltest doch einen richtigen Namen haben. Ich werde dich Michael nennen."

„Danke", sagt das Kind und lächelt, „jetzt sind wir quitt."

Dann verlassen sie die Bude, den Jahrmarkt, die Stadt. Unter dem schwarzen Himmel gehen sie, angelegentlich ins Gespräch vertieft, auf den Horizont zu und werden kleiner und kleiner. Sie halten sich gegenseitig an der Hand, und man weiß nicht genau: Wer führt wen?[1]

1 Ende: Unter einem schwarzen Himmel liegt ein unbewohntes Land, in: Ende: Der Spiegel im Spiegel, S. 165–166.

Inhaltsverzeichnis

Einleitung

„In diesem Stall gab es […] ein weißes geflügeltes Pferd,
dessen Name früher einmal auch außerhalb Phantásiens bekannt war,
aber jetzt vergessen ist […].“[2]

Diese Worte finden sich auf den ersten Seiten der *Unendlichen Geschichte.* Sie sind programmatisch für das Buch, das in den 70er und 80er Jahren die Gemüter der KritikerInnen und LeserInnen entzweit hat wie wohl kaum ein anderes. Pegasos, geflügeltes Sinnbild der Poesie, vergessen in der Realität? Michael Ende übte mit seinem Buch unter anderem Kritik an einer vollkommen rationalisierten Welt, in der nur zählt, was einen offensichtlichen Nutzen hat, und in der der Phantasie – wenn überhaupt – eine untergeordnete Rolle zukommt. Was von KritikerInnen teilweise nicht gern gesehen wurde, traf bei den LeserInnen einen Nerv. In einer zunehmend technokratischen Lebensrealität gefangen, sehnten sich offensichtlich auch viele erwachsene Menschen nach einer Reise nach Phantásien, nicht nur Jugendliche und Kinder. Das 1979 erschienene Buch schaffte es als erstes Kinderbuch auf die Spiegel-Bestsellerliste,[3] stand in mehreren Bestsellerlisten monatelang auf dem ersten Platz und sogar jahrelang auf den vorderen Plätzen.[4] Seine Auflagenhöhen erreichten den sechsstelligen Bereich und es wurde in über dreißig Sprachen übersetzt.[5]

Michael Ende wird nach dem Erscheinen der *Unendlichen Geschichte* beinahe über Nacht zum Superstar. Er ist quer durch den deutschsprachigen Raum und darüber hinaus auf Lesereisen unterwegs und absolviert meist mindestens zwei Lesungen pro Tag. LeserInnen campieren vor seinem Haus in Genzano di Roma, dringen in sein Grundstück ein. Ende erhält Hunderte von Briefen, Lob und Fragen zu Themen aller Art.[6] Viele erheben Ende zu einer Art Guru und erwarten von ihm Antworten auf ihre Lebensfragen. Gelesen wird *Die unendliche Geschichte* damals wie heute von Menschen aus allen sozialen Schichten:

2 Ende: Die unendliche Geschichte, S. 31. Im Folgenden abgekürzt mit „UEG“.

3 Nickel-Bacon: Fantastische Literatur, in: Wild (Hg.): Geschichte der deutschen Kinder- und Jugendliteratur, S. 399.

4 Bittorf: Fabel für eine bedrohte Welt, in: DER SPIEGEL vom 15. August 1983, S. 130.

5 http://www.michaelende.de/buch/die-unendliche-geschichte, 31. August 2012, 17:24.

6 Hocke: Die Suche nach dem Zauberwort, in: Hocke, Kraft: Michael Ende und seine phantastische Welt, S. 114–115.

> „Wenn ich vorlese, sitzen vorne die Kinder, dann kommen die alternativen Indianermädchen mit Stirnband […], auf der anderen Seite stehen die Studenten und dahinter kommen die Erwachsenen. Auch die Briefe sind von Achtjährigen und von Achtzigjährigen, von Universitätsprofessoren und von Fabrikarbeiterinnen."[7]

Im Jahr 1981 erhält Ende neben zahlreichen anderen Preisen für das Buch den Europäischen Jugendbuchpreis und den Janusz-Korczak-Preis für sein Gesamtwerk.[8] Michael Ende ist auf dem Höhepunkt seiner Popularität – KritikerInnen bleiben ihm gegenüber zunächst allerdings häufig skeptisch und fragen immer wieder nach Gründen für den unerwarteten Erfolg seiner Romane. Eine besonders schöne Antwort auf diese Frage gibt Franz Rottensteiner, für ihn ist der Grund für den großen Erfolg des Buches:

> „[…] die Macht der Phantasie, die kindliche Phantasie, die sich jeder Reglementierung entzieht und für die der Autor sich eloquent ausspricht und einen jugendlichen Helden dabei […] auf eine Kette von Abenteuern in einer geistigen Queste und Odyssee schickt, die ihn mit phantastischen Welten und Wesen zusammenbringt, in denen die Fülle aus der Literaturgeschichte bekannter Motive und Themen angeschnitten werden, von der Odyssee über höfische Ritterromane bis zu Rabelais, die Romantiker wie Novalis und Phantasten wie Lewis Caroll, die in bunter Folge […], aber dennoch wohl geordnet, vor dem Auge des Lesers abrollen, als sich der Held Bastian in der Phantasiewelt des ultimativen Buches Die unendliche Geschichte verliert, um sich selbst zu finden."[9]

Mit der Frage nach dem Grund für den großen Erfolg stellt sich auch die Frage nach der literarischen Einordnung des Werkes: Ist *Die unendliche Geschichte* ein eskapistischer Fantasy-Roman, ein triviales Kinderbuch, eine spirituelle Lektüre für Erwachsene, eine Ostereiersuche für GermanistInnen, ein Bildungs- und Abenteuerroman oder ein verspätetes romantisches Werk? Darüber sind sich KritikerInnen, FeuilletonistInnen, Ende-GegnerInnen und seine fanatischen AnhängerInnen bis heute uneinig. Ein Kriterium wurde dem Buch in den Jahren nach seinem Erscheinen aber von fast allen Seiten abgesprochen: das der Welthaltigkeit. Der *Unendlichen Geschichte* wurde, wie Endes Werken insge-

7 Bondy u. a.: Gespräch mit Michael Ende, in: SZ vom 14. März 1981, S. 137.

8 Hocke, Kraft: Michael Ende und seine phantastische Welt (Anhang), S. 144.

9 Rottensteiner: Einige Bemerkungen zu Michael Ende, in: Rzseszotnik (Hg.): Zwischen Phantasie und Realität, S. 236–237.

samt und der Fantasy-Literatur im Allgemeinen, häufig Eskapismus unterstellt. In den Augen vieler war Ende „ein potentiell gefährlicher Advokat jenes Irrationalismus, vor dem man die Errungenschaften der Aufklärung zu schützen hatte“.[10] Ob die Flucht aus der Realität nun jedoch scharf kritisiert oder befürwortet wurde – kaum eine Stimme wurde laut, um aufzuzeigen, dass das Buch, wenn auch auf weiten Strecken in Bildern verschlüsselt, sehr wohl auf Zustände und Umstände der realen Lebensumwelt Endes Bezug nimmt.

Erst später änderte sich die Ende-Rezeption, so erschien zum Beispiel 1991 das Buch *Momo erzählt Zen* von Sōiku Shigematsu, einem Zen-Priester und Universitätsprofessor, der sich mit zenbuddhistischen Einflüssen auf *Momo* beschäftigt.

Dass Michael Endes Werke mehr als einfache Phantasiegeschichten, vielmehr komplex strukturierte und vielfach intertextuell verknüpfte Konstrukte sind, stellte bereits 1988 Claudia Ludwig fest. In dem Buch *Was du ererbt von deinen Vätern hast …* stellt sie die These auf, dass der Erfolg von Michael Endes Büchern unter anderem auf den vielen Parallelen zu literarischen Quellen beruht. Mit Hilfe von Vergleichen zwischen den Büchern Endes und deren literarischen Vorbildern versucht sie, dies zu belegen. Diese Vergleiche bilden einen wichtigen Ausgangspunkt für die vorliegende Arbeit. Auch das 2009 erschienene *Phantásien-Lexikon* von Roman und Patrick Hocke arbeitet immer wieder literarische und kulturgeschichtliche Bezüge in Endes Texten, vor allem in der *Unendlichen Geschichte*, heraus.

Ebenfalls im Jahr 2009 veröffentlichte Julia Voss *Darwins Jim Knopf* und gab der Ende-Rezeption endgültig eine neue Richtung – sie beschreibt in ihrem Buch, von dem später noch ausführlicher die Rede sein wird, unter anderem, wie Ende in den beiden *Jim-Knopf*-Bänden nationalsozialistische Rassenbilder auflöst. Außerdem argumentiert sie überzeugend, dass sich die Figur des Jim Knopf auf einen kleinen feuerländischen Jungen namens Jemmy Button bezieht, von dessen Schicksal Charles Darwin in seinem Reisebericht *Die Fahrt der Beagle* erzählt. Während der Realitätsbezug in *Momo* relativ eindeutig ist und auch von zeitgenössischen Rezensenten erkannt wurde, ist er in *Jim Knopf* weniger offensichtlich – auch wenn er seit Voss' Erkenntnissen nicht mehr zu negieren ist.

Was Julia Voss für *Jim Knopf* geleistet hat, versucht die vorliegende Arbeit für *Die unendliche Geschichte* zu leisten; den Eskapismus-Vorwurf zu entkräften und

10 Rehlinger, Oliver: Im Kettenhemd der Phantasie, in: Kürbiskern, Heft 4 (1987), S. 115.

auf eine Spurensuche zu gehen, die Einflüsse auf Endes Werk zu Tage fördern soll – in diesem Fall sowohl solche aus der realen Welt, in Endes Terminologie der „Außenwelt", als auch solche aus der Literatur und aus der Ideengeschichte, also aus philosophischen, religiösen und spirituellen Weltanschauungen.

Zu beinahe jedem der einzelnen Kapitel dieser Arbeit könnte eine eigene Arbeit verfasst werden – die Anspielungen und Bezüge, die in der *Unendlichen Geschichte* zu finden sind, sind schier unendlich. Auch sind es nicht nur große Werke der Weltliteratur und -philosophie, die Ende in seinem Schaffen beeinflusst haben – Ende kannte „bei seiner Suche nach Anregungen keine Berührungsängste".[11] Seine Arbeitsbibliothek, die in der Internationalen Kinder- und Jugendbibliothek im Schloss Blutenburg in München zugänglich ist, spiegelt mit seinen Lesegewohnheiten auch seine Abneigung gegen ein elitäres Literaturverständnis wider. Von der Goethe-Gesamtausgabe und den gesammelten Werken Steiners, zerlesen und liebevoll in Papier eingeschlagen, über Märchen aus aller Welt und jungsche Symboldeutung bis hin zum trivialen Fantasy-Groschenroman bietet sich ein buntes Sammelsurium als Sammelbecken von Inspirationen.

Ein Ziel der vorliegenden Arbeit ist es dementsprechend, einen möglichst breit gefächerten Überblick über das zu bieten, was einen besonders starken Einfluss auf *Die unendliche Geschichte* ausgeübt hat – die Gesamtheit der Bezüge und Anspielungen zu erfassen, ist ohnehin unmöglich. Doch auch eine auf die wichtigsten Einflüsse konzentrierte Darstellung vermittelt einen guten Eindruck davon, wie vielschichtig Endes Werk ist und auf wie viele Arten es gelesen werden kann – sicherlich auch ein Grund dafür, dass die Leserschaft so unterschiedlich ist.

Die Arbeit beginnt mit einem Abriss über Michael Ende und die Rezeption seiner Werke. Ganz am Anfang steht eine Rezeptionsanalyse, die sich vor allem mit Printmedien auseinandersetzt, gefolgt von Kapiteln über das Literaturverständnis Endes und sein poetologisches Konzept, seine literarische Sozialisation und damit auch bestimmte Aspekte seiner Biographie, die nicht ausgespart werden können – seine Schulzeit während des Nationalsozialismus und sein künstlerisch geprägtes Umfeld hatten großen Einfluss auf Endes Anforderungen an Kunst und Literatur. Thematisiert wird außerdem sein schwieriges Verhältnis zur Literaturkritik und zum Literaturbetrieb im Allgemeinen. Julia Voss und der neuen Richtung, die sie der Ende-Rezeption gegeben hat, soll ein eigenes kurzes Kapitel gewidmet werden, da sie in ihrem Buch wesentliche Punkte der

11 Kraft: Die Faszination des Anderen, in: Hocke, Kraft: Michael Ende und seine phantastische Welt, S. 15.

Arbeitsweise Endes herausarbeitet, die für *Die unendliche Geschichte* ebenso gültig sind wie für *Jim Knopf.*

Der zweite Teil der Arbeit beschäftigt sich mit Realitätsbezügen in der *Unendlichen Geschichte*, etwa mit der Thematisierung von Tyrannei und gewaltloser Herrschaft, Krankheit, Schule und Familie. Außerdem beschäftigt sich dieser Teil mit der Darstellung jener rationalisierten Welt, gegen deren Bedeutungslosigkeit Michael Ende sein Leben lang antrat.[12] Zu diesem Zweck werden verschiedene Passagen der *Unendlichen Geschichte* herausgegriffen und auf ihre Beziehung zur Realität hin untersucht.

Der dritte Teil der Arbeit, der den meisten Raum einnimmt, beschäftigt sich mit Endes literarischen und ideengeschichtlichen Vorbildern – chronologisch aufsteigend von der Literatur der Antike über die Heldendichtung des Mittelalters, die Romantik, die Tiefenpsychologie Freuds und Jungs bis hin zu den Thesen Rudolf Steiners und der modernen Fantasy-Literatur. Dazu werden vor allem Aussagen Michael Endes darüber herangezogen, welche Texte für sein literarisches Schaffen besonders prägend waren, und ein Lesebuch, welches unter dem Titel *Mein Lesebuch* bei Fischer als Taschenbuch erschienen ist und in welchem Ende eine Auswahl der für ihn wichtigsten Texte getroffen hat.[13] Aufschlussreich ist außerdem das bereits erwähnte Ende-Museum in der Internationalen Kinder- und Jugendbibliothek im Schloss Blutenburg in München, in welchem Endes Arbeitsbibliothek ausgestellt und somit zugänglich ist. Ende hat sich zudem des Öfteren dazu geäußert, *warum* er in seinen Werken Bezüge zu bestimmten Prätexten hergestellt hat.

Auf diese Weise soll deutlich werden, dass *Die unendliche Geschichte* weit mehr ist als nur ein Kinderbuch oder ein eskapistischer Roman, dass es aufgrund seiner Vielschichtigkeit nicht einfach ist, das Buch literarisch einzuordnen, aber dass es auf jeden Fall als literarisches Werk ernst genommen werden muss. Außerdem soll ein Bild von Michael Ende entstehen, das ihn nicht als „Märchenonkel der Nation",[14] wie er von der Literaturkritik gerne wahrgenommen wur-

---

12 Hocke, Kraft: Michael Ende und seine phantastische Welt, S. 5.

13 Ende über *Mein Lesebuch*: „Ich wünschte mir, daß mit dem Lesebuch der weltanschauliche und intellektuelle Hintergrund meiner Arbeiten ein bißchen deutlich wird. Deshalb haben wir auch Überlegungen zur Erkenntnistheorie, zur Religion, philosophische Gedanken, ausgewählt." Zitiert nach o.V.: Michael Ende zum 65. Geburtstag, in: Fantasia, Heft 91/92 (1994), S. 306.

14 Schüle, Rommel: Von Müdigkeit absolut keine Spur, in: Vorarlberger Nachrichten vom 2./3. Dezember 1989.

de, sondern als ernstzunehmenden und bewussten Autor zeigt, der vertraut war mit der Literatur und den literaturtheoretischen Debatten seiner Zeit und vor seiner Zeit.

1 Michael Ende, *Die unendliche Geschichte* und die Literaturkritik

1.1 Ende in der Wahrnehmung der Literaturkritik – nur Kritik an Ende?

„Man darf von jeder Tür aus in den literarischen Salon treten: aus der Gefängnistür, aus der Irrenhaustür oder aus der Bordelltür. Nur aus einer Tür darf man nicht kommen, aus der Kinderzimmertür.“[15]

1.1.1 Michael Ende – Stiefkind der Literaturkritik?

In der Sekundärliteratur wird häufig mit Bedauern festgestellt, dass Endes Werk im Allgemeinen und *Die unendliche Geschichte* im Besonderen von der Literaturkritik besonders wenig und besonders negativ wahrgenommen wurde. Das „traurige, weitreichende Unverständnis von Michael Endes Werk“[16] wird immer wieder betont, auch von ihm selbst unterstrichen und mit dem großen Erfolg seiner Bücher in Relation gestellt – die Auflage von Endes Büchern übersteigt weltweit zwanzig Millionen Exemplare, es gibt Übersetzungen in über vierzig Sprachen.[17] Außerdem wird die Sekundärliteratur zu Ende nicht nur als überschaubar, sondern gar als „übersehbar“[18] eingestuft.

Die negative Wahrnehmung des Buches im Feuilleton wird stets mit demselben Begriff in Zusammenhang gebracht – Eskapismus:

> „Was die Leser und Leserinnen auf der ganzen Welt begeistert, erregte beim Erscheinen des Buches den Argwohn der Literaturkritik: Man warf dem Autor Eskapismus vor.“[19]

---

15 Ende, zitiert nach Hocke: Die Suche nach dem Zauberwort, in: Hocke, Kraft: Michael Ende und seine phantastische Welt, S. 139.

16 Gonzáles Dueñas: Unerwartete Spiegelungen, in: Rzseszotnik (Hg.): Zwischen Phantasie und Realität, S. 115.

17 Kraft: Die Faszination des Anderen, in: Hocke, Kraft: Michael Ende und seine phantastische Welt, S. 7.

18 Rottensteiner: Einige Bemerkungen zu Michael Ende, in: Rzseszotnik (Hg.): Zwischen Phantasie und Realität, S. 235.

19 Hocke und Hocke: Das Phantásien-Lexikon, S. 7.

Häufig wird diese Diskussion um den Fluchtcharakter von Endes Werken später als Ausgangspunkt für die Auseinandersetzung mit dem Werk Endes gesehen, als Grund, dem Autor endlich die verdiente Würdigung zukommen zu lassen:

> „Ein solcher Magier des Wortes, der keine banalen Fluchtlandschaften erschlossen, sondern in seine phantastischen Welten ausgedehnte Problemfelder eingebettet hat, verdient es, entsprechend gewürdigt zu werden."[20]

Wie die genauere Analyse der Ende-Rezeption jedoch im Folgenden zeigen wird, kann die Behauptung, Ende sei vom Feuilleton durchwegs stiefmütterlich behandelt worden, so nicht bestätigt werden.

1.1.2 Die Wahrnehmung Endes im Feuilleton vor der *Unendlichen Geschichte*

Wahr ist, dass Ende vor der *Unendlichen Geschichte* sehr wenig von der Literaturkritik wahrgenommen wurde.[21] Es findet sich zwar da und dort eine Veranstaltungsankündigung, eine Erwähnung oder ähnliches, vor allem nach der Verleihung des Jugendliteraturpreises 1961, aber keine wirkliche Auseinandersetzung mit *Jim Knopf und Lukas der Lokomotivführer* und mit *Jim Knopf und die Wilde 13.* Die Eskapismus-Debatte, welche, wie zahlreiche Aussagen Endes und seiner Zeitgenossen belegen, rund um das Buch in vollem Gange ist, schlägt sich in der Berichterstattung hauptsächlich darin nieder, dass über das Buch wenig bis gar nicht berichtet wird. Spürbar wird sie jedoch in Reaktionen, die sich vereinzelt in den wenigen positiven Besprechungen finden:

> „Diese Art von ‚Unwirklichkeit' ist keineswegs für Kinder gefährlich, denn es gibt eine Art von Wirklichkeit, über die Kinder besser Bescheid wissen als Erwachsene. Schlechte Kinderbücher zeich-

20 Rzeszotnik: Zwischen Phantasie und Realität (Vorwort), S. 9.

21 Für die Printreaktionen auf Endes Werk kann kein Anspruch auf Vollständigkeit gestellt werden. Vor allem der Zugang zu vor 1980 erschienenen Artikeln erwies sich als schwierig, da die Bestände an Artikeln aus dieser Zeit sowohl im Innsbrucker Zeitungsarchiv als auch im Nachlass Endes in Literaturarchiv Marbach spärlich sind. Da es laut Ende und verschiedensten LiteraturwissenschaftlerInnen, welche sich mit dem Phänomen Ende befassten, kaum Reaktionen auf *Jim Knopf* gegeben hat, kann die schlechte Dokumentationslage auch mit darauf zurückgeführt werden. Alle von der Verfasserin gesichteten Artikel aus Printmedien sind im Literaturverzeichnis aufgelistet.

> nen eine scheinbar reale Umwelt, die verlogen die sogenannte ‚heile Welt' vorgaukeln."[22]

Etwas lebhafter reagierten die Rezensenten auf *Momo oder Die seltsame Geschichte von den Zeit-Dieben und von dem Kind, das den Menschen die gestohlene Zeit zurückbrachte.* Erste Besprechungen erschienen bereits, bevor das Buch 1974 mit dem Deutschen Jugendbuchpreis ausgezeichnet wurde. Mit einer Rezension von Gustav René Hocke, erschienen im Oktober 1973, beginnt ein Trend, der sich quer durch die Ende-Rezeption hindurch fortsetzt. Man begründet, weshalb man es überhaupt für notwendig hält, sich mit einem Kinder- und Jugendbuchautor auseinanderzusetzen. So heißt es beispielsweise im Lead zu der Besprechung von Hocke:

> „Daß ein namhafter Kulturhistoriker wie Gustav René Hocke [...] ein Kinderbuch bespricht, ist ungewöhnlich. Hocke entdeckte einen Autor, der die Poesie der Romantik wiederbelebt und ein Märchen für Kinder wie für Erwachsene geschrieben hat."[23]

Hocke stellt Ende in den Kontext der Romantik, zieht Vergleiche zu Novalis und Rimbaud und nennt *Momo* „die Quintessenz einer neuen literarischen Gattung [...], die sich aus jeder Art von stur-einseitigem ‚Engagement' befreit hat".[24] Er hält Momo überdies für ein originelles Buch, welches Phantastik mit Poesie und sozialpolitischer Satire vereint und ein „Abgleiten in politisch und humanistisch unverbindliche, bloß restaurative Neo-Neo-Romantik"[25] vermeidet. Ein Loblied also, das aber trotzdem eingangs eine Rechtfertigung braucht, um gesungen zu werden. Es bleibt überdies die Frage offen, ob Hocke den Artikel auch verfasst hätte, ob er auf das Buch überhaupt aufmerksam geworden wäre, hätte er nicht bereits seit 1970 eine persönliche Bekanntschaft zu Michael Ende und seiner Frau gepflegt.[26]

Auch andere Rezensenten reagieren durchaus nicht unfreundlich auf *Momo*, so zeigt zum Beispiel Gertrud Fussenegger Sympathien für „ein Buch, das aus der

22 Winz: Wer alle Märchen kennt ..., in: Die Wahrheit vom 24. Dezember 1970. Vor allem bei älteren Zeitungsartikeln ist der vollständige bibliographische Hinweis häufig leider nicht mehr nachvollziehbar. Die Autorin bittet hierfür um Verständnis.

23 Hocke: Märchen von der geraubten Zeit., in: DIE WELT vom 11. Oktober 1973.

24 Ebd.

25 Ebd.

26 http://www.gustav-rene-hocke.de/stimmen.php, 28. November 2012, 19:11.

Reihe tanzt".[27] Dennoch halten sich die Reaktionen in Grenzen und in den Feuilletons der Zeitungen und Zeitschriften wird es schnell wieder ruhig um Ende, bis, ja, bis 1979 schließlich *Die unendliche Geschichte* erscheint.

1.1.3 *Die unendliche Geschichte* im Spiegel des Feuilletons

Der große Erfolg des Buches ist auch von Seiten der KritikerInnen her nicht zu ignorieren. Ende und sein Buch werden schon bald nach dem Erscheinen der *Unendlichen Geschichte* thematisiert – wenn auch äußerst selten aus einer literaturwissenschaftlichen Perspektive, sondern meist als „Hype" oder „Kultbuch", zu welchem die zentrale Frage lautet, worin der große Erfolg begründet liegen könnte.

Am 16. November 1979 erscheint eine begeisterte Rezension in der *ZEIT*. Jürgen Lodemann nennt das Buch ein „Meisterstück phantastischer Literatur"[28] und teilt Seitenhiebe aus auf eine „skandalöse deutsche Kritiker-Ordnung",[29] welche ernsthafte Literatur von Unterhaltungsliteratur ebenso trennt wie von Kinder- und Jugendliteratur. Er bedauert, dass vermutlich nie literaturwissenschaftlich über *Die unendliche Geschichte* gearbeitet werden wird, „da deutsche Seminare sich ja von Texten, die in einem Kinderbuchverlag erscheinen, dispensiert fühlen",[30] und drückt seine Hochachtung für Ende aus, den er einen „deutschen Tolkien"[31] nennt. 1980 fragt sich *DER SPIEGEL*, warum immer mehr Erwachsene ein Jugendbuch lesen, und befindet: „[...] dieses spannende, intelligente Jonglieren mit Vermittlungsformen und Erzählebenen macht Michael Endes Märchenroman [...] zu mehr als einem sogenannten Jugendbuch."[32] Auch hier wird ein Zusammenhang zu Tolkien hergestellt, jedoch wird festgehalten:

> „Der Unterschied der ‚Unendlichen Geschichte' zum semireligiösen Mystizismus Tolkiens ist ihr deutlich pädagogischer Realitätsbezug. Ende predigt nicht Eskapismus, schafft nicht gefährlich einfache Schwarz-Weiß-Welten, sondern er lehrt den jungen Leser behutsam,

27 Fussenegger: Heiterkeit hinter einer seltsamen Geschichte, in: Salzburger Nachrichten vom 7. Juli 1973.

28 Lodemann: Träume vom Nachtwald Perelin, in: DIE ZEIT vom 16. November 1979.

29 Ebd.

30 Ebd.

31 Ebd.

32 o.V.: Krankes Mondenkind, in: DER SPIEGEL Nr. 26 vom 23. Juni 1980.

> sich auf Phantasie und Poesie einzulassen, aber seine Wünsche und Träume an seiner alltäglichen Wirklichkeit zu messen, statt ganz in die verführerische Ersatzwelt abzudriften."[33]

Außerdem erkennt der Rezensent die große Fülle an intertextuellen Bezügen – ein weiteres Merkmal, das für den Verfasser dieser Besprechung *Die unendliche Geschichte* auch zu einem Buch für Erwachsene macht. Anders als Lodemann hält er sich also grundsätzlich an die Trennung zwischen Literatur für Erwachsene und Literatur für Jugendliche, rechnet *Die unendliche Geschichte* aber beiden Kategorien zu. Seine Schlussfolgerungen bedeuten allerdings auch, dass ein Jugendbuch grundsätzlich nicht literarisch ist, und dass es eben die literarische Qualität ist, die es möglich macht, den Roman als Erwachsenenbuch wahrzunehmen. Diese Ansicht wird von vielen Rezensenten der *Unendlichen Geschichte* vertreten.

Mit der anhaltenden Nachfrage nach dem Roman vermehren sich auch die Reaktionen der KritikerInnen. Immer wieder werden die neuesten Verkaufszahlen genannt, wird auf den großen Erfolg des Buches hingewiesen. Im gleichen Atemzug wird auch immer wieder die Frage nach dem Grund für den Erfolg gestellt. Insofern hat Roman Hocke teilweise recht, wenn er feststellt: „Wenn die Literaturkritiker ihn überhaupt erwähnen, so sprechen sie mit säuerlicher Miene vom ‚Phänomen Ende', doch eine literarische Einschätzung der Werke bleibt aus."[34] Was jedoch angesichts der großen Menge an Besprechungen nicht bestätigt werden kann, ist Hockes Aussage: „Von wenigen Ausnahmen abgesehen, ist er von den Literaturpäpsten im Lande ignoriert worden." Ignoriert worden ist Ende nicht von „den Literaturpäpsten" des deutschsprachigen Raumes, sondern lediglich vom sogenannten Literaturpapst Marcel Reich-Ranicki, der sich weigert, eine Meinung zu Michael Ende abzugeben: „Zum Phänomen Ende äußere ich mich nicht."[35]

Im Jahr 1981 erscheinen schließlich mehrere Artikel, die sich vor allem mit dem Autor Michael Ende auseinandersetzen. Dieter E. Zimmer nimmt im Juni eine Umfrage des Literaturmagazins des Südwestfunks, bei der Ende von den Zuschauern nach Thomas Mann und Hermann Hesse zum drittbesten deutschen Schriftsteller gewählt wurde, zum Anlass für einen Artikel. Interessanterweise

33 Ebd.

34 Hocke: Die Suche nach dem Zauberwort, in: Hocke, Kraft: Michael Ende und seine phantastische Welt, S. 139.

35 Reich-Ranicki, zitiert nach Gonzáles Dueñas: Unerwartete Spiegelungen, in: Rzseszotnik (Hg.): Zwischen Phantasie und Realität, S. 114.

schreibt Zimmer: „Wie bei den früheren Büchern geht die Kritik fast ausnahmslos aufs freundlichste mit der ‚Unendlichen Geschichte' um."[36] Darin sieht er einen der Gründe für die hohen Verkaufszahlen des Buches. Den wichtigsten sieht er jedoch darin, dass Michael Ende seiner Meinung nach einer neuen Bewegung ihre Mythen geschrieben hat, nämlich einer, die – ebenso wie Ende selbst – Schwierigkeiten mit der Rationalisierung, der Säkularisierung und mit der Leistungsorientierung der Gesellschaft hat.

Im September 1981 erscheint dann in der Zeitschrift *konkret* einer der Artikel, der all das erfüllt, was in der Sekundärliteratur so häufig über die Ende-Rezeption berichtet wird. Erich Kuby ist in dem Artikel „Deutsches Kultbuch für Flippies und Aussteiger"[37] empört von „einer unergiebigen Lese-Reise in ein Niemandsland",[38] über die zu schreiben er eigentlich als überflüssig erachtet – durch den großen Erfolg des Buches sieht er sich aber dazu gezwungen. Er kritisiert, dass auf der fiktiv-realen Ebene des Romans, „angeblich die unsere, die irdische",[39] die Realität verklärt wiedergegeben wird: „Ausgespart sind Arbeitswelt, Arbeitslose, Atomkraftwerke, Hausbesetzer, Sowjets, Mittelstreckenraketen und was es sonst so gibt an Peinlichkeiten."[40] Er spricht Ende jede poetische Begabung und jeglichen Schöpfergeist ab, nennt die Figuren Phantásiens „Klischeevorstellungen"[41] und zitiert Tucholsky: „Das ist Neudeutschlands süße Frucht: / Flucht, Flucht, Flucht."[42] Kubys Theorie zum Erfolg von Endes Roman:

> „Unser liebenswürdiger ‚Phantásien'-Erfinder hat das Glück, daß die Zeitläufe gerade anfangen, so richtig unbehaglich zu werden. Zukunft steht wieder als schwarze Wand vor uns […]. Es wäre nötig, sich den großen Problemen frontal zu stellen, wie es 1930 nötig gewesen wäre und nicht geschah. Wer hat dazu heute den Mut? […]

36 Zimmer: Der Mann, der unserer Zeit die Mythen schreibt. In: DIE ZEIT (ZEITmagazin) Nr. 24 vom 5. Juni 1981, S. 44–45.

37 Kuby: Deutsches Kultbuch für Flippies und Aussteiger, in: konkret vom September 1981, S. 48–49.

38 Ebd., S. 48.

39 Ebd.

40 Kuby: Deutsches Kultbuch für Flippies und Aussteiger, in: konkret vom September 1981, S. 48.

41 Ebd.

42 Tucholsky, ebd., S. 49.

> Wir haben nur Angst, deshalb der Massenaufbruch und -ausbruch nach ‚Phantásien'!"[43]

Als Ausbruch versteht auch Sigrid Löffler im Juli 1981 das Buch, sieht diesen jedoch weit weniger negativ, wenn sie sich auch nicht zu einem rein positiven Fazit entschließen kann:

> „*Die unendliche Geschichte* – ein unendlicher Trostspender. In Zeiten, in denen die Hoffnung auf reale Veränderungen sinkt, können derlei phantastische Weltentwürfe leicht zu Kultbüchern werden. Sicher ist es beseligender, um 215 Schilling eine Fahrkarte Phantasien [sic] tour-retour zu lösen, als etwa um die Mitbestimmung zu streiten. Der Nachweis, daß aus Phantasiefahrten jene Kraft erwachsen könnte, die die Wirklichkeit mitten ins Herz trifft, dieser Nachweis ist erst noch zu erbringen.[44]

Selbst wenn mit dem Erscheinen des Buches die Skepsis gegenüber der Phantastik an manchen Stellen wieder aufflammt, die LeserInnen hatten sich „längst für das fantastische Kinderbuch als selbstverständliches Pendant zum realistischen Kinderroman"[45] und wohl ebenso als Alternative zum Realismus der Literatur für Erwachsene entschieden. Auch die Rezensenten können sich diesem Erfolg nicht verschließen.

Volker Hage bezeichnet Endes Romane in der *Frankfurter Allgemeinen Zeitung* wenig später als „literarische Kunstmärchen von hoher Qualität"[46] und ist voll des Lobes für sie. *Die unendliche Geschichte* sieht er als „ein Buch voller Poesie: ein Buch über die Poesie – und ihren drohenden Verlust".[47] Auch er begründet den Erfolg des Buches in einer neuen Stimmung innerhalb der Gesellschaft und stellt ganz im Sinne Endes fest: „Das Phantastische fördert ja nicht die Realität, sondern schafft die Bedingungen, unter denen die eigenen Träume freizulegen und neu zu ordnen sind."[48] Er hält den Roman außerdem für ein kritisches

43 Ebd.

44 Löffler: Phantasien tour-retour, in: profil vom 6. Juli 1981.

45 Nickel-Bacon: Fantastische Literatur, in: Wild (Hg.): Geschichte der deutschen Kinder- und Jugendliteratur, S. 398.

46 Hage: Vom märchenhaften Erfolg des Michael Ende, in: FAZ vom 31. Oktober 1981.

47 Ebd.

48 Ebd.

Buch, die Kritik sieht er vor allem in seiner Gestalt begründet, das Buch sei aber trotzdem „frei von jedem missionarischen Eifer“.[49]

Nachdem sich *Momo* und *Die unendliche Geschichte* im Sommer 1982 noch immer auf den vorderen Plätzen der Bestsellerlisten tummeln, erscheint im Magazin der Weltwoche ein umfangreiches biographisches Porträt von Michael Ende. Autorin Christine Steiger stellt einen Zusammenhang zwischen den Texten Endes und seinen Erfahrungen als Kind und Jugendlicher im Zweiten Weltkrieg her und versucht außerdem zu erklären, warum Ende bei den KritikerInnen anfangs auf so große Ablehnung stieß: „Deutschland, gerade erst aus dem finstersten Alptraum erwacht, hatte sich aus lauter Angst vor einem neuerlichen Einbruch des Schreckens das Träumen schlechthin verboten.“[50] Auch sie ist der Meinung, dass die Menschen genug von diesem streng rationalistischen Weltbild hatten und sich Endes Bücher gerade deshalb so großer Beliebtheit erfreuen. Sie setzt sich außerdem mit den vielen Einflüssen auf Endes Werk auseinander. Die Frage, ob Endes Roman literarische Qualität habe, lässt sie offen: „[...] es ist in meinen Augen müssig, über die Qualität des Brots zu diskutieren, nach dem Hungernde greifen.“[51]

Es muss festgehalten werden, dass die an vielen Stellen lautgewordene Klage, Michael Ende sei von der Kritik so gut wie völlig ignoriert worden, so nicht bestätigt werden kann. Vor allem zur *Unendlichen Geschichte* erschienen durchaus Rezensionen und Artikel in einigen namhaften Medien – und längst nicht alle stehen dem Buch negativ gegenüber. An vielen Stellen wird zwar nicht unbedingt ein literarisches Urteil über *Die unendliche Geschichte* gefällt, sondern eher der Erfolg des Buches mit dem aktuellen Zeitgeist in Zusammenhang gebracht – aber: Das Buch wird besprochen. Dennoch ist die Medienresonanz, wenn man ihr die Verkaufszahlen des Buches gegenüberstellt, verhältnismäßig gering, wenn auch nicht so gering, wie das häufig dargestellt wird, und auch nicht so negativ. Unter Bezugnahme auf die für diese Arbeit gesichteten Rezensionen drängt sich der Eindruck auf, dass auch das ständige Erwähnen des schlechten Verhältnisses der KritikerInnen zu Endes Büchern am Erfolg des Buches mitgewirkt und eine skandalisierende Wirkung[52] gehabt haben könnte.

---

49 Ebd.

50 Steiger: Der Zauberlehrling, in: Weltwoche (Magazin), vom 23. Juni 1982.

51 Ebd.

52 Zu den Voraussetzungen und Mechanismen des Literaturskandals vgl. z.B.: Stefan Neuhaus: Wie man Skandale macht, in: Freise u. a. (Hg.): Wertung und Kanon, S. 29–41.

Tatsächlich der Fall ist, was in der Sekundärliteratur ebenfalls häufig beklagt wird: Das Buch wird meist als Kinder- oder Jugendbuch wahrgenommen. Auffällig ist ferner, dass viele FeuilletonistInnen eine Rechtfertigung brauchen, um solche Kinder- und Jugendbücher zu besprechen. In fast allen Fällen dient als solche der große und unerwartete Erfolg der *Unendlichen Geschichte.* Der Ausbruch des Protagonisten aus der Realität wird aus unterschiedlichen Perspektiven betrachtet, als Trostspender, also Modus des Krafttankens für die Herausforderungen des täglichen Lebens und natürlich auch als Flucht. Äußerst selten jedoch wird Phantásien als Spiegelung der Realität gesehen und noch seltener wird Ende als Autor mit politischer bzw. gesellschaftlicher Relevanz dargestellt, wie zum Beispiel in der Laudatio zur Verleihung des Großen Preises der Deutschen Akademie für Kinder- und Jugendliteratur. Dort ist man der Meinung, dass in Endes Schaffen „die phantastische Geschichte als Mittel zur Bewältigung drängender aktueller Probleme auf exemplarische Weise weiterentwickelt wurde“.[53]

1.1.4 Reaktionen auf Veröffentlichungen nach der *Unendlichen Geschichte*

Endes Veröffentlichungen nach der *Unendlichen Geschichte* und die Verfilmungen seiner Werke[54] werden durchwegs im Feuilleton beachtet, teilweise negativ – von „sauteuren 140 Seiten [...] Plattheiten einer so exemplarischen Art“[55] schreibt zum Beispiel Tilman Spengler über das in Buchform erschienene Gesprächsprotokoll *Phantasie / Kultur / Politik* –, teilweise positiv – „von der Saugkraft surrealer Zeichnungen oder der der nachtmahrischen Unabwendbarkeit Kafkas“,[56] so spricht eine *SPIEGEL*-Rezension über *Der Spiegel im Spiegel*, ein Buch, welches für einen Erzählband auffällig häufig besprochen wurde. „Der Autor [...] hat sich im Labyrinth seiner Traumgeschichten hoffnungslos verfangen“,[57] bedauert Volker Hage in seiner Rezension.

53 Baumgärtner: Laudatio zur Preisverleihung der Deutschen Akademie für Kinder- und Jugendliteratur in Volkach am 26. November 1980, zitiert nach o.V.: Michael Ende zum 65. Geburtstag, in: Fantasia, Heft 91/92 (1994), S. 307.

54 Auf die Verfilmung der *Unendlichen Geschichte* und den gleichsam unendlichen Rechtsstreit um diesen Film kann im Rahmen dieser Arbeit nicht näher eingegangen werden. Interessierten Lesern sei zu diesem Thema ein 1990 von Joachim Fuchsberger geführtes Interview mit Michael Ende ans Herz gelegt, zugänglich auf YouTube, http://www.youtube.com/watch?v=wh2aR_Rs_zk, 7. November 2012, 11:20.

55 Spengler: Stammtischlein deck dich, in: SZ vom 1. Juli 1982.

56 o.V.: Mondenkind Lucifer, in DER SPIEGEL Nr. 14 vom 2. April 1984.

57 Hage: Ein völlig ungefährliches Labyrinth, in: FAZ vom 17. April 1984.

„Nonsens mit Hintersinn“[58] nennt K.-R. Danler das Theaterstück *Die Jagd nach dem Schlarg.* Dem *Satanarchäolügenialkohöllischen Wunschpunsch* widmet der *Münchner Merkur* 1989 einen Artikel,[59] *DER SPIEGEL* amüsiert sich über Endes „literarische Rache“[60] an Marcel Reich-Ranicki, der als „Büchernörgele“ durch dieses Buch geistert. „Ende [...] spricht für uns alle und wünscht für uns alle. Im *Wunschpunsch* schöner denn je“,[61] findet Rainer Wochele in einer Besprechung des *Wunschpunsches* in der Süddeutschen Zeitung. *Ophelias Schattentheater* wird ebenfalls in der *Süddeutschen Zeitung* von Rainer Malkowski ausdrücklich gelobt.[62]

Auch zu Endes 60. Geburtstag im selben Jahr erscheinen mehrere Artikel. Viele davon halten Rückschau auf Endes Anfänge und seine bisherigen literarischen Erfolge – großteils in sehr freundlichen Worten –, häufig wird auch hier auf seine Schwierigkeiten mit der Literaturkritik hingewiesen:

> „Seine Irrationalität war wie ein rotes Tuch für Rezensenten, die überall Weltflucht und Unterhaltungs-Opium fürs einfache Lese-Volk witterten, wo Realität nicht haargenau abgebildet wurde.“[63]

In den Rezensionen zu Endes auf *Die unendliche Geschichte* folgenden Werken findet sich immer wieder vereinzelt der Vorwurf des Eskapismus, so kann zum Beispiel der Autor einer Besprechung des Bilderbuches *Filemon Faltenreich* nicht nachvollziehen, warum Ende „zu einer Zeit, da der ceylonesische Elefant am Aussterben ist [...], eine so läppische und artifizielle Figur des Elefanten zeichnen“[64] kann. „Kann man die Welt durch Märchen und Fabeln retten oder bessern?“,[65] fragt sich Gunter Grimm in einer Besprechung zum Gedichtband *Trödelmarkt der Träume.* Am deutlichsten wird Eduard Kopp in seiner Besprechung des *Traumfresserchens*: Er nennt das Bilderbuch „ein Märchenbuch für

58 Danler: Jagd nach dem Schlarg im Prinzregententheater mit absurder Poesie und bisweilen hart am Klamauk vorbei, in: Tiroler Tageszeitung vom 27. Jänner 1988.

59 Dultz: Autor möchte Lieder schreiben, in: Münchner Merkur vom 13. Oktober 1989.

60 o.V.: o.T., in: DER SPIEGEL Nr. 45 vom 6. November 1989.

61 Wochele: Ein höllisches Schlückchen Wunschpunsch, in: Stuttgarter Zeitung vom 10. März 1990.

62 Malkowski: Mit den Schatten, mit den Träumen leben, in: SZ Nr. 133 vom 11./12. Juni 1988.

63 Tschapke: In den Lüften der Phantasie, in: DIE WELT vom 10.11.1989.

64 o.V.: Dickhäuter auf Sinnsuche, in: DIE ZEIT Nr. 2 vom 4. Jänner 1985, S. 35.

65 Grimm: Keine Königskinder in Mutlangen, in: Stuttgarter Zeitung vom 1. Oktober 1986.

überforderte Eltern",[66] denen es zu anstrengend ist, das Gespräch mit ihren Kindern und die Gründe für deren Alpträume zu suchen.

Ab 1994 steht dann der *Zettelkasten* im Fokus der Rezensenten und stößt bei diesen auf großes Interesse. Tenor: Das Buch ist „fast immer lesenswert und überaus aufschlußreich".[67] Im selben Jahr gibt es dann auch überschwängliche Reaktionen auf Endes 65. Geburtstag. Ende ist fürs Feuilleton nun „einer der Großen unter den deutschen Kinder- und Jugendbuchautoren",[68] „einer, an dem man nicht vorbeireden kann"[69] und ein „einfallsreicher Märchenerzähler".[70] Mehrere große Artikel und Interviews in namhaften Printmedien liefern den LeserInnen Informationen über den Menschen und über den Schriftsteller Michael Ende.

Die nächste Rezensionswelle ein Jahr später hat einen traurigen Anlass: Im August 1995 verstirbt Ende an einem Krebsleiden. Das Feuilleton zeigt sich bestürzt und trauert in ausführlichen Nachrufen um eine „Kult- und Identifikationsfigur",[71] einen „legitime[n] Nachfahre[n] der großen deutschen Romantiker",[72] beleuchtet Endes literarischen Weg von der harten Suche nach einem Verlag für *Jim Knopf* bis zu seinem frühen Tod und beschäftigt sich im Zuge dessen erneut mit dem Eskapismus-Vorwurf.

Nach Endes Tod reagiert das Feuilleton auf Jubiläen und andere Ereignisse im Zusammenhang mit Ende und seinem Werk, etwa 1998 auf die Eröffnung des Ende-Museums in Schloss Blutenburg in München oder 2000 auf die Zeichentrick-Verfilmung von *Jim Knopf*. Ebenfalls 2000 taucht *Die unendliche Geschichte* im „kleinen Kanon schlechter Bücher" der *Frankfurter Rundschau* auf. Für Autor Georg Klein ist es unverständlich:

66 Kopp: Böse Träume schmecken gut, in: DAS Nr. 231 vom 2. August 1991.

67 Schwieren-Höger: Nieselprim, Stups & Co., in: DIE WELT vom 4. Juni 1994.

68 Mogge: In jedem steckt ein Held oder auch ein Feigling, in: RM vom 11. November 1994.

69 Ebd.

70 Lutz: Die unendliche Lust am Fabulieren, in: Stuttgarter Zeitung Nr. 262 vom 12. November 1993.

71 Stössinger: Spass am absichtslosen Spiel der Phantasie, in: Tages-Anzeiger vom 30. August 1995.

72 Auch: Der Freund aus Lummerland, in: Stuttgarter Zeitung vom 30. August 1995.

> „Ausgewachsene Männer und Frauen genierten sich nicht, in den Seiten einer Geschichte zu versinken, deren Verfasser nicht weniger, aber auch nicht mehr als ein bekannter Kinderbuchautor war."[73]

2000 wird außerdem *Jim Knopfs* 40. „Geburtstag" groß besprochen. Zu diesem Zeitpunkt ahnte man noch nicht, dass bald eine Wissenschaftlerin mit ihren Erkenntnissen zu den *Jim-Knopf*-Bänden für eine völlig neue Perspektive im Blick auf die Bücher sorgen würde, wie im nächsten Kapitel dargelegt wird.

2010 stellt sich schließlich Judith von Sternburg die Frage, warum in einer weltweiten Umfrage nach den besten deutschen Büchern Goethes *Faust* sowohl von *Momo* als auch von der *Unendlichen Geschichte* überholt wurde.[74] Die heutige Medienberichterstattung steht Ende fast ausnahmslos positiv gegenüber. Längst hat man erkannt, dass das Motiv einer Hauptfigur, die zwischen einer Anderswelt und der Realität hin- und hergehen kann, die kinderliterarische Phantastik stark beeinflusst hat. Und nicht zuletzt weil die phantastische Kinder- und Jugendliteratur seit den 90er Jahren endgültig im Literaturbetrieb etabliert ist, gilt Michael Ende heute als ein arrivierter Autor.[75]

1.1.5 Voss' *Darwins Jim Knopf* – Wende in der Ende-Rezeption

Während der Recherchen für ihre Dissertation über die Bildlichkeit in Charles Darwins Evolutionstheorie stieß die Journalistin und Wissenschaftshistorikerin Julia Voss 2005 auf auffällige Parallelen zwischen Lummerland und dem England der Kolonialzeit. „Warum die Insel übrigens Lummerland hieß und nicht irgendwie anders, wußte kein Mensch. Aber sicherlich wird das eines Tages erforscht werden."[76] So steht es auf den ersten Seiten von *Jim Knopf* geschrieben – und diese Zeilen sollten recht behalten. Julia Voss begann zu vergleichen – Lummerland wird vor Jim Knopfs Eintreffen auf der Insel von vier Personen bewohnt, einem König in schottischen Pantoffeln, Frau Waas, der Besitzerin eines Kaufladens, Lukas, dem Lokomotivführer, der die Eisenbahnstrecke auf Lummerland betreibt, und von Herrn Ärmel, dessen Daseinsgrund es

73 Klein: Michael Ende, Schundautor, in: Frankfurter Rundschau Nr. 156 vom 8. Juli 2000.

74 Sternburg, Judith von: Times Mager Nr. 7, in: Frankfurter Rundschau Nr. 199 vom 28. August 2010, S. 33.

75 Nickel-Bacon: Fantastische Literatur, in: Wild (Hg.): Geschichte der deutschen Kinder- und Jugendliteratur, S. 401.

76 Ende: Jim Knopf, S. 4

ist, Untertan zu sein. Er ist nach dem Ärmelkanal benannt, der England vom Festland trennt, und verkörpert mit Regenschirm und Hut den Prototyp des Engländers. „Die Untertanen von König Alfons dem Viertel-vor-Zwölften sind die Mikrogesellschaft des 19. Jahrhunderts: Bürger, Kaufleute und Arbeiter",[77] so Julia Voss. Sowohl in England als auch in Lummerland legt eines Tages ein Schiff an, das einen dunkelhäutigen Jungen an Bord hat: Im Roman ist es Jim Knopf, in der Realität Jemmy Button (die Namensähnlichkeit wird besonders deutlich in der englischsprachigen Ausgabe von *Jim Knopf*, diese heißt *Jim Button*), ein dunkelhäutiger Feuerländer, der auf Feuerland (!) entführt wurde und auf der HMS Beagle ins England der Kolonialzeit gebracht wurde. Den Bericht darüber verdanken wir ausgerechnet Charles Darwin, der sich an Bord befand, als die Beagle gut 14 Monate später erneut in See stach, um Jemmy Button und drei weitere entführte Feuerländer in ihre Heimat zurückzubringen.[78]

Dies bringt Julia Voss auf eine Spur – sie argumentiert in ihrem Buch höchst plausibel die These, dass Ende uns mit *Jim Knopf* „die unheimlichste Rezeptionsgeschichte der Evolutionstheorie in einem Kinderbuch vermachte",[79] nämlich ihre Vereinnahmung in der nationalsozialistischen Rassenlehre:[80]

> „Inmitten eines Kinderbuchs tauchen plötzlich die Begriffe ‚Todesstrafe' und ‚reinrassig' auf, das Bühnenbild für diese Sprache ist ein in einen rauchenden Ofen einfahrender Zug. Der Leser befindet sich in diesem Augenblick nicht mehr in einer Fiktion, sondern in einer Vergangenheit, die nur fünfzehn Jahre zurücklag. Doch trotz dieser unheimlichen Schlüsselszene blieb unbemerkt, dass ein Kinderbuchautor das Vokabular und die Verbrechensorte der Nationalsozialisten zitierte und zwei Abenteurer losschickte, um die deutsche Vergangenheit zu überwinden."[81]

Kummerland sieht Voss als Bild des Nationalsozialismus[82] – ein Ort des Kummers und der Qualen, an dem Kindern unter Drill und autoritärem Zwang Unwahrheiten beigebracht werden, wie den Kindern in nationalsozialistischen Schulen der Unterschied zwischen „gesundem" und „krankem" Erbgut. Die

77 Voss: Darwins Jim Knopf, S. 60.

78 Ebd., S. 59–70.

79 http://www.faz.net/themenarchiv/2.1151/wirkung/darwin-jahr-2009-jim-knopf-rettet-die-evolutionstheorie-1741253.html, 16. November 2011, 20:01.

80 Voss: Darwins Jim Knopf, S. 59–70.

81 Ebd., S. 16–17.

82 Ebd., S. 76.

Drachen sind ebenso wie die Nazis besessen von der Frage der reinrassigen Abstammung.[83] Das versunkene Königreich Jamballa bzw. später Jimballa, auf dem am Ende von *Jim Knopf und die Wilde 13* Kinder aller Rassen ein rauschendes Fest feiern, ist für Voss die Umkehrung von Atlantis, das in der Ideologie der Nazis als Urheimat der arischen Rasse galt.[84]

Damit erschließt sich eine völlig neue Ebene der Rezeption der *Knopf*-Romane, nämlich eine, auf der die Bücher mehr sind als phantastische Abenteuerromane, weil sie Bezüge zu historischen Begebenheiten und zu ideengeschichtlichen Hintergründen wie zur Evolutionstheorie und zum Nationalsozialismus herstellen. Voss liest Endes *Jim Knopf* als „Gegenentwurf zum im Nationalsozialismus aufgebauten Mythos von der arischen Rassereinheit“[85] und zum pervertierten Verständnis von Darwins Evolutionstheorie, das die Nazis proklamierten. Sie selbst formuliert das so:

> „Bereits 1960 hatte er mit ‚Jim Knopf und Lukas der Lokomotivführer‘ alle Mythen, die von den Nationalsozialisten in die Jugend hineingefüttert worden waren, verdaut, zerkleinert und wieder ausgespuckt.“[86]

Andere KritikerInnen schließen sich ihr in ihrer Meinung über Ende an:

> „Keineswegs unpolitisch, sondern in der Tat hochgradig politisiert, vollzog er in seinem Werk für Kinder eine gesellschaftliche Entwicklung nach, die auch die Literatur für die Erwachsenen prägte: Ein wenig früher als andere brach Michael Ende in eine ‚Neue Innerlichkeit‘ auf [...].“[87]

Julia Voss veröffentlicht im Dezember 2009 außerdem einen Artikel zu Endes Arbeitsweise, in dem auch einige private Briefe Endes abgedruckt sind. Auch 2010 erscheint zu *Jim Knopfs* 50. „Geburtstag“ ein Artikel von ihr in der *Frankfurter Allgemeinen Zeitung.*

---

83 Ebd., S. 85–95.

84 Ebd., S. 119–120.

85 Ehret: Raus aus Kummerland, in: SZ Nr. 249 vom 29. Oktober 2009, S. 15.

86 Voss: Im Inneren des Michael-Ende-Effekts, in: FAZ Nr. 289 vom 12. Dezember 2009, S. Z1–Z2.

87 Freund: Von Kummerland nach Phantásien, in: DIE WELT vom 11. November 2009 Nr. 263 vom 11. November 2009, S. 24.

1.2 Endes Literaturverständnis und sein Verhältnis zur Kritik

„Man pflanzt nicht nur einen Baum, um Äpfel davon zu haben, sondern ein Baum ist einfach schön, und es ist so wichtig, dass er das ist, nicht nur, weil er zu etwas nütze ist. Und so ist das, was viele Schriftsteller, nicht viele, aber doch einige Schriftsteller und Künstler, versuchen, nämlich einfach etwas zu schaffen, was dann da ist und was gemeinsamer Besitz der Menschheit werden kann – einfach, weil es gut ist, dass es da ist."[88]

1.2.1 Prägende Erlebnisse in Kindheit und Jugend

Michael Ende, geboren 1929, verbrachte seine ersten Lebensjahre in Garmisch-Partenkirchen. 1935 übersiedelte die Familie in den Münchner Ortsteil Schwabing, da sich sein Vater, der surrealistische Maler Edgar Ende, dort bessere Möglichkeiten für sein Kunstschaffen erwartete.[89] Dort lebte die Familie Ende in erhabener Nachbarschaft: Umgeben von Künstlern, Bildhauern, Schriftstellern und Malern kam Michael Ende schon früh mit allen Formen der Kunst in Berührung – „[...] in der allgegenwärtigen Atmosphäre künstlerischer Tätigkeit wächst Michael Ende auf und ins Künstlerische hinein."[90]

Bereits 1935 hatten die Nazis durch vernichtende Kritiken im *Völkischen Beobachter* Edgar Endes Verkaufschancen fast komplett zunichte gemacht.[91] 1936 traf die Familie Ende erneut ein schwerer Schlag: Edgar Ende wurde von der Reichskulturkammer der Nationalsozialisten mit Berufsverbot belegt. Seine surrealistischen Arbeiten passten nicht ins nationalsozialistische Verständnis von Kunst und galten als entartet. Ende malte weiter – jedoch im Geheimen. Der Familie fehlte fortan die wichtigste Einkommensquelle.[92]

Michael Ende wurde stark von der Umgebung, in der er aufwuchs, geprägt. Mit seinen Eltern führte er bis ins Erwachsenenalter häufig Gespräche über philosophische und religiöse Fragen – Edgar Ende beschäftigte sich Zeit seines Lebens

88 Ende, zitiert nach Hocke und Hocke: Das Phantásien-Lexikon, S. 5.

89 Boccarius: Michael Ende, S. 26.

90 Rzeszotnik: Die (un)endliche Geschichte: Lebensstationen eines Schriftstellers, in: Rzeszotnik (Hg.): Zwischen Phantasie und Realität, S. 15.

91 Boccarius: Michael Ende, S. 59.

92 http://www.michaelende.de/autor/biographie/edgar-ende-und-seine-kunst, 14. November 2012, 10:09.

mit Okkultismus, Mystik, Esoterik und Anthroposophie. Er war außerdem sehr belesen und führte seinen Sohn früh an große Literaten wie Klopstock, Novalis und Dostojewski heran.[93] Überdies las und diskutierte er mit ihm Märchen von Kyber und den Brüdern Grimm, Legenden, Mythen, aber auch poetologische und literarische Texte, etwa von Tieck, Hoffmann und Brentano. Michael Ende erbte später die Bibliothek seines Vaters, deren Schwerpunkt auf phantastischer Literatur und Geisteswissenschaften liegt.[94]

Von den Erwachsenen in seinem Umfeld wurde dem Kind Michael Ende vermittelt, dass Kunst und ihr Erleben ebenso wie spirituelle und philosophische Fragen einen größeren Wert haben als materielle Dinge. Er erzählt später, dass es während der Zeit in Schwabing durchaus sein konnte, dass es mitten in der Nacht an der Tür klingelte, weil ein Freund der Eltern soeben ein Gedicht gelesen hatte, das er der Familie unbedingt vorlesen wollte: „Dann sind wir alle aufgestanden, obwohl ich am nächsten Tag in die Schule musste, und [...] haben bis morgens um vier über dieses Gedicht geredet."[95] Diese Erfahrungen machen zu dürfen, empfand Ende als großes Glück.[96] Zudem wurden seine literarischen Ambitionen von seinen Eltern sicher nicht zuletzt wegen ihres eigenen künstlerischen Hintergrundes stets ernst genommen und gefördert.[97]

Michael Endes Auffassung von Kunst und Welt und von deren Verhältnis zueinander wurde stark vom Kunstverständnis und den Ansichten seines visionären Vaters beeinflusst. Beide standen der Romantik nahe,[98] waren offen für alternative Denkansätze und Geistesströmungen und maßen der Kraft der Bilder eine große Bedeutung zu, beide bewegten sich künstlerisch in außergewöhnlichen Bildwelten. Beide interessierten sich für „die Nachtseite des Menschen ebenso wie dessen Streben nach Transzendenz".[99] Für beide gab es außerdem eine geistige, phantastische Welt, die durch die Kunst in die reale, natürliche Welt ein-

93 Kraft: Die Faszination des Anderen, in: Hocke, Kraft: Michael Ende und seine phantastische Welt, S. 19.

94 Ebd., S. 21.

95 Ende, zitiert nach Hocke: Die Suche nach dem Zauberwort, in: Hocke, Kraft: Michael Ende und seine phantastische Welt, S. 65.

96 Hocke: Die Suche nach dem Zauberwort, in: Hocke, Kraft: Michael Ende und seine phantastische Welt, S. 65.

97 Ebd., S. 67.

98 Kraft: Die Faszination des Anderen, in: Hocke, Kraft: Michael Ende und seine phantastische Welt, S. 23.

99 Ebd., S. 8.

dringt und somit selbst zur Realität wird.[100] Diese „Wirklichkeit einer geistigen Welt"[101] ließ Edgar Ende in seinen Bildern, Michael Ende später in seinen literarischen Arbeiten entstehen.[102]

Eine weitere Erfahrung, die Endes Literatur- und Kunstverständnis entscheidend prägte, waren die Gräuel des Krieges. Immer wieder musste die Familie erleben, wie Freunde des Vaters, Juden und Andersdenkende, abgeholt wurden und nicht mehr zurückkehrten.[103] Eines Tages wurde sogar eine sehr enge Freundin der Familie abgeholt und von den Nazis mitten in Garmisch in einem Käfig zur Schau gestellt.[104] Später hat Michael Ende diese Begebenheit in einer Ballade verarbeitet:

> „Die Leute lachten und kamen gerannt:
> In einem Käfig stand sie zur Schau.
> Daran hing ein Schild, und darauf stand:
> ‚Ich bin eine Judensau!'"[105]

1941 schließlich wurde der Vater eingezogen. Ende, der als Zwölfjähriger dem Eintritt in die Hitlerjugend entging,[106] erlebte kurz darauf, wie München zum ersten Mal von den Alliierten bombardiert wurde. Besonders in Erinnerung blieb ihm ein Bombenangriff auf Hamburg, den er während eines Besuches bei einem Onkel erlebte. Er empfand diesen als stark traumatisch und verfasste nach dem Angriff, um das Geschehene zu verarbeiten, sein erstes Gedicht. Wenig später kam Ende mit der Kinderlandverschickung zurück nach Garmisch, wo er sich erstmals intensiv mit Lyrik auseinandersetzte. 1944 brannte während eines weiteren Angriffes das Atelier des Vaters aus. Auch zahlreiche Bilder wurden Opfer der Flammen.[107]

100 Ebd., S. 24.

101 Ebd., S. 19.

102 Ebd.

103 Hocke: Die Suche nach dem Zauberwort, in: Hocke, Kraft: Michael Ende und seine phantastische Welt, S. 67.

104 Boccarius: Michael Ende, S. 77–78.

105 Ende: Ballade vom Heldentod eines deutschen Offiziers (7. Str.), zitiert nach ebd., S. 77.

106 http://www.michaelende.de/autor/biographie/die-schulzeit, 8. November 2012, 18:13.

107 Boccarius: Michael Ende, S. 94–97.

1945 erhielt Michael Ende seinen Stellungsbefehl, desertierte und floh zu seiner Mutter nach München. Dort knüpfte er Kontakte zur Widerstandsgruppe „Freiheitsaktion Bayern" und arbeitete bald darauf für diese als Kurier.[108] Dazu sagt er später, ihm sei keine andere Wahl geblieben, als den Nazis kritisch und ablehnend gegenüberzustehen: „Ich war einfach durch mein Elternhaus in eine Oppositionsrolle gedrängt."[109]

Ebenfalls einen bleibenden Eindruck hinterließen auf den jungen Michael Ende seine Erfahrungen in der Schule. Er war ein schlechter Schüler, ein Übermaß an Phantasie wurde ihm nachgesagt. Seine Schulzeit empfand Ende als katastrophal, ähnlich einem Aufenthalt im Gefängnis. Besonders mit den sehr autoritären pädagogischen Methoden der nationalsozialistischen Lehrenden hatte er Schwierigkeiten. Die Sexta musste er am humanistischen Maximilians-Gymnasium wiederholen. Als er davon erfuhr, hatte er Selbstmordgedanken. Einzig die letzten beiden Jahre, die er nach dem Krieg auf einer Waldorfschule verbringen durfte, waren leichter erträglich für ihn.[110]

Nach seiner Schulzeit begann er 1948 ein Studium an der Schauspielschule Otto Falckenberg der Münchner Kammerspiele. Er vertiefte sich in verschiedenste Theorien der Theaterkunst.[111] Selbstverständlich stieß er dabei auch auf die theoretischen Schriften Brechts, welche ihn tief beeindruckten.[112] Tief enttäuscht war Michael Ende dagegen, als er Brecht in persona erlebte – nach dem Besuch der Schauspielschule hatte er eine kleine Rolle in einem Stück, welches Brecht inszenierte:[113]

> „Ich habe nie einen Regisseur erlebt, der so mies mit den Bühnenarbeitern umging, sie kujonierte und ihnen nicht einmal, wie es üblich war, zur Premiere einen Kasten Bier stiftete. Mit den weniger berühmten Schauspielern hat er überhaupt nicht gesprochen."[114]

108 Ebd., S. 112–115.

109 Ende, zitiert nach o.V.: Michael Ende zum 65. Geburtstag, in: Fantasia, Heft 91/92 (1994), S. 295.

110 Boccarius: Michael Ende, S. 60–63, 82–85, 153–155.

111 Hocke: Die Suche nach dem Zauberwort, in: Hocke, Kraft: Michael Ende und seine phantastische Welt, S. 75.

112 Ebd., S. 77.

113 Kraft: Die Faszination des Anderen, in: Hocke, Kraft: Michael Ende und seine phantastische Welt, S. 49.

114 Ende, zitiert nach Hocke: Die Suche nach dem Zauberwort, in: Hocke, Kraft: Michael Ende und seine phantastische Welt, S. 84.

Von Brechts Arbeiten und von seinen theoretischen Werken – vor allem vom *Kleinen Organon*[115] – war Ende dennoch begeistert. Der Versuch, dem Vorbild zu entsprechen, führte ihn in eine Krise, die beinahe das Ende seiner schriftstellerischen Ambitionen bedeutet hätte.[116] Später stand er vielen gedanklichen Ansätzen Brechts tendenziell konträr gegenüber. Er sei „zunächst einmal reingefallen auf seine ganzen Theorien" und habe „tatsächlich gedacht, dass er selbst sich dran gehalten hätte".[117] Gewisse Prinzipien Brechts, wie etwa das der Verfremdung, übernahm er dennoch sehr bewusst für seine eigene literarische Arbeit.[118] Die Doktrin Brechts jedoch, dass Kunst den Betrachter aufzuklären habe, ist für Ende inakzeptabel. Er möchte seine LeserInnen nicht belehren, ihm geht es zuerst und vor allem um die „Lust am Text" (Barthes):

> „Ich will meinen Leser zunächst einmal unterhalten. Ich will ihn zu einer Art gemeinsamen Spiel einladen, und wenn er sich auf das Spiel einlässt, wird er dabei einiges erleben, was ihn vielleicht innerlich reicher macht. Wenn es gut ist, was ich geschrieben habe, wird es ihn vielleicht sogar glücklich machen. Meine Leser sollen sich nicht nachträglich schämen müssen gelacht und geweint zu haben bei dem Spiel, das ich ihnen vorgeschlagen habe, vielleicht hat es sie sogar durchgeschüttelt, aber sie kommen – und wenn es nur ein paar Stunden anhält – mit frischgebügelter Seele heraus."[119]

In einem Text Endes wird ein Theaterstück mit Worten angekündigt, die die gegensätzliche Haltung zu Brechts Theatertheorie besonders deutlich machen:

> „Was wir Ihnen zeigen, Damen und Herren, wird Sie weder klüger noch tugendhafter machen, denn unser Theater ist weder Schule noch Kirche. [...] Wir haben keinerlei Absichten, nicht einmal die, Sie zu betrügen. Wir argumentieren nicht. Wir wollen nichts beweisen, nichts anklagen, nichts aufzeigen. Ja, wir wollen Sie noch nicht einmal von der Wirklichkeit unserer Vorstellung überzeugen, falls Sie es vorziehen, sie für Phantasie zu halten. Es könnte scheinen, als

115 Hocke: Die Suche nach dem Zauberwort, in: Hocke, Kraft: Michael Ende und seine phantastische Welt, S. 84.

116 Ebd., S. 85.

117 Ebd., S. 85.

118 o.V.: Michael Ende zum 65. Geburtstag, in: Fantasia, Heft 91/92 (1994), S. 303.

119 Ende im Gespräch mit Joseph Beuys, zitiert nach Hocke: Die Suche nach dem Zauberwort, in: Hocke, Kraft: Michael Ende und seine phantastische Welt, S. 85.

> brauchten wir Sie überhaupt nicht, Damen und Herren, doch dem ist nicht so.'"[120]

1.2.2 Endes Reaktion auf den Eskapismus-Vorwurf

Von den Nazis war Edgar Ende mangelnder Realismus vorgeworfen worden. Sein Sohn hätte wohl nicht gedacht, sich mit diesem Vorwurf später selbst auseinandersetzen zu müssen. Nicht zuletzt deshalb reagierte Ende auf den Eskapismus-Vorwurf empfindlich.[121]

In der Nachkriegszeit und vor allem während der 60er und 70er Jahre herrschte weitgehend die Anforderung an (Jugend-)Literatur, dass sie Realität möglichst originalgetreu abzubilden und außerdem sozialkritisches und politisches Engagement aufzuweisen hatte.[122] Phantastische Literatur wurde als Flucht aus dem Alltag betrachtet und deshalb abqualifiziert.[123] Ende empfand diese Debatte als „richtiggehend erstickend"[124] und als hemmend für sein literarisches Schaffen, so hemmend, dass er schließlich 1970 eine ganz reale Flucht ergriff:

> „Diese [...] Diskussion über den Fluchtcharakter von Literatur war Ursache für meinen Umzug nach Italien. Das war mein ganz persönlicher Eskapismus."[125]

Ende fühlt sich missverstanden und ist enttäuscht vom deutschen Literaturbetrieb:[126] „Ich benutzte zu dieser Zeit das Wort ‚deutsch' nur noch als negatives Adjektiv."[127] Der Literaturbegriff, der zum Zeitpunkt des Erschei-

120 Ende: Unter einem schwarzen Himmel liegt ein unbewohntes Land, in: Ende: Der Spiegel im Spiegel, S. 162.

121 Hocke und Hocke: Das Phantásien-Lexikon, S. 78.

122 Steinlein: Neubeginn, Restauration, antiautoritäre Wende, in: Wild (Hg.): Geschichte der deutschen Kinder- und Jugendliteratur, S. 335.

123 http://www.michaelende.de/autor/biographie/die-eskapismus-debatte-in-deutschland, 11. November 2012, 13:11.

124 Ende, zitiert nach Vogdt: Wie Shakespeare über die Rampe gekommen, in: Börsenblatt, Heft 25 (1985), S. 928.

125 Ende, zitiert nach o.V.: Michael Ende zum 65. Geburtstag, in: Fantasia, Heft 91/92 (1994), S. 294.

126 Hocke: Die Suche nach dem Zauberwort, in: Hocke, Kraft: Michael Ende und seine phantastische Welt, S. 99.

127 Ende, zitiert nach Vogdt: Wie Shakespeare über die Rampe gekommen, in: Börsenblatt, Heft 25 (1985), S. 928.

nens von *Jim Knopf* in Deutschland propagiert wird, lässt sich mit seinem eigenen nicht vereinen. Den „Akademismus“,[128] der in Deutschland herrscht, die strenge Trennung in U- und E-Literatur, hält er für nicht sinnvoll: „Die Meinung, daß Unterhaltungsliteratur per se bereits eine mindere Art von Literatur sei, ist ungeheuer.“[129] Seiner Meinung nach darf auch anspruchsvolle Literatur unterhalten: „Ein Leser hat durchaus das Recht, bei der Lektüre eines Buches, das er sich für sein Geld kauft, auch ein entsprechendes Lesevergnügen geliefert zu bekommen.“[130] Vor allem aber muss Literatur für Ende die LeserInnen erreichen können, was nicht bedeutet, dass man sich als AutorIn an den Markt anpassen muss: „Es gibt die Möglichkeit, beides zu tun, also: Nach bestem Wissen und Gewissen zu schreiben und trotzdem auch den Leser zu erreichen.“[131] Er beklagt noch Jahre nach dem Erscheinen der *Unendlichen Geschichte*:

> „Obgleich die ‚Unendliche Geschichte‘ allein in Deutschland annähernd eine Million Auflage hat und nunmehr in über dreißig Sprachen übersetzt ist (also im Ausland deutsche Literatur repräsentiert), [...] gilt es doch innerhalb der ‚gehobenen‘ deutschen Literaturkritik und der akademischen Germanistik als anstößig, dieses Buch auch nur zur Kenntnis zu nehmen. [...] die ganze Metaphysik des Buches paßt nicht in unseren ‚aufgeklärten‘ Literaturbetrieb.“[132]

Wie in den vorherigen Kapiteln dargelegt, wurde das Buch jedoch vom Feuilleton durchaus wahrgenommen. Seit der sogenannten Kinderliteraturreform im Zusammenhang mit den Studentenprotesten 1968 war die Kinderliteratur zudem generell als Thema literarischer Kritiken in Printmedien etabliert.[133]

Ende war definitiv ein politischer Mensch, der sich mit sozialen und gesellschaftlichen Problematiken auseinandersetzte. Er war allerdings der Ansicht, dass Li-

128 Ende, zitiert nach o.V.: Michael Ende zum 65. Geburtstag, in: Fantasia, Heft 91/92 (1994), S. 302.

129 Ende, zitiert nach Vogdt: Wie Shakespeare über die Rampe gekommen, in: Börsenblatt, Heft 25 (1985), S. 924.

130 Ende, ebd., S. 923.

131 Ende, zitiert nach o.V.: Michael Ende zum 65. Geburtstag, in: Fantasia, Heft 91/92 (1994), S. 302.

132 Ende: Brief an Daniel Gonzáles Dueñas vom 20.10.92, zitiert nach Gonzáles Dueñas: Unerwartete Spiegelungen, in: Rzseszotnik (Hg.): Zwischen Phantasie und Realität, S. 114.

133 Wild: Von den 70er Jahren bis zur Gegenwart (Vorbemerkung), in: Wild (Hg.): Geschichte der deutschen Kinder- und Jugendliteratur, S. 345.

teratur nicht „belehren“ sollte, sondern lediglich alternative Entwürfe der Gestaltung von Lebenswirklichkeiten aufzeigen darf. AutorInnen sollten laut Ende stets hinter ihr Werk zurücktreten – man könnte den Titel der *Unendlichen Geschichte* in diesem Sinne auch dahingehend interpretieren, dass es sich bei dieser Geschichte ohne Ende auch um eine Geschichte ohne den Autor Ende handelt, also um eine Geschichte ohne Michael Ende.[134] So gelesen würde schon der Titel darauf hindeuten, dass Michael Ende stets versuchte, sich selbst aus seinen Werken auszuklammern, da er wollte, dass von den RezipientInnen das Werk als solches und nicht als Produkt des Autors wahrgenommen wurde. Der Kunstcharakter eines Werkes durfte für Ende mit der Botschaft des Autors bzw. der Autorin nichts zu tun haben.[135]

Häufig äußerte er sich in Interviews, Briefen und Gesprächen über das Unverständnis, das ihm seinem Empfinden nach entgegenschlug. So schrieb er beispielsweise in einem Brief an einen Literaturwissenschaftler, der ihm seine Gedanken zur *Unendlichen Geschichte* zugesandt hatte: „Sie haben verstanden! Und das ist etwas, wie Sie sich wohl denken können, was mir höchst selten widerfährt.“[136] Mit seiner wachsenden Erfahrung entwickelte er jedoch seine eigenen Strategien, mit den Vorwürfen der Literaturkritik umzugehen: „[...] ich habe mir angewöhnt, Kritiken nur noch nach deren Spaltenzahl zu beurteilen und nicht nach dem, was in ihnen drinsteht.“[137]

In seinen späteren Jahren kann er die schlechten Kritiken sogar mit Humor nehmen. Auf die Frage, wer seine wichtigsten Kritiker seien, antwortet er 1994: „Diejenigen, die mich loben natürlich. Also ziemlich wenige.“[138] Marcel Reich-Ranicki schuf er im *Wunschpunsch* ein literarisches Denkmal. Die Figur des Büchernörgeles trägt die Züge des Kritikers und ist:

---

134 Gonzáles Dueñas: Unerwartete Spiegelungen, in: Rzseszotnik (Hg.): Zwischen Phantasie und Realität, S. 117.

135 Weitbrecht: Für M. E. In: Michael Ende zum 50. Geburtstag, S. 12.

136 Ende: Brief an Daniel Gonzáles Dueñas vom 20.10.92, zitiert nach Gonzáles Dueñas: Unerwartete Spiegelungen, in: Rzseszotnik (Hg.): Zwischen Phantasie und Realität, S. 113.

137 Ende, zitiert nach Hugendubel: Das Lächeln der Schildkröte, in: Tages-Anzeiger (Magazin) Nr. 49 vom 10. Dezember 1994, S. 12, 15–18.

138 Ende, zitiert nach o.V.: Michael Ende zum 65. Geburtstag, in: Fantasia, Heft 91/92 (1994), S. 292.

Abb. 1: *Das Büchernörgele*, gezeichnet von Regina Kehn

> „[...] ein besonders scheußliches kleines Monster, [...] im Volksmund auch Klugscheißerchen oder Korinthenkackerli genannt. Diese kleinen Geister verbringen normalerweise ihr Dasein damit, dass sie an Büchern herumnörgeln. Es ist bisher noch nicht eindeutig erforscht, wozu es solche Wesen überhaupt gibt [...].“[139]

Später im Buch folgt ein weiterer Seitenhieb auf die Abwertung der phantastischen Literatur durch Literaturkritik und Reich-Ranicki. Als sich das Büchernörgele zwischen verschiedensten märchenhaften Gestalten befindet, zeigt es sich davon unbeeindruckt:

> „Das Büchernörgele kümmerte sich nicht viel um die anderen, denn es war viel zu gelehrt, um an die Existenz solcher Wesen zu glauben.“[140]

139 Ende: Der satanarchäolügenialkohöllische Wunschpunsch, S. 27.

140 Ebd., S. 193.

1.2.3 Absichtslosigkeit vs. pädagogische Absicht, Innenwelt vs. Außenwelt

Die unendliche Geschichte ist zum Teil Endes Antwort auf die Eskapismus-Debatte:

> „Es fällt nicht schwer, in der Reihenfolge der Erfahrungen [...], die Michael Ende seinem Protagonisten zuteil werden lässt, die Diskussion über antieskapistische Akzente in der Literatur wahrzunehmen, ob die Phantasie nur ein verbindliches Spiel mit Vorstellungen sei und ob das Wunderbare als ein ‚Ziel an sich' betrachtet werden könne."[141]

In der *Unendlichen Geschichte* verdeutlicht Ende sein grundlegendes Kunstverständnis: „Wenn Sie so wollen, ist dieses Buch meine Poetik."[142] Die Phantasie, die Innenwelt, ist unabdingbar für das Bewältigen der Herausforderungen der Außenwelt. Durch die Verschiebung der Grenzen der Wahrnehmung eröffnen sich neue Blickwinkel. Das Individuum kann durch die Verbindung zu seiner Innenwelt neue Perspektiven produktiv in der äußeren Realität umsetzen.[143] Wer nicht mit seiner Innenwelt in Verbindung steht, läuft Gefahr, krank zu werden. Der Verlust der Phantasie, die Konzentration auf das „trostlose Wirklichkeitsbild des Nur-Beweisbaren"[144] drohen, die Welt für den Menschen unbewohnbar zu machen:

> „Zweckfreie Phantasie gilt als Energieverschwendung. Aber unter diesem Joch verkümmert die Phantasie, wird krank und stirbt ab. Das macht auch die Menschen krank, vor allem die Kinder, seelisch und physisch."[145]

Bewohnbar wird die Welt, darin ist sich Ende mit Novalis einig, nur durch eine für die Gesundheit des Menschen unabdingbare „Poetisierung":

141 Ługowska: Bastian Balthasar Bux' Eintritt ins Märchen, in: Rzeszotnik (Hg.): Zwischen Phantasie und Realität, S. 139.

142 Ende, zitiert nach Ester: Gespräch mit Michael Ende, in: Deutsche Bücher, Heft 3 (1993), S. 182.

143 Kraft: Die Faszination des Anderen, in: Hocke, Kraft: Michael Ende und seine phantastische Welt, S. 8–9.

144 Ende: Auch ein Grund, in: Ende: Zettelkasten, S. 50.

145 Ende: Phantasie und Anarchie, in: Ende: Zettelkasten, S. 200.

> „Damit will ich sagen, nur wenn der Mensch sich in der ihn umgebenden Welt wiedererkennt, und umgekehrt, wenn er die Bilder der Welt in seiner eigenen Seele wiederfindet, kann er sich auf der Welt heimisch fühlen. Genau darin liegt das Wesen jeder Kultur."[146]

Wie hier weist er stets darauf hin, dass die reine Fokussierung auf die Innenwelt, der vollständige Rückzug aus der Realität ebenfalls keine Option darstellen: „Schon in der *Unendlichen Geschichte* kommt es darauf an, daß Bastian aus *Phantásien* zurückkehrt."[147] Vor allem dadurch unterscheidet er sich von anderen phantastischen AutorInnen, die während Endes früher Schaffenszeit ebenfalls veröffentlichten. Auch der Erzählzyklus *Der Leuchtturm auf den Hummerklippen* von James Krüss, erschienen 1956, also noch vor *Jim Knopf*, ist beispielsweise ein Plädoyer für die Phantasie, wie Krüss' Werk generell. Krüss ist wie Ende der Meinung: „Bei Geschichten kommt es nicht darauf an, daß sie wahr sind, sondern daß sie schön sind."[148] Jedoch geht es Krüss – anders als Ende – um ein Recht auf Phantasie generell, nicht jedoch um die Integration der Phantasie in die Realität.[149]

Ende macht auch immer wieder deutlich, dass es seiner Meinung nach nicht nur eine einzige „richtige" Art von Literatur geben sollte:

> „Sie kennen ja diese unsinnige Debatte; die eine Seite sagte: Die Phantasie soll aus der Kinderliteratur verschwinden. Aus der Erwachsenenliteratur war sie ja bereits verbannt. Das Kind muß direkt an die sozialen Probleme herangeführt werden. Die andere Seite sagte: Nein, nein, auch die Phantasieliteratur hat ihre Aufgabe als Trostspender usw. Mir schien, daß die ganze Debatte an der eigentlichen Frage vorbeiging. Warum überhaupt ein Entweder-Oder?"[150]

---

146 Ende: Brief an eine Leserin vom 25.10.1981, zitiert nach Hocke und Hocke: Das Phantásien-Lexikon, S. 18.

147 Ende, zitiert nach Wintersteiner: Optimist Ende: Alles spricht für Verzweiflung, in: Der Standard vom 17./18. März 1990, S. 14.

148 Krüss, zitiert nach Steinlein: Neubeginn, Restauration, antiautoritäre Wende, in: Wild (Hg.): Geschichte der deutschen Kinder- und Jugendliteratur, S. 330.

149 Steinlein: Neubeginn, Restauration, antiautoritäre Wende, in: Wild (Hg.): Geschichte der deutschen Kinder- und Jugendliteratur, S. 330.

150 Ende, zitiert nach Bondy u. a.: Gespräch mit Michael Ende, in: SZ vom 14. März 1981, S. 137.

Seiner Meinung nach hat sowohl aufklärerische Literatur, die ein konkretes pädagogisches Ziel verfolgt, als auch Literatur, die vor allem vom freien Spiel der Phantasie ausgeht, ihre Daseinsberechtigung.[151] Er ist jedoch der Ansicht: „Wenn der Künstler anfängt, seine Kunst zu benutzen, um Weltanschauung zu lehren, hört er auf, Künstler zu sein."[152]

Für sein eigenes Schaffen kommt daher der Versuch, Realität abzubilden, um ein pädagogisches Ziel zu erreichen, nicht in Frage. Er rät jungen AutorInnen, nie darüber nachzudenken, ob das Geschriebene politische Wirkung hat – das „wird sich irgendwann zeigen".[153] Das „Hinstarren auf die Botschaft" kann er nicht verstehen, er hält es für „eine unselige Erfindung der Literaturprofessoren und Essayisten, die sonst nicht wüßten, worüber sie schreiben und schwätzen sollten".[154] Sein Idealbild von Literatur und Kunst besteht im absichtslosen Spiel der Phantasie: „Für mich ist alle Kunst und Literatur das, was Schiller in seinen ästhetischen Briefen beschrieben hat: die höchste Form des Spiels."[155] Diese höchste Form des Spiels vergleicht er – im Sinne von Schiller und Nietzsche – mit dem absichtslosen Spiel eines Kindes und empfiehlt ihn häufig LeserInnen und InterviewerInnen, die ihn zu seinem Kunstverständnis befragen:[156]

> „Germanisten kennen vielleicht die Schrift von Schiller, ‚Die ästhetische Erziehung des Menschen'. Ich empfehle diesen Essay von Schiller immer sehr, da er mit das Gescheiteste sagt, was je über dieses Thema gesagt worden ist. Und Schiller vertritt darin die Ansicht, daß alle Kunst und Poesie im höchsten Sinne Spiel ist, Spiel in dem Sinne, daß man sich selbst gegebenen Regeln unterordnet, nachdem man diese Regeln verabredet hat, oder sie sich selbst gegeben hat. Man spielt das Spiel, das zugleich Gebundenheit und Freiheit darstellt."[157]

151 o.V.: Michael Ende zum 65. Geburtstag, in: Fantasia, Heft 91/92 (1994), S. 293.

152 Ende: Brief an einen Welterklärer, in: Ende: Zettelkasten, S. 307.

153 Ende, zitiert nach o.V.: Michael Ende zum 65. Geburtstag, in: Fantasia, Heft 91/92 (1994), S. 293.

154 Ende: Brief an eine Leserin, zitiert nach Hocke und Hocke: Das Phantásien-Lexikon, S. 52.

155 Ende, zitiert nach Unger: Hüter der Hoffnung, in: Treffpunkt (TLZ) vom 29. Juni 1991.

156 Hocke und Hocke: Das Phantásien-Lexikon, S. 17.

157 Ende, zitiert nach Ester: Gespräch mit Michael Ende, in: Deutsche Bücher, Heft 3 (1993), S. 188.

Schillers Briefe zur ästhetischen Erziehung hat Ende in sein *Lesebuch* aufgenommen. Das „Ergebnis" des Spiels soll in Endes Augen idealerweise eine Bilderwelt darstellen, die in sich stimmig ist, also nach einem inneren Regelwerk funktioniert, und die – hierin liegt ein wichtiger Unterschied – zwar von der Realität, der äußeren Wirklichkeit handeln, ihr aber niemals entsprechen kann.[158]

Das Spiel ist für Schiller und Ende gleichsam eine Grundbedingung der Menschlichkeit: „Denn, um es endlich auf einmal herauszusagen, der Mensch spielt nur, wo er in voller Bedeutung des Worts Mensch ist, und *er ist nur da ganz Mensch, wo er spielt.*"[159]

Ein weiterer wichtiger Aspekt der Kunst für Ende: die Schönheit.[160] Er sieht in der Welt seiner Zeit einen „Schönheitsverlust",[161] welcher in seinen Augen dadurch entsteht, dass man im Kunstbetrieb des 20. Jahrhunderts den Begriff der Schönheit gleichbedeutend mit Beschönigung versteht[162] – Kunst sollte aus Endes Sicht aber immer etwas mit Schönheit zu tun haben, die er als „Hereinleuchten einer anderen Welt"[163] versteht. Auch hierin geht er mit Friedrich Schiller konform:[164] „[...] der Mensch soll mit der Schönheit *nur spielen*, und er soll *nur mit der Schönheit spielen.*"[165] Kunst – als Spiel verstanden – sollte eine Abwechslung zum Lebensernst darstellen, nicht in jedem Falle diesen transportieren.[166]

Für Ende konstituiert Sprache im humboldtschen Sinn Realität. Die Realität originalgetreu abzubilden, hält er für undenkbar:

158 Hocke: Die Suche nach dem Zauberwort, in: Hocke, Kraft: Michael Ende und seine phantastische Welt, S. 101.

159 Schiller: Die ästhetische Erziehung des Menschen, in: Ende (Hg.): Mein Lesebuch, S. 37.

160 Schönheit, das absichtslose freie Spiel der Phantasie, das Wunderbare und Geheimnisvolle, der Humor – nach Ende die „Himmelsrichtungen [s]einer poetischen Landschaft". Ende: Über das Ewig-Kindliche, in: Ende: Zettelkasten, S. 197.

161 Ende, zitiert nach Ester: Gespräch mit Michael Ende, in: Deutsche Bücher, Heft 3 (1993), S. 182.

162 Ester: Gespräch mit Michael Ende, in: Deutsche Bücher, Heft 3 (1993), S. 183.

163 Ende, ebd., S. 184.

164 Kraft: Die Faszination des Anderen, in: Hocke, Kraft: Michael Ende und seine phantastische Welt, S. 15.

165 Schiller: Die ästhetische Erziehung des Menschen, in: Ende (Hg.): Mein Lesebuch, S. 37.

166 Ester: Gespräch mit Michael Ende, in: Deutsche Bücher, Heft 3 (1993), S. 188.

> „Ich will keine Abbildung der Realität im Maßstab eins zu eins. Das zu schaffen, halte ich für unmöglich. Jeder Roman ist eine Wirklichkeit aus Worten, die ich erschaffe.“[167]

1.2.4 Kinderliteratur – ein primitives Reservat?

Die oben skizzierte Auffassung von Literatur, vor allem das Postulat der Absichtslosigkeit, teilte Ende mit mehreren AutorInnen seiner Zeit, etwa mit Peter Handke.[168] Dass er mit diesen AutorInnen vom Feuilleton nie in Verbindung gebracht wurde, liegt sicher auch daran, dass er von der Mehrzahl der KritikerInnen als Kinderbuchautor wahrgenommen wurde. Dies ist nicht weiter verwunderlich, wenn man bedenkt, dass seine Bücher in einem Verlag für Kinderliteratur erschienen und die Protagonisten dieser Bücher Kinder sind. Michael Ende war mit der strengen Trennung zwischen Kinder- und Erwachsenenliteratur jedoch nicht einverstanden. In einem sehr polemischen Text, *Gedanken eines zentraleuropäischen Eingeborenen,*[169] hielt er seine grundlegenden Überlegungen zu diesem Thema fest:

> „Ich bin ein Primitiver und stamme aus einem zentraleuropäischen Reservat. [...] Kinderliteratur. Es gehört zu jenen Reservaten, die von den Bewohnern der Zivilisationswüste mit mildem Lächeln geduldet, von einigen Good-doer-Vereinen sogar gehätschelt, im Grunde aber von allen verachtet werden – wie übrigens das meiste, was mit Kindern zu tun hat.“[170]

In diesem Reservat, bedroht von Missionaren aus der „Zivilisationswüste“, gibt es eine „Enklave“, die von eben diesen Missionaren besonders gehasst wird: „Diese Enklave heißt ‚das phantastische Kinderbuch‘.“[171] Ende berichtet, dass es einigen Bewohnern dieser Enklave kürzlich gelungen sei, in den Bestsellerlisten der Zivilisationswüste Einzug zu halten. Seiner Meinung nach der Grund: Die aufgeklärten Menschen haben „ganz einfach einen verzweifelten Durst nach

167 Ende, zitiert nach Hugendubel: Das Lächeln der Schildkröte, in: Tages-Anzeiger (Magazin) Nr. 49 vom 10. Dezember 1994, S. 12, 15–18.

168 Kraft: Die Faszination des Anderen, in: Hocke, Kraft: Michael Ende und seine phantastische Welt, S. 17.

169 Ende: Gedanken eines zentraleuropäischen Eingeborenen, in: Ende: Zettelkasten, S. 55–69.

170 Ebd., S. 55.

171 Ebd., S. 56.

dem Wunderbaren",[172] weil die wissenschaftliche Aufklärung ihnen alles Geheimnisvolle genommen hat. Seit dem Beginn der Neuzeit versuchte man in „blindwütige[r] Entzauberungsversessenheit",[173] alles nicht streng Rationale in die Welt der Kinder zu projizieren. Die Welt, die für Ende eine Gesamtheit darstellt, wurde in eine subjektive und eine objektive Hälfte zerteilt:

> „Sie wollen nicht begreifen, daß es eine Welt ohne menschliches Bewußtsein überhaupt nicht gibt, denn um sich eine solche Welt zu denken, bedarf es zumindest eines menschlichen Bewußtseins, nämlich des Bewußtseins desjenigen, der sich das menschliche Bewußtsein wegdenkt. So sind sie in einen heillosen Zirkelschluß hineingeraten, den sie nicht bemerken, weil sie die eine Hälfte immer aus dem Auge und dem Gedächtnis verlieren, wenn sie gerade die andere denken. [...] Alle Wahrnehmung des Objekts, sagen sie, ist subjektiv [...], das alles ist Illusion. Fragt man dann weiter: Woher wißt ihr denn aber von eurer Existenz, denn die zumindest muß euch doch gewiß sein, wenn ihr solche Urteile fällt? dann antworten sie: Die Wahrnehmung des Subjekts ist objektiv! Alles klar? Alles klar."[174]

Ende setzt in *Gedanken eines zentraleuropäischen Eingeborenen* das Subjektive, das Kindliche und die Innenwelt auf weiten Strecken gleich. Er kritisiert eine Welt, in der das Subjektive ausgeschlossen wird. Er fordert eine neue Art der Wissenschaft und eine neue Art der Literatur, in die das Subjektive – sprich: das Kindliche – integriert ist, ohne jedoch das Rationale zu verdrängen: „Ich glaube [...], daß uns all unser Detailwissen entgleitet, wenn wir es nicht fertigbringen, hinter alldem unseren eigenen Mythos zu finden."[175] In seinem Konzept von Kindheit können Kinder, also auch Kindsein und Kindbleiben, auf die Welt eine heilende Wirkung ausüben. Damit greift Ende ein Motiv auf, das ursprünglich mythologischen Ursprungs ist und das – säkularisiert – seit der Romantik immer wieder in der Kinderliteratur zu finden ist.[176]

Als Kind ist der Mensch offen für Einflüsse aus allen Bereichen des Lebens, auch aus dem künstlerischen, dem sprachlichen und dem kreativen Bereich.

172 Ebd., S. 58.

173 Ebd., S. 62.

174 Ebd., S. 66–67.

175 Ende, zitiert nach Vogdt: Wie Shakespeare über die Rampe gekommen, in: Börsenblatt, Heft 25 (1985), S. 931.

176 Steinlein: Neubeginn, Restauration, antiautoritäre Wende, in: Wild (Hg.): Geschichte der deutschen Kinder- und Jugendliteratur, S. 332.

Dies ist ein weiterer Grund, warum Ende dagegen ist, Literatur für Kinder von der für Erwachsene zu trennen. Kinder sollen schon in sehr jungen Jahren den Reichtum des sprachlichen Kunstwerks kennenlernen – Ende ist der Überzeugung, dass Kinder bereits sehr früh in der Lage sind, einen großen Teil davon aufzunehmen.[177] Weiters ist es eben deshalb wichtig, dass Erwachsene den Bereich des Phantastischen, der in die Literatur für Kinder abgedrängt wird, nicht ausgrenzen, dass sie sich etwas bewahren, was Ende das „Ewig-Kindliche"[178] nennt, „dieses Kind, das nie die Fähigkeit verliert zu staunen, zu fragen, sich zu begeistern".[179] Aus diesem Grund gibt er auch immer wieder an, nicht vorrangig für Kinder zu schreiben, sondern Kinder und Erwachsene gleichermaßen ansprechen zu wollen:

> „Ich schreibe überhaupt nicht für Kinder. So wenig wie Marc Chagall für Kinder malt, obwohl seine Malerei oft ‚kindlich' aussieht. Ich schreibe für ‚das Kind in uns allen', das schöpferisch tätig ist und fähig, Schicksal zu erleben – wofür sonst lohnte es sich, zu schreiben? Und worüber sonst?"[180]

Den Vergleich zu Chagall stellt Ende häufig her, weil er nicht nachvollziehen kann, dass in der Malerei „Phantastisches" selbstverständlich als Kunst akzeptiert wird, dass etwa bei Chagall ein Ziegenbock auf einem Dach Geige spielen darf, dass jedoch ein solches Bild, wenn es literarischer Art ist, sofort in den Bereich des Märchenhaften und Kindlichen verbannt wird.[181] Wie selbstverständlich diese Trennung vor sich geht, scheint Ende sehr bedenklich. Der Erwachsene, „dem man mit einem geradezu lächerlich armseligen Realitätsbegriff das Hirn vernagelt hat",[182] kann allem Wunderbaren nur in der Kinderliteratur seine Daseinsberechtigung zugestehen und betrachtet es ansonsten abwertend als unrealistisch oder eskapistisch und damit als unbrauchbar.[183] Der Erwachsene ist außerdem in Endes Augen nicht bereit, sich selbst einzugestehen, wie sehr ihm das Wunderbare in seiner säkularisierten Realität fehlt:

177 Weitbrecht: Für M. E. In: Michael Ende zum 50. Geburtstag, S. 10–11.

178 Ende: Über das Ewig-Kindliche, in: Ende: Zettelkasten, S. 179.

179 Ebd., S. 180.

180 Ende: Brief an E. C. vom 20.2.1987, zitiert nach Hocke und Hocke: Das Phantásien-Lexikon, S. 126.

181 Ende, zitiert nach Zimmer: Der Mann, der unserer Zeit die Mythen schreibt, in: ZEITmagazin vom 5. Juni 1981, S. 44–45.

182 Ende: ... den Menschen in der Welt wieder heimisch machen, zitiert nach Gronemann: Phantásien, S. 7.

183 Ende, ebd.

> „Manchmal nascht er wohl heimlich ein wenig daran, wenn ihn der grosse Katzenjammer ob seiner öden Erwachsenenwelt überkommt, aber eben nur, wenn es keiner sieht. Sonst schämt er sich.“[184]

1.3 Wie Michael Ende arbeitete

> „Ist es nicht höchst verwunderlich, daß die gesamte deutsche, englische, französische, spanische und italienische Literatur nur aus sechsundzwanzig Buchstaben besteht?“[185]

1.3.1 Endes Arbeitsbibliothek

Michael Endes Arbeitsbibliothek ist sein persönliches Bergwerk der Bilder und überdies Zeugnis seines weit gefassten Literaturbegriffes. Grob können die sich in seinem Besitz befindlichen Werke in folgende Kategorien unterteilt werden: Literatur der Weimarer Klassik, romantische Literatur, Literatur zur Psychoanalyse und zur Traumdeutung, Klassiker der Weltliteratur, esoterische und spiritistische Werke, religionsphilosophische Schriften, Märchen aus aller Welt, Fantasy und Horror unterschiedlichsten Anspruchs, Humoristisches, fernöstliche Literatur und Schriften zu fernöstlichen Religionen, Werke zur Literaturtheorie, besonders zur Dramentheorie, Kunst- und Lyrikbände sowie Nachschlagewerke aller Art. Überraschenderweise ist der Anteil an Kinderbüchern sehr gering.

Natürlich kann aufgrund der in seiner Bibliothek vorhandenen Werke keine eindeutige Aussage darüber getroffen werden, welche Bücher Michael Ende während seines Lebens gelesen hat. Ebenso gut wie Ende nicht alle der in seinem Besitz befindlichen Bücher gelesen haben muss (wenngleich sich in vielen handschriftliche Notizen und Bleistiftmarkierungen finden), kann er natürlich auch Bücher geliehen und zurückgegeben, verliehen und nicht zurückerhalten, weggeworfen oder verschenkt haben. Trotzdem zeigt seine Bibliothek recht deutlich, für welche und vor allem für welche Vielfalt an Literatur Ende sich interessierte. Der dritte Teil dieser Arbeit, der sich mit Bezügen zu literarischen und ideengeschichtlichen Texten befasst, orientiert sich in seiner Gliederung am Aufbau von Endes Bibliothek.

Ende verfügte neben mehreren Werkausgaben, z.B. von Schiller, Rilke, Meyer, Körner und Lessing, über viel weitere anspruchsvolle bzw. sogenannte Hö-

184 Ende, ebd.

185 Ende: Vierundvierzig Fragen an den geneigten Leser, in: Ende: Zettelkasten, S. 40.

henkamm-Literatur aus dem deutschsprachigen Raum, etwa über Werke von Kafka, Hebbel, Rinser, Goethe, Chamisso und Horváth. Außerdem besaß er philosphie- und literaturtheoretische Schriften von Schopenhauer, Nietzsche, Jacob Grimm und anderen sowie mehrere dramentheoretische Schriften, vor allem von Brecht.

Unter den Klassikern der Weltliteratur finden sich etwa Ibsen, Dostojewski, Shakespeare, Casanova, Molière, Kishon, Dahl, Eco, Ionesco, Twain, Borges und Defoe. Auch *Ulysses* von Joyce und *Don Quijote* von Miguel de Cervantes sind enthalten. Ein besonderer Schwerpunkt der Literatur aus anderen Ländern liegt auf Werken von italienischen AutorInnen und auf Schriften aus Japan – die Bestandsauflistung des Michael-Ende-Museums, die Einzelbände in grobe Kategorien unterteilt und diese zwar zählt, aber nicht auflistet, verzeichnet 110 davon, denen allerdings auch Sachbücher zugeordnet werden.

Weiters finden sich Märchen von den Brüdern Grimm, Hauff, Kyber und Hoffmann, die *Geschichten aus 1001 Nacht* und Sammlungen von Märchen, Sagen, Epen, Fabeln und Legenden aus den verschiedensten Ländern, etwa aus Spanien, Italien, Japan und Russland. Außerdem besaß Ende diverse theoretische Literatur zum Märchen, etwa zum europäischen Volksmärchen und zur Bildsprache der Märchen.

Die anthroposophische Literatur ist unter anderem mit Kühlewind stark vertreten, den größten Bestandteil machen rund 200 Werke von und zu Rudolf Steiner und zur Anthroposophie aus. Daneben sind auch die Theosophin Blavatsky und der Okkultist Strindberg zu finden. Außerdem besaß Ende Literatur zu Tarot, Astrologie, Yoga, Traumdeutung, Meditation und *Das Totenbuch der Tibeter.*

Im Bereich der Fantasy- und Science-Fiction-Literatur stehen Werke von Stanislaw Lem, Tolkien, Le Fanu, Lovecraft, C.S. Lewis und Isaac Asimov, aber auch von wenig oder hauptsächlich in Fantasy-Kreisen bekannten AutorInnen. Ebenso besaß Ende einige Bastei-Lübbe-Taschenbücher aus der Reihe zur phantastischen Literatur und mehrere Bände aus Suhrkamps „Phantastischer Bibliothek“. Außerdem finden sich theoretische Werke zur phantastischen Literatur, z.B. die *Poetik der Science Fiction* von Darko Suvin und *Fantasy* von Helmut W. Pesch. In dieses ist bei einer Abhandlung über Heldenbilder ein Zettel als Lesezeichen eingelegt.

Auch mit Freuds und Jungs Abhandlungen war Ende vertraut, davon zeugt zum Beispiel neben einer Erklärung zu Jungs Individualitätsbegriff in Hardings *Frauen-Mysterien* eine Bleistiftzeichnung von Freuds Dreiteilung in „Ich", „Es" und „Über-Ich". Zudem befinden sich mehrere Werke von und über Jung und Freud und zur Symbol- und Traumdeutung in Endes Bibliothek.

Auch religiöse- und religionstheoretische Werke sind enthalten, etwa der Koran und ein Buch zur Symbolik der Bibelsprache.

Es zeigt sich: Endes Bilderwelt wird gespeist von den Bilderwelten verschiedenster AutorInnen und KünstlerInnen, von (für ihn) zeitgenössischer Literatur bis zu älteren Klassikern und kurzlebigen „Groschenromanen" interessiert ihn die Lektüre aller Bücher, die ihm als Inspirationsquelle dienen konnten.

1.3.2 Endes Arbeitsweise und die Entstehung der *Unendlichen Geschichte*

Nachdem das Erscheinen von *Momo* bereits einige Monate her war, besuchte der Verleger des Thienemann Verlags Richard Weitbrecht Michael Ende und seine Frau in deren Haus in Italien, um Ende zu ermuntern, bald mit der Arbeit an einem neuen Buch zu beginnen. Ende holte einen Zettelkasten hervor, in dem Zettel mit Einfällen und Notizen für Bücher gesammelt waren. Auf einem stand geschrieben: „Ein Junge gerät während des Lesens buchstäblich in die Geschichte hinein und findet nur schwer wieder heraus."[186] Weitbrecht zeigte sich von diesem Einfall angetan, Ende war einverstanden, warnte aber, dass er diesen Stoff zu höchstens hundert Seiten ausarbeiten könnte. Die beiden verabredeten den Erscheinungstermin für Sommer 1978 und Ende begann zu schreiben – „[...] und nun passiert es manchmal tatsächlich, daß einem so ein Stoff unter den Händen explodiert."[187]

Was genau meint Ende mit dieser „Explosion"? Hierzu ist zunächst zu sagen, dass das Buch ein Jahr später als geplant erschien. Sein Verleger sieht die Gründe hierfür „in der spezifischen Arbeitsweise des Autors, nämlich dem Unvermögen, schlampig zu arbeiten".[188] Mehrmals wurde er Zeuge von Endes „ungeheurer[r] gedankliche[r] und literarische[r] Sorgfalt".[189] Am Anfang der Arbeit an der *Un-*

186 Weitbrecht: Für M. E. In: Michael Ende zum 50. Geburtstag, S. 7.

187 o.V.: Michael Ende zum 65. Geburtstag, in: Fantasia, Heft 91/92 (1994), S. 297.

188 Weitbrecht: Für M. E. In: Michael Ende zum 50. Geburtstag, S. 7.

189 Ebd.

endlichen Geschichte stand nur die am Zettel notierte Idee, von dieser ließ Ende sich leiten und schrieb „drauflos“. So oder so ähnlich handhabte er es auch bei seinen anderen umfangreicheren Prosatexten. Erst im Laufe der Arbeit an einem Werk kristallisierte sich heraus, in welche Richtung sich der Text bewegte. Er gab dem Prozess der Reifung so viel Zeit, wie er seiner Meinung nach brauchte, legte Texte immer wieder zur Seite, dachte später erneut darüber nach, bis schließlich die „inneren Spielregeln“ des Texts für ihn stimmig waren.[190]

Verzweifelt kontaktierte er im Herbst 1978 den Verlag und informierte darüber, dass sein Protagonist um keinen Preis schon aus Phantásien zurückkehren wolle. Er habe keine andere Wahl – er müsse ihn noch einige Zeit weiter auf seiner Reise begleiten. Nebenbei teilte er noch mit, dass *Die unendliche Geschichte* sich zu einem Zauberbuch entwickelt habe und dass die Ausstattung des Buches dementsprechend gestaltet werden müsse.[191] Die Fertigstellung des Romans sollte schließlich zwei Jahre durchgehender Arbeit benötigen und bis 1979 dauern.[192]

Auch auf der sprachlichen Ebene arbeitete Ende mit großer Genauigkeit. Dabei war es ihm wichtig, dass sich die Texte der gesprochenen, erzählten Sprache annäherten. Täglich saß er abends mit seiner Frau Ingeborg Hoffmann zusammen und ließ sich von der Schauspielerin vortragen, was er tagsüber geschrieben hatte, um die Melodie des Geschriebenen zu prüfen. Gemeinsam feilten die beiden an Holprigkeiten und Unstimmigkeiten.[193] Die große Vielfalt an Bezügen, die Endes Werk unter anderem ausmacht, einzubringen, ohne dabei die sprachliche Leichtigkeit, die Endes Werk außerdem auszeichnet, zu verlieren, ist eine große Herausforderung, mit der Ende sich sehr bewusst auseinandersetzte. Sein Verleger berichtet später:

> „Für mich ist immer wieder erstaunlich, daß den Texten vordergründig nicht mehr anzumerken ist, was an intensiver, konsequenter und oft bis zur Selbstzerstörung gehender Gedankenarbeit in diesen und neben diesen Texten gedacht und gemacht wurde. Als Verleger ist diese Arbeit nur am Rande zu verfolgen, u. a. dann, wenn während der Arbeit sich an einzelnen Worten, Handlungsfäden oder Textstel-

190 Hocke: Die Suche nach dem Zauberwort, in: Hocke, Kraft: Michael Ende und seine phantastische Welt, S. 101.

191 Ebd., S. 110.

192 Rzeszotnik: Die (un)endliche Geschichte: Lebensstationen eines Schriftstellers, in: Rzeszotnik (Hg.): Zwischen Phantasie und Realität, S. 21.

193 o.V.: Michael Ende zum 65. Geburtstag, in: Fantasia, Heft 91/92 (1994), S. 298–299.

len Gespräche entspinnen, die sich von den Vorsokratikern bis zur modernen Philosophie, von der Literaturgeschichte des Abendlandes bis hin zur Malerei erstrecken."[194]

Ende war zudem ein Autor, der stark in den Herstellungsprozess des Buches eingebunden war und eingebunden werden wollte. Davon zeugt ein Brief vom Mai 1978 an die Illustratorin der *Unendlichen Geschichte*, Roswitha Quadflieg, in dem er schrieb, dass er von der Idee mit den ganzseitigen Initialen an den Kapitelanfängen, die Quadflieg offensichtlich dem Verleger unterbreitet hatte, sehr angetan war. Er regte an: „Vielleicht kann man in sie auch ein bißchen hineinzeichnen in einer Art, die so ein bißchen vom Inhalt des Kapitels verrät."[195] Genau so wurde es später umgesetzt. Er schrieb außerdem, das Buch müsse typografisch so gestaltet werden, dass es besonders und geheimnisvoll wirke. Besonderen Wert legte er auf den Einband, der wie Seide glänzen sollte. Schließlich, so erklärte er, sollten die LeserInnen eben das Buch in den Händen halten, das Bastian im Buchladen entwendet und das später auch in Phantásien auftaucht, wo dann Bastians Name in der Geschichte innerhalb der Geschichte vorkommt: „Sie verstehen, es ist eine Art perspektivischer Effekt wie in ‚Ein Hund kam in die Küche …'"[196] In Bezug auf die Mitsprache des Autors waren Ende und sein Verlag sich einig: „Von Anfang an war das – ohne besondere vertragliche Regelung – einfach selbstverständlich, daß man miteinander darüber redet, wie das Buch aussehen soll."[197]

Großen Einfluss auf die Konzeption der *Unendlichen Geschichte* hatte auch die Eskapismus-Debatte. Der Roman ist ein Gegenentwurf zu der von vielen KritikerInnen geforderten Realität abbildenden Literatur und zeigt auf, was in Endes Augen passiert, wenn die Innenwelt aus der Lebenswelt der Menschen verdrängt wird. Ende spricht von einer Flucht, jedoch nicht von völliger Weltflucht, sondern von „einer Flucht, die […] notwendig ist, damit man die äußeren Probleme in Angriff nehmen kann. Es ist nämlich die Flucht in die innere Welt […]."[198] Die innere Welt ist für Ende der Ort der Bilder, der Werte und der Träume:

---

194 Weitbrecht: Für M. E. In: Michael Ende zum 50. Geburtstag, S. 8.

195 Ende: Brief an Roswitha Quadflieg vom 4. Mai 1978, zitiert nach Voss: Im Inneren des Michael-Ende-Effekts, in: FAZ Nr. 289 vom 12. Dezember 2009, S. Z1–Z2.

196 Ebd.

197 Ende, zitiert nach Vogdt: Wie Shakespeare über die Rampe gekommen, in: Börsenblatt, Heft 25 (1985), S. 922.

198 Ende, zitiert nach Unger: Hüter der Hoffnung, in: Treffpunkt (TLZ) vom 29. Juni 1991.

> „Wenn man dort nicht seine Maßstäbe holt, hat man gar nichts, was man in der äußeren Welt anwenden kann. Darum läuft diese Geschichte auch darauf hinaus, daß es notwendig ist, zwischen Phantásien und der äußeren Welt fortwährend hin und her zu gehen. Man darf weder in der einen noch in der anderen bleiben, es ist ein lebendiger Prozeß.“[199]

Und da die innere Welt Phantásien ebenso das Reich der Phantasie und der schöpferischen Tätigkeit aller Menschen ist, wurden die Bezüge zu anderen Kunstwerken für Ende beim Schreiben der *Unendlichen Geschichte* zum Programm.

199 Ende, ebd.

2 Bezüge zur Realität in der *Unendlichen Geschichte*

2.1 Phantasielosigkeit und Rationalisierung der Welt

„Du meinst, dass Phantasie nicht wirklich sei? Aus ihr allein erwachsen künftige Welten: In dem, was wir erschaffen, sind wir frei."[200]

2.1.1 Auryn und die Wasser des Lebens – das Ineinanderfließen von Realem und Irrealem

Es mag zunächst merkwürdig erscheinen, dass ein Großkapitel über die Bezüge zur Lebenswirklichkeit, die ein Buch herstellt, mit einem Kapitel über die Phantasielosigkeit und die Rationalisierung der Welt beginnt. Eben das ist aber Endes poetisches Konzept: mithilfe von phantastischen Bildern seine LeserInnen daran zu erinnern, dass neben der „realen" Alltagswelt, der sie täglich begegnen, noch eine andere Welt existiert – und dass die Auseinandersetzung mit eben dieser anderen, inneren Welt die Erfahrung des Erlebens eines Kunstwerkes mit sich bringt: „Der Roman exponiert das Hervorgehen ästhetischer Erfahrung aus der sich am Lesestoff belebenden Einbildungskraft, die aus der Perspektive Bastians vor allem als konstitutives Element einer Lektüreerfahrung vorgestellt wird."[201] Außerdem bringt die Auseinandersetzung mit der Innenwelt Erkenntnisse für das Leben der LeserInnnen in der äußeren, der Alltagswelt. Oder anders gesagt: Nur wer akzeptiert, dass die Phantasie wirklich ist, lässt zu, dass sie wirksam wird:

> „Ganz offensichtlich bezieht Endes Buch einen nicht unerheblichen Teil seiner Wirkungsmacht gerade daher, daß es eine Vielzahl von Bildern umschließt, die auf eine ganz eigentümliche Weise ‚wirklich' sind, das heißt, dem Leser im Symbol Aspekte der Realität und ihren Sinn erschließen."[202]

200 Ende: Das Gauklermärchen, S. 93.

201 Götze: Roman der Einbildungskraft, in: Schöll: Literatur und Ästhetik, S. 168.

202 Baumgärtner: Phantásien, Atlantis und die Wirklichkeit der Bilder, in: Weitbrecht: Michael Ende zum 50. Geburtstag, S. 41.

Dies zeigt sich bereits in der formalen Konzeption der *Unendlichen Geschichte.* Das Buch hat zwei Erzählebenen: Die „Rahmenhandlung" und die Handlung im fiktiven Roman *Die unendliche Geschichte*, welche Teil des realen Romans ist und welche die realen LeserInnen[203] gemeinsam mit dem fiktiven Protagonisten Bastian rezipieren. Durch die beiden Erzählebenen, auf denen die beiden Handlungsstränge verlaufen, wird Phantásien als Produkt der Phantasie transparent gemacht und gleichzeitig in Relation zur Realität gestellt: „Innerhalb des fiktionalen Raums, den die Erzählung eröffnet, steht Bastian, der als reale Person vorgestellte Leser der ‚Unendlichen Geschichte', dem gelesenen Geschehen um Atréju und der Kindlichen Kaiserin gegenüber."[204]

Der Begriff „Rahmenhandlung" ist für die gemeinte Erzählebene in Endes Roman nicht wirklich passend, da die Handlung in Bastians „realer" Lebenswelt, seiner alltäglichen Welt, die Ereignisse in Phantásien weniger umrahmt als vielmehr die Voraussetzung für sie bildet und mit ihnen verwoben ist. Im Folgenden wird diese Ebene daher als fiktiv-reale Ebene bezeichnet, ganz im Sinne Endes, der mit dem Realismusbegriff[205] in der Literatur große Schwierigkeiten hatte: „Ich glaube, die einzige Wirklichkeit, die wir guten Gewissens beschreiben können, ist die, die wir selber erfinden."[206] Alles andere hält er für „Fiktion, die nicht eingestanden wird".[207] Die fiktiv-reale Ebene ist von der phantastischen bzw. phantásischen durch verschiedenfarbigen Druck abgehoben – in der für diese Arbeit zitierten Ausgabe rot-blau, in der Erstausgabe rot-grün, wobei die fiktiv-reale Ebene jeweils rot dargestellt wird.

Zu Beginn der Geschichte sind die beiden Erzählebenen optisch klar voneinander getrennt. Die LeserInnen lernen auf der fiktiv-realen roten Ebene den Außenseiter Bastian kennen, welcher in einem Antiquariat das Buch *Die unendliche Geschichte* stiehlt, das ihn eigentümlich anzieht. Er zieht sich auf den Dachboden seiner Schule zurück und beginnt zu lesen. Damit beginnt der blaue/grü-

203 Unter einem realen Leser versteht man „eine tatsächlich existierende Person außerhalb des Textes, die diesen rezipiert". Leser, in: Burdorf u. a.: Metzler Lexikon Literatur, S. 432.

204 Götze: Roman der Einbildungskraft, in: Schöll: Literatur und Ästhetik, S. 167.

205 In dieser Arbeit wird Realismus verstanden als „Begriff der Ästhetik und Poetik, der die künstlerische Darstellung in mehr oder weniger direkter Weise auf eine wie auch immer gedachte ‚Wirklichkeit' bezieht und der in Opposition gegen idealistische und romantische Auffassungen von Kunst steht". Realismus, in: Burdorf u. a.: Metzler Lexikon Literatur, S.628.

206 Ende, zitiert nach o.V.: Michael Ende zum 65. Geburtstag, in: Fantasia, Heft 91/92 (1994), S. 296.

207 Ende, ebd.

ne Teil des Drucks – gemeinsam mit Bastian erfahren die LeserInnen von den Ereignissen in Phantásien. Dass die beiden Ebenen eng miteinander verbunden sind, wird spätestens in dem Moment deutlich, als ein Schrei Bastians, den er auf dem Dachboden seiner Schule ausstößt, in Phántasien von Atréju, dem Protagonisten des von Bastian gestohlenen Buches, gehört wird. Die roten Textpassagen werden weniger und enden schließlich in dem Moment ganz, in dem Bastian in *Die unendliche Geschichte* eintritt und nach Phantásien kommt – solange, bis er am Ende des Romans in die Außenwelt zurückkehrt. Auf diese Weise wird die Grundannahme des Buches, nämlich die, dass Innenwelt und Außenwelt nicht zu trennen sind, bereits durch dessen formale Gestaltung vermittelt.[208]

Symbolisiert wird die untrennbare Verbindung von Innen- und Außenwelt besonders deutlich durch Auryn, das Leitmotiv das Romans, welches sowohl ein Amulett als auch einen Ort darstellt. Auf dem Amulett Auryn sind zwei Schlangen abgebildet, die sich gegenseitig in den Schwanz beißen, am Ort Auryn sprudeln die Wasser des Lebens, deren Einfriedung ebenfalls die beiden Schlangen bilden, eine helle und eine dunkle:

> „Die reglosen Riesenleiber der Schlangen glänzten wie unbekanntes Metall, nachtschwarz die eine, silberweiß die andere. Und das Verderben, das sie hervorrufen konnten, war nur gebannt, weil sie sich gegenseitig gefangen hielten. Wenn sie sich je losließen, dann würde die Welt untergehen. Das war gewiss. Aber indem sie sich gegenseitig fesselten, hüteten sie zugleich das Wasser des Lebens."[209]

Die beiden Schlangen stehen für den Dualismus der beiden Welten, die reale und die irreale, die nur gemeinsam existieren können.[210] Damit Bastian in die Realität zurückkehren kann, öffnen die beiden Schlangen ihm ein Tor und er darf in das Wasser des Lebens eintauchen. Bastian tritt ein in den Ort, an dem sich die Welten berühren – und damit fallen die letzten Grenzen zwischen Innenwelt und Außenwelt für ihn endgültig:[211] „[...] die Wechselbeziehung zwischen Leser und Buch [...] erweist sich mehr und mehr als handfeste Wechsel*wirkung*, die mit zunehmender Eskalation die Grenzen zwischen Realität und Fiktion, Leser und Gelesenem zum Verschwinden bringt."[212]

208 Wernsdorff: Bilder gegen das Nichts, S. 67.

209 UEG, S. 459.

210 Hocke und Hocke: Das Phantásien-Lexikon, S. 39.

211 Gonzáles Dueñas: Unerwartete Spiegelungen, in: Rzseszotnik (Hg.): Zwischen Phantasie und Realität, S. 121.

212 Götze: Roman der Einbildungskraft, in: Schöll: Literatur und Ästhetik, S. 169.

Dass das Geschehen im Leben Bastians, sowohl in der fiktiv-realen als auch in der phantastischen Welt, für das Leben der realen LeserInnen eine ebenso reale Bedeutung hat, vermittelt *Die unendliche Geschichte* durch den oben schon erwähnten Kunstgriff: Man liest quasi über Bastians Schulter, Protagonist Bastian ist selbst Leser. Noch eindrücklicher wird diese Verbindung dadurch, dass das Buch, in dem Bastian liest, in seiner äußeren Gestaltung stark dem gleicht, welches die realen LeserInnen vor sich haben – das Buch wird so zum „Ort des Übergangs zwischen der romaninternen und der romanexternen Wirklichkeit".[213] Bastian bringt den Mut auf, sich auf sein Buch und damit auch auf seine Innenwelt ganz einzulassen und schöpft daraus Kraft für sein tägliches Leben. Der Roman schlägt seinen LeserInnen somit bildhaft einen neuen Wirklichkeitsentwurf vor – dafür, dass dieser positiv angenommen wurde, sprechen die Verkaufszahlen.

2.1.2 Die Kindliche Kaiserin im Elfenbeinturm als das Ewig-Kindliche

Michael Ende hat mehrmals in Interviews darauf hingewiesen, dass die Kindliche Kaiserin die Phantasie selbst verkörpert.[214] Auch aus ihrer Beschreibung in der *Unendlichen Geschichte* geht dies hervor:

> „Die Kindliche Kaiserin galt zwar – wie ihr Titel ja schon sagt – als die Herrscherin über all die unzähligen Länder des grenzenlosen phantásischen Reiches, aber sie war in Wirklichkeit viel mehr als eine Herrscherin, oder besser gesagt, sie war etwas ganz anderes. [...] Sie war nur da, aber sie war auf eine besondere Art da: Sie war der Mittelpunkt allen Lebens in Phantásien. [...] Ohne sie konnte nichts bestehen, so wenig ein menschlicher Körper bestehen könnte, der kein Herz mehr hat."[215]

Zugleich ist die Kindliche Kaiserin – wie bereits ihr Name andeutet – ein Idealtypus der Kindlichkeit, die im Zusammenhang mit schöpferischer Tätigkeit für Ende eine wichtige Rolle spielte:[216] „Für *dieses* innere Kind in mir und in uns allen erzähle ich meine Geschichten, denn wofür sonst lohnte es sich überhaupt,

213 Schmitz-Emans: Alte Mythen – Neue Mythen, in: Carduff und Vedder (Hg.): Chiffre 2000, S. 210.

214 Hocke und Hocke: Das Phantásien-Lexikon, S. 128.

215 UEG, S. 39.

216 Hocke und Hocke: Das Phantásien-Lexikon, S. 126.

etwas zu tun?"[217] Die Kindliche Kaiserin ist eben jenes innere Kind, von dem Ende denkt, dass es immer weniger Menschen am Leben halten. Ohne das innere Kind gibt es in seinen Augen keine Phantasie, ohne Phantasie gibt es keine Kindliche Kaiserin, ohne die Kindliche Kaiserin kann Phantásien nicht existieren:

> „Niemand konnte ihr Geheimnis ganz begreifen, aber alle wussten, dass es so war. Und so wurde sie von allen Geschöpfen dieses Reiches gleichermaßen respektiert und alle machten sich gleichermaßen Sorgen um ihr Leben. Denn ihr Tod wäre zugleich das Ende für sie alle gewesen, der Untergang des unermesslichen Reiches."[218]

Sie ist das Herz Phantásiens und in jedem phantásischen Wesen enthalten. Ebenso wie sie sowohl von guten als auch von bösen Wesen respektiert wird, bringt sie allen Wesen denselben Respekt entgegen. Damit sind die Kindliche Kaiserin und ihr Reich amoralisch. Dass diese Amoralität für das Reich der Fiktion unabdingbar ist, dazu äußerte sich der Autor der *Unendlichen Geschichte* des Öfteren: „Was im Bereich des Imaginären, der Poesie, der Kunst, überhaupt berechtigt, ja notwendig ist, kann und darf nicht unmittelbar auf die Lebensrealität übertragen werden – und vice versa."[219]

Obwohl Phantásien keine Grenzen, keine Himmelsrichtungen im herkömmlichen Sinne und somit auch keine Mitte hat, ist der Wohnort der Kindlichen Kaiserin, der Elfenbeinturm, das Zentrum des Reiches.[220] Im heutigen Sprachgebrauch zum synonymischen geistigen Aufenthaltsort weltfremder Wissenschaftler und Literaten geworden, ist der Elfenbeinturm bei Ende die Heimat der Kindlichen Kaiserin und somit die Heimat der Phantasie. Die Phantasie muss sich – in jenem Kunstverständnis, welches *Die unendliche Geschichte* vermittelt – zunächst ganz für sich und ohne Einflüsse von außen entwickeln und kann – zurückgezogen von der Welt – hier ihre Kraft entfalten.[221]

Um zu existieren braucht die Kindliche Kaiserin Menschen, die an sie glauben und ihr immer wieder neue Namen geben, also Menschen mit kreativem Potential und Imaginationsfähigkeit. In diesem Sinne ist Phantásien das Reich der

217 Ende: Über das Ewig-Kindliche, in: Ende: Zettelkasten, S. 181.

218 UEG, S. 38.

219 Ende: Das Bild des Bösen, in: Ende: Zettelkasten, S. 93.

220 Hocke und Hocke: Das Phantásien-Lexikon, S. 11.

221 Ebd., S. 73.

Künste und der Künstler – „Phantásien ist ja nicht nur das Reich der Träume, sondern auch das Reich der Kunst, das heißt, das Reich der Fiktion.“[222] Dass Endes Roman zu zeigen versucht, dass Phantásien nicht nur auf der europäischen, sondern auf den verschiedensten kulturellen Traditionen aus aller Welt aufgebaut ist,[223] wird unter anderem an den vielfältigen Wesen deutlich, die *Die unendliche Geschichte* bevölkern: Vom Dschinn, bekannt vor allem aus dem orientalischen Raum, über den Glücksdrachen, der an der positiven asiatischen Vorstellung vom Drachen orientiert ist, bis hin zu Zwergen und Irrlichtern, die uns aus der mitteleuropäischen Sagenwelt bekannt sind, tummeln sich die unterschiedlichsten Fabelwesen und Phantasiegestalten in Phantásien.

Damit stellt das Buch bildhaft dar: Wenn sich auch die Bilderwelten der Mythen und Märchen von Kultur zu Kultur unterscheiden, so ist das Reich der Phantasie dennoch allen Menschen gemeinsam.[224]

2.1.3 Die Zerstörung der Innenwelt durch das kausallogische Denken – die Bedrohung durch das Nichts

Als Bastian beginnt, *Die unendliche Geschichte* zu lesen, erkennt er schnell: Phantásien ist krank. Die Welt der Poesie ist bedroht vom Nichts, welches dadurch entsteht, dass in der Welt der Menschen angesichts einer sich schnell ausbreitenden Säkularisierung niemand mehr an Phantásien zu glauben bereit ist. Phantásien und seine Bewohner verschwinden. Dieses Bild entspringt dem Denken Endes, der die Phantasie und damit auch die Werte durch Entzauberung und Rationalisierung bedroht sah: „Es gibt aber ein Phänomen, das viel weniger beachtet wird, das ist die Innenweltverwüstung, die genauso bedrohlich und genauso gefährlich ist.“[225]

Ende sieht *Die unendliche Geschichte* als:

> „[...] die Geschichte eines Jungen, der seine Innenwelt, also seine mythische Welt, verliert in dieser einen Nacht der Krise, einer Le-

222 Ende, zitiert nach Bondy u. a.: Gespräch mit Michael Ende, in: SZ vom 14. März 1981, S. 137.

223 Kraft: Die Faszination des Anderen, in: Hocke, Kraft: Michael Ende und seine phantastische Welt, S. 30.

224 Hocke und Hocke: Das Phantásien-Lexikon, S. 77.

225 Ende: Typoskript aus dem Nachlass, zitiert nach Hocke und Hocke: Das Phantásien-Lexikon, S. 116.

> benskrise, sie löst sich in Nichts auf und er muss hineinspringen in dieses Nichts, das müssen wir Europäer nämlich auch tun. Es ist uns gelungen, alle Werte aufzulösen, und nun müssen wir dort hineinspringen, und nur, indem wir den Mut haben, dort hineinzuspringen in dieses Nichts, können wir die eigensten, innersten schöpferischen Kräfte wieder erwecken und ein neues Phantásien, d.h. eine neue Wertewelt aufbauen."[226]

Am deutlichsten findet sich diese Haltung in Endes Roman im Gespräch zwischen dem Werwolf Gmork und Atréju wieder. Aufgeklärte Erwachsene können nicht zwischen Phantasie und schlichter Unwahrheit unterscheiden, weil „Dichtung und Lüge aus der gleichen Substanz gemacht sind, der Fiktion".[227] Gmork erklärt Atréju, dass Menschenkinder von den Erwachsenen davon abgehalten werden, nach Phantásien zu kommen, da das Reich der Phantasie in ihrem aufgeklärten Weltbild nicht existiert bzw. eine Lüge darstellt:

> „Deshalb hassen und fürchten die Menschen Phantásien und alles, was von hier kommt. Sie wollen es vernichten. Und sie wissen nicht, dass sie gerade damit die Flut von Lügen vermehren, die sich ununterbrochen in die Menschenwelt ergießt [...]."[228]

> „Es gibt da auch eine Menge arme Schwachköpfe – die sich natürlich selbst für sehr gescheit halten und der Wahrheit zu dienen glauben –, die nichts eifriger versuchen, als sogar den Kindern Phantásien auszureden."[229]

Dadurch jedoch verlieren Kinder schon in frühen Jahren Hoffnungen und Perspektiven[230] – ohne die Freiräume, die durch die Phantasie geschaffen werden, wird die Welt für die Menschen unbewohnbar,[231] wie sie es für Bastian ist, der vor ihr in den staubigen Dachboden der Schule flieht. Wenn Menschen nicht mehr träumen und sich nichts mehr ausdenken dürfen, werden ihnen auch die

226 Ende: Die Archäologie der Dunkelheit, zitiert nach Hocke: Die Suche nach dem Zauberwort, in: Hocke, Kraft: Michael Ende und seine phantastische Welt, S. 112.

227 Ende: Von der Flaschenpost des Poeten, in: Ende: Zettelkasten, S. 202.

228 UEG, S. 160.

229 UEG, S. 161.

230 Tremblay: Die Phantasie und Phantásien, in: Rzeszotnik (Hg.): Zwischen Phantasie und Realität, S. 148.

231 Rottensteiner: Einige Bemerkungen zu Michael Ende, in: Rzseszotnik (Hg.): Zwischen Phantasie und Realität, S. 237.

Kraft und die Motivation fehlen, ihre Träume zu verwirklichen.[232] So bedeutet also die Krankheit Phantásiens, dass auch die reale Welt, die Welt der Menschen, krank ist – da die beiden Welten ja untrennbar verbunden sind, ist dies nur folgerichtig. „Das Elend, das über beide Welten gekommen ist", so die Kindliche Kaiserin, „ist zweifachen Ursprungs."[233] Die Figuren Phantásiens sind bereit, gegen die Zerstörung anzukämpfen, nur mit Hilfe des Menschenkindes Bastian ist es ihnen jedoch möglich, die Kluft zwischen den Welten zu schließen.[234] Dies ist auch deshalb notwendig, weil Bastian nur so wieder in die Realität zurückkehren kann. Von der Bedeutung dieser Rückkehr ist im nächsten Kapitel die Rede.

2.1.4 Die Suche nach dem Wahren Willen und Bastians Rückkehr

Was vor allem in Hinblick auf den Weltbezug in Endes Werken nicht oft genug erwähnt werden kann, ist die Tatsache, dass Ende nicht nach einer Bevorzugung der phantastischen Welt gegenüber der realen verlangt, sondern nach einem Gleichgewicht zwischen den beiden Welten, nach dem „Ideal der Vermittlung zwischen subjektiver Innerlichkeit und objektiv präformierter Wirklichkeit".[235] Auch wenn er in seiner alltäglichen Lebenswelt zum Zeitpunkt des Entstehens der *Unendlichen Geschichte* die innere Welt bedroht sah, forderte er nur eine Gleichstellung der beiden Welten.

Die Traumwelt war für ihn ein Gegenentwurf zur Realität, eine komplementäre Utopie – oder Dystopie.[236] Die Phantasie kann das Leben besser machen, die Wahrnehmung erweitern, sie kann aber auch zu einer großen Gefahr werden, wenn man sich in ihr verliert, ohne das in der Phantasie Gelernte in die Realität umsetzen zu wollen.[237] Endes Gegenwelten, seine „an der Alltagswirklichkeit eng anlehnende Erlebnisebenen"[238] geben durch eine literarische Spie-

232 Kraft: Die Faszination des Anderen, in: Hocke, Kraft: Michael Ende und seine phantastische Welt, S. 34.

233 UEG, S. 189.

234 Kraft: Die Faszination des Anderen, in: Hocke, Kraft: Michael Ende und seine phantastische Welt, S. 8.

235 Götze: Roman der Einbildungskraft, in: Schöll: Literatur und Ästhetik, S. 178.

236 Kraft: Die Faszination des Anderen, in: Hocke, Kraft: Michael Ende und seine phantastische Welt, S. 35.

237 Staesche, Die unendliche Geschichte, in: Rzseszotnik (Hg.): Zwischen Phantasie und Realität, S. 252.

238 Kraft: Die Faszination des Anderen, in: Hocke, Kraft: Michael Ende und seine phantastische Welt, S. 7.

gelung von Innen- und Außenwelt die Möglichkeit, sich als Teil der Welt und die Welt als Teil von sich zu begreifen.[239] Voraussetzung dafür ist es, sich selbst so zu akzeptieren, wie man ist. Dies gelingt jedoch selbst Endes Protagonisten zunächst nicht.

Bastian tritt nach Phantásien ein, übernimmt Atréjus Heldenrolle und beginnt anfangs, sich seine ureigenen, narzisstischen Wünsche zu erfüllen, seine Bedürfnisse schnellstmöglich zu befriedigen – er handelt ausschließlich nach dem Lustprinzip.[240] Er erliegt der Hybris, will schön, stark, mutig und schließlich auch noch mächtig sein, den Elfenbeinturm erobern, um selbst Kaiser von Phantásien zu werden. Dieses „klassische Happy End" – Bastian, der „Held", besteigt den Thron, herrscht über das ganze Reich und wenn sie nicht gestorben sind, dann leben sie noch heute – wird verhindert, indem Bastians Weg durch Phantásien ihn in die Alte-Kaiser-Stadt führt. Hier wohnen die Nichtssagenden, also all jene, die vor Bastian nach Phantásien reisten, nicht rechtzeitig zurückkehrten und sich selbst zum Kaiser erhöhen wollten – sie liefern ein Bild des Wahnsinns.

In diesem Moment kommt auf Bastians Seite die Vernunft ins Spiel. Obwohl es fast schon zu spät ist, wendet er sich endlich in Richtung seines Wahren Willens. Es wird klar: „Tu, was du willst",[241] jener Satz, der auf der Rückseite des Kleinods Auryn steht,[242] bedeutet nicht, sich in der Phantasie alle Wünsche zu erfüllen, sondern durch eine Erweiterung der Realität Kraft zu schöpfen, den Wahren Willen – also die wirklichen Bedürfnisse – zu entdecken. In Bastians Fall führt ihn das zwar zuerst auf die Suche nach der Zugehörigkeit zu einer Gemeinschaft und damit in die falsche Richtung hin zum totalen Kollektiv, dann jedoch ins Haus der Dame Aiuóla, in der er sein großes, in der Realität durch den Tod seiner Mutter gewachsenes Bedürfnis nach Mutterliebe stillen kann. Nur durch diese Erfahrung kann er schließlich ins Bergwerk der Bilder gelangen, das Bild seines Vaters finden, von seinem Narzissmus ablassen und schließlich gestärkt in die Realität zurückkehren.[243]

239 Ebd., S. 7–8.

240 Lustprinzip, in: Wiswede: Sozialpsychologie-Lexikon, S. 358.

241 UEG, S. 222.

242 Zur literarischen Tradition des „Tu Was Du Willst" vgl. Kapitel 3.6.1.

243 Wernsdorff: Bilder gegen das Nichts, S. 72–74.

2.1.5 Engywuck, der Wissenschaftler – eine Parodie auf das vorherrschende Verständnis von Wissenschaft

Michael Ende war mit dem Wissenschaftsverständnis seiner Zeit nicht einverstanden. Der Intellektualismus, so Ende, muss von der Wissenschaft überwunden werden, allerdings nicht durch Irrationalismus, also nicht dadurch, dass die Paradigmen der kausalen Logik ausgeblendet werden. Er fordert:

> „[...] eine Wissenschaft, die die Zivilisationswüste wieder fruchtbar macht, [...] eine Wissenschaft, die den Intellektualismus nicht durch ‚Irrationalität' überwindet, sondern indem sie ihn zu Ende denkt, und die ihn schließlich durch ein wirklichkeitsvolleres, das heißt erlebbares Denken in den Bereich der menschlichen Erfahrung zurückholt."[244]

Damit meint er einerseits eine Wissenschaft, die beispielsweise Psychologisches nicht als der klassischen Medizin untergeordnet begreift, die also auch offen für neue Denkansätze und Ideen ist, die sich nicht völlig vom Rationalismus vereinnahmen lässt und die nicht alles, was sich ihren Messgeräten entzieht, als nicht vorhanden abtut. Andererseits meint er damit eine Wissenschaft, die weltbezogener und praxiszugewandter ist und nicht in ihrem Labor abgeriegelt Thesen aufstellt, ohne sie an der Welt zu prüfen.

In der *Unendlichen Geschichte* werden Wissenschaft und Forschung vor allem durch den Zweisiedler Engywuck verkörpert. Dieser ist „eine Persiflage des fanatischen Forscher-Typs, wie sie Ende in ähnlicher [...] Art bereits an der Figur des lummerländischen Königs Alfons aus den beiden *Jim Knopf*-Romanen vorgenommen hat".[245] Er hat sein Leben der Erforschung der Uyulála im Südlichen Orakel verschrieben. Als Atréju in sein Haus tritt, fragt er ihn zunächst, ob er schon von ihm gehört habe. Als dieser verneint, reagiert Engywuck gekränkt und vermutet, dass Atréju wohl nicht in wissenschaftlichen Kreisen verkehre. Dann berichtet er von seiner Forschung:

> „‚Kann dir alles erklären', fuhr er fort, ‚habe die Sache in- und auswendig studiert mein Leben lang. Habe dafür eigens mein Observatorium eingerichtet. Werde demnächst ein großes, wissenschaftliches Werk über das Orakel herausgeben. Titel: Das Uyulála Rätsel,

244 Ende: Gedanken eines zentraleuropäischen Eingeborenen, in Ende: Zettelkasten, S. 68.

245 Ludwig: Was du ererbt von deinen Vätern hast ..., S. 13.

> gelöst durch Professor Engywuck. Hört sich nicht schlecht an, wie? Leider fehlen mir aber noch ein paar Kleinigkeiten.‘“[246]

Konkret besteht Engywucks Forschung hierin: Er blickt aus sicherer Entfernung durch ein Fernrohr auf das erste der Drei Magischen Tore, das Große-Rätsel-Tor. Über Atréjus Frage, ob er selbst schon einmal dort unten gewesen sei, ist er überrascht:

> „Wo denkst du hin? […] Arbeite schließlich wissenschaftlich. Habe alle Berichte gesammelt von denen, die drin waren. Sofern sie zurückgekommen sind, versteht sich. Sehr wichtige Arbeit! Kann mir kein persönliches Risiko erlauben. Könnte meine Arbeit beeinflussen!“[247]

Das Rätsel, wieso die beiden Sphingen, die das Tor bilden, manche Menschen durchlassen und andere nicht, konnte er bisher – sehr zu seinem Missvergnügen – nicht lösen. Er ist schon so weit anzunehmen, sie würden rein nach dem Zufallsprinzip auswählen. Damit ist allerdings seine Frau nicht einverstanden: „Schäm dich! Nur weil dein bisschen Hirn dir im Kopf eingetrocknet ist, meinst du, solche großen Geheimnisse einfach ableugnen zu können, alter Schwachkopf!“[248]

Engywuck bittet Bastian eindringlich, zurückzukehren und ihm über das Südliche Orakel Bericht zu erstatten, sollte es ihm gelingen, dorthin vorzudringen. Als dieser das später tut und Engywuck berichtet, dass die Stimme der Stille nicht mehr da ist, sondern mit Atréju als letztem Wesen gesprochen hat, ist er zutiefst enttäuscht, da er seine bisherige Forschung damit als nutzlos erachtet.

Engywuck verkörpert einen Forscher, der die praktischen Dinge des täglichen Lebens außerhalb seines Zuständigkeitsbereiches sieht – er überlässt sie völlig seiner Frau. Selbst seine Forschung bleibt reine Theorie und fern von jeder Praxis: Obwohl er in unmittelbarer Nähe der Drei Magischen Tore lebt, ist er noch nie zu ihnen hinuntergestiegen, um seine Theorien selbst zu erproben und die Tore genauer betrachten zu können. Lieber plant er seine Publikation über das Phänomen Südliches Orakel und träumt von Berühmtheit und wissenschaftlichem Renommee. Auch diesen in der *Unendlichen Geschichte* an Engywuck dargestellten rein theoretischen Zugang zur Wissenschaft meint Ende, wenn er sich in Interviews und Briefen ob der Rationalisierung der Welt besorgt zeigt.

246 UEG, S. 95.

247 UEG, S. 103.

248 UEG, S. 105.

2.2 Die Gefahr des Vergessens und die Wichtigkeit des Erzählens und (Auf)schreibens

„‚Alles, was geschieht', sagte sie, ‚schreibst du auf.'
‚Alles, was ich aufschreibe, geschieht', war die Antwort."[249]

2.2.1 Geschichte(n), Erinnerung und Identität

In der Silberstadt Amargánth möchte Bastian Atréju beeindrucken und seine Anerkennung gewinnen. Hierfür besinnt er sich auf das, was er schon in der Menschenwelt am besten konnte: Er erzählt Geschichten. Die Amargánther bitten ihn darum, als der Wunsch in Bastian entsteht, da ihr „Vorrat an Liedern und Geschichten – ehrlich gesagt – nicht sehr groß"[250] ist. Er erfindet daraufhin die Geschichte der Silberstadt und die Geschichte der Bibliothek von Amargánth, er erzählt den Bewohnern der Stadt, wo sie herkommen und wie vor langer Zeit die Silberstadt entstand. Wie alles, was Bastian erdenkt, wird seine Erzählung für Phantásien wahr. Die Bewohner der Silberstadt sind von Bastians Geschichte berührt – und dankbar, denn Bastian hat ihnen nicht nur eine Geschichte, sondern ihre eigene Geschichte geschenkt:

> „Bastian Balthasar Bux [...], du hast uns mehr geschenkt als eine Geschichte und mehr als alle Geschichten. Du hast uns unsere eigene Herkunft geschenkt. Nun wissen wir, woher Murhu kommt und unsere silbernen Schiffe und Paläste, die der See trägt. Nun wissen wir, warum wir seit alters her ein Volk von Liedersängern und Geschichtenerzählern sind. Und vor allem wissen wir nun, was jenes große, runde Bauwerk in unserer Stadt enthält, das noch niemals einer von uns betreten hat, weil es seit Urzeiten verschlossen ist. Es enthält unseren größten Schatz und wir wussten es bisher nicht. Es enthält die Bibliothek von Amargánth!"[251]

Das Erzählen hat in der *Unendlichen Geschichte* eine zentrale Bedeutung, denn: „Phantásien ist das Reich der Mythen und Märchen, das Reich, aus dem alle Geschichten kommen, aber auch der Drang, sie zu erzählen und sie anzuhören."[252] In der Silberstadt konstituiert das Erzählen von Geschichten und Geschichte kulturelle Identität, welche ein wichtiger Bestandteil der subjektiven Identität

249 UEG, S. 205.

250 UEG, S. 285.

251 UEG, S. 289.

252 Hocke: Das Phantásien-Lexikon. S. 11.

ist.[253] Im kulturellen Gedächtnis sind Fixpunkte wie „schicksalhafte Ereignisse in der Vergangenheit, deren Erinnerung durch kulturelle Formung (Texte, Riten, Denkmäler) und institutionalisierte Kommunikation (Rezitation, Begehung, Betrachtung) wachgehalten wird",[254] gespeichert. Die Erinnerung und ihr Wachhalten sind somit eine Grundvoraussetzung für die Konstitution von kultureller Identität. In den Worten Graógramáns: „Eine Geschichte kann neu sein und doch von uralten Zeiten erzählen. Die Vergangenheit entsteht mit ihr."[255]

Der Roman macht außerdem deutlich, dass die Menschen Geschichten brauchen – nicht nur, um sich zu unterhalten, sondern auch als Möglichkeit, die Welt zu erfahren. Dem ist auch der Umstand geschuldet, dass Subjekte, wenn man sie nach ihrer Identität befragt, in den allermeisten Fällen in Form von Narrationen, von biographischen Erzählungen antworten:[256] „Kohärenz [der Identität] wird über Geschichten konstituiert"[257] – man spricht in diesem Zusammenhang von „narrativer Identität".[258] Die Amargánther wissen durch Bastians Geschichte, woher sie kommen, warum sie in ihrer Stadt sind und wer sie sind.[259] Die Bibliothek, die Bastian geschaffen hat, wird als positiver Ort geschildert – ebenso wie das als geheimnisvoller Ort beschriebene Antiquariat von Karl Konrad Koreander, an dem Bastian am Beginn des Romans zuerst Zuflucht und dann *Die unendliche Geschichte* findet und das einen anderen Ort des Lesens und der Bücher darstellt.

Doch während Bastian für die Bewohner der Silberstadt eine neue Identität ersinnt, geht seine eigene mehr und mehr verloren. Mit jedem Wunsch, den er sich erfüllt, verliert er eine Erinnerung an sein Leben in der Menschenwelt und auch an sich selbst. Atréju ist es, der dies zuerst erkennt. Er erzählt Bastian, dass er, als Atréju ihn im Zauber-Spiegel-Tor erblickte, völlig anders aussah, nämlich dick und blass:

253 Keupp u. a.: Identitätskonstruktionen, S. 180.

254 Assmann: Kollektives Gedächtnis und kulturelle Identität, in: Assmann und Hölscher (Hg.): Kultur und Gedächtnis, S. 12.

255 UEG, S. 249.

256 Straus und Höfer: Entwicklungslinien alltäglicher Identitätsarbeit, in: Keupp und Höfer (Hg.): Identitätsarbeit heute, S. 297.

257 Keupp u. a.: Identitätskonstruktionen, S. 58.

258 Ebd.

259 Hocke und Hocke: Das Phantásien-Lexikon, S. 95.

> „Ich müsste mich doch erinnern!', rief Bastian.
> ‚Ja', sagte Atréju und sah ihn nachdenklich an, ‚das müsstest du.'"[260]

Mit seinem letzten Wunsch in Phantásien verliert er schließlich sogar seinen Namen und damit das Letzte, was ihn an die Menschenwelt bindet,[261] denn „wie einen die Vorstellung mit der Welt der Phantasie verbindet, verbindet einen die Erinnerung mit der Wirklichkeit".[262] Die Erinnerung und die eigene Geschichte verbinden den Menschen außerdem mit seiner Identität – das Subjekt verknüpft stets vergangene Selbsterfahrungen mit gegenwärtigen[263] – und mit der Möglichkeit einer reflektierten Wahrnehmung seiner selbst. Das Vergessen bzw. das Verdrängen oder Abspalten bringt ihn in große Gefahr, hemmt die Identitätsbildung und macht den Menschen subjektiv und personal handlungsunfähig.[264] Dafür stehen auch die Bewohner der Alte-Kaiser-Stadt, die ihre Existenz in der Menschenwelt vergessen, dadurch jede Verbindung zur Realität – und somit ihrer Identität – verloren haben und deshalb wahnsinnig geworden sind.[265]

2.2.2 Die Tradierung von Geschehnissen

Als Bastian es nicht wagt, nach Phantásien einzutreten, bleibt der Kindlichen Kaiserin nur ein letztes Mittel. Sie macht sich auf den Weg zum Alten vom Wandernden Berge, dessen erste Beschreibung im Roman stark an die mitteleuropäische Darstellung des heiligen Nikolaus erinnert:

> „Sie sagen, dass er alles, was man tut oder unterlässt, ja sogar was man denkt und fühlt, in sein Buch schreibt und dass es dann dort für immer aufgezeichnet steht [...]. Als ich selbst noch klein war, habe ich es auch geglaubt, aber später dachte ich, es sei nur ein Ammenmärchen, um die Kinder zu erschrecken."[266]

260 UEG, S. 283.

261 Der Eigenname steht gewissermaßen symbolisch für die Person bzw. für die Persönlichkeit, die Bastian zu verlieren droht. Siehe hierzu etwa: Name, in: Lurker, Wörterbuch biblischer Bilder und Symbole, S. 220.

262 Hocke und Hocke: Das Phantásien-Lexikon, S. 74.

263 Keupp u. a.: Identitätskonstruktionen, S. 190.

264 Ebd., S. 235.

265 Hocke und Hocke: Das Phantásien-Lexikon, S. 24.

266 UEG, S. 193.

Der Alte vom Wandernden Berge ist der Gegenpart der Kindlichen Kaiserin. Dies wird durch die Warnung deutlich, die die Kindliche Kaiserin auf den Sprossen liest, als sie die Leiter zum Alten hinaufsteigt:

> „kehr um kehr um geh fort geh fort
> zu keiner Zeit an keinem Ort
> darfst du mich treffen lass es sein
> gerade dir und dir allein
> muss ich den Weg verwehren“[267]

Die Kindliche Kaiserin steht für die Phantasie, der Alte ist ein Chronist, der die Geschehnisse dokumentiert, noch während sie vor sich gehen. Er ist gewissermaßen ihr Negativ: Sie steht als schöpferische Kraft am Anfang jedes Kunstwerks, er als festigendes – festschreibendes – Element am Ende, die beiden sind „als allegorische Personifikationen lesbar, aus deren Wechselverhältnis man sich die Genese des Kunstwerks erklären kann“.[268] Beide sind für das Bestehen Phantásiens essentiell, dürfen jedoch nie aufeinandertreffen:

> „was du erschaffst und was du bist
> bewahre ich als der Chronist
> Buchstabe tot unwandelbar
> wird alles was einst Leben war“[269]

Doch nicht nur als der Beginn und das Ende des Entstehungsprozesses von Literatur, sondern auch als zwei Arten von Literatur können die Kindliche Kaiserin und der Alte vom Wandernden Berge verstanden werden. Beide Arten, die im freien Spiel entstandene, die die Kindliche Kaiserin verkörpert, und die dokumentierende, für die der Alte vom Wandernden Berge unter anderem steht, sind für die Existenz von Phantásien notwendig. Die Kindliche Kaiserin kann ohne den Alten nicht existieren und umgekehrt. Wenn die beiden jedoch aufeinandertreffen, bedeutet dies das Ende des Reiches Phantásien.[270] Die Erzählung kehrt mit ihrem Besuch beim Alten zurück zum eigenen Ursprung, „und zwar sowohl in rezeptions- als auch in produktionsästhetischer Hinsicht“.[271] Auch

267 UEG, S. 202.

268 Götze: Roman der Einbildungskraft, in: Schöll: Literatur und Ästhetik, S. 172.

269 UEG, S. 203.

270 Auch wenn dieses Ende nach dem Grundprinzip der *Unendlichen Geschichte* stets einen Neuanfang mit sich bringt und Voraussetzung für die Neuschöpfung Phantásiens ist. Vgl. hierzu etwa Kapitel 3.2.4.

271 Götze: Roman der Einbildungskraft, in: Schöll: Literatur und Ästhetik, S. 171.

die Kindliche Kaiserin ist sich bewusst, welche Wirkung das dokumentierende und damit festhaltende Element der Schrift auf sie hat: „Nun, es war nichts Neues für sie, dass Buchstaben ihr nicht wohlgesinnt waren. Das beruhte auf Gegenseitigkeit.“[272]

Der Alte vom Wandernden Berge ist das Gedächtnis und gewissermaßen auch das Wissen Phantásiens:

> „Ich kann nur zurückschauen auf das, was geschehen ist. Ich konnte es lesen, während ich es schrieb. Und ich weiß es, weil ich es las. Und ich schrieb es, weil es geschah.“[273]

Der Alte vom Wandernden Berge schreibt, was geschieht, gleichzeitig geschieht, was er schreibt – es wird dadurch wirklich und kann nur so von Bastian gelesen und erlebt werden. Somit ist der Alte vom Wandernden Berge auch ein Sinnbild für die realitätsstiftende Funktion von Literatur, wie sie etwa im Konstruktivismus angenommen wird.[274] Literatur gibt den Menschen außerdem die Möglichkeit, Geschehenes festzuhalten und sich zu erinnern – und die Erinnerung ist ein wichtiger Bestandteil der Identität:

> „Die Erlösung liegt für Michael Ende [...] in der Fähigkeit sich zu erinnern, sich nach intensiver Selbstbefragung seiner eigenen Identität zu vergewissern und damit Sprache und Geschichte zu bewahren.“[275]

2.3 Neue Familienstrukturen und einsame Kinder

„‚Und das erzählst du dir selbst? Warum?‘
‚Na ja, sonst ist doch niemand da, den so was interessiert.‘“[276]

2.3.1 Der Sohn aller und der Sohn niemands

Schon auf den ersten Seiten der *Unendlichen Geschichte* offenbart sich: Bastian ist einsam. Die LeserInnen begegnen Bastian erstmals, als er gerade vor seinen

272 UEG, S. 203.

273 UEG, S. 205–206.

274 Konstruktivismus, in: Burdorf u. a.: Metzler Lexikon Literatur, S. 397.

275 Kraft: Die Faszination des Anderen, in: Hocke, Kraft: Michael Ende und seine phantastische Welt, S. 48.

276 UEG, S. 10.

Mitschülern, die ihn für einen Spinner halten und ihn ständig hänseln, ins Antiquariat von Karl Konrad Koreander geflohen ist. Diesem erzählt er, dass er sich gerne Geschichten und Wörter ausdenkt, jedoch niemanden hat, dem er sie erzählen kann. Bastians Mutter ist bereits verstorben, sein Vater ist in der Trauer darüber erstarrt:

> „Bastian erinnerte sich, dass der Vater früher gern Späße mit ihm getrieben hatte. Manchmal hatte er sogar Geschichten erzählt oder vorgelesen. Aber das war seit damals vorbei. Er konnte mit dem Vater nicht sprechen. Es war wie eine unsichtbare Mauer um ihn, durch die niemand dringen konnte."[277]

Bastian hat häufig das Gefühl, von seinem Vater überhaupt nicht wahrgenommen zu werden – ohne Freunde und ohne familiäre Zuwendung befindet er sich also in einem Zustand sozialer Isolation.[278] Materiell hat er alles, was er braucht, und mehr, ein Haustier, ein Fahrrad, ein Aquarium – was ihm fehlt, ist die Zuwendung seines Vaters. Die Abwesenheit eines oder beider Elternteile eint Bastian mit Endes anderen kindlichen Protagonisten, auch Jim Knopf und Momo haben keine Eltern, zumindest keine, die anwesend sind.[279] Was Bastian allerdings von den anderen unterscheidet, ist die Einsamkeit, die er dabei empfindet. Die emotionale Abwesenheit seines Vaters macht ihm zu schaffen: „Warum redete der Vater nie mit ihm, nicht über die Mama, nicht über wichtige Dinge, nur gerade eben so über das Nötigste?"[280]

Auch Atréju, Bastians Alter Ego, hat keine Eltern. Im Gegensatz zu Bastian ist er jedoch nicht einsam; sein Volk, das Volk der Grünhäute, hat ihn gemeinsam aufgezogen: „Alle Frauen und Männer gemeinsam. Darum nannten sie mich Atréju, das heißt in den Worten der Großen Sprache: ‚Der Sohn aller.'"[281] Bastian freut sich über diese Gemeinsamkeit mit dem heldenhaften Atréju, auch wenn Atréju in eine starke Gemeinschaft, ein Kollektiv eingebunden ist, „während er, Bastian, im Grunde gar niemanden hatte – ja, er war ‚der Sohn niemands'".[282]

---

277 UEG, S. 39.

278 Einsamkeit, in: Wiswede: Sozialpsychologie-Lexikon, S. 109.

279 Ludwig: Was du ererbt von deinen Vätern hast …, S. 69.

280 UEG, S. 40.

281 UEG, S. 49.

282 UEG, S. 49.

Am Ende des Romans ist es die Liebe zum Vater, die Bastian an die Realität bindet. Sein „Happy End“ besteht unter anderem darin, dass er sich dem Vater wieder annähert und eine engere und offenere Beziehung zu ihm aufbaut.

Ende schreibt seine Bücher nicht nur für Kinder – dies bedeutet einerseits, dass er seine Bücher auch an Erwachsene adressiert, man spricht in diesem Zusammenhang von All-Age-Literatur oder von mehrfachadressierter Kinder- und Jugendliteratur, auch von doppelsinniger Kinder- und Jugendliteratur.[283] Mit Doppelsinnigkeit ist gemeint, dass ein Buch den Erwachsenen und dem Kind zwei unterschiedliche Lektüren anbietet, was Endes Bücher definitiv tun.

Andererseits sollte einem Kinderbuchautor bzw. einer Kinderbuchautorin stets bewusst sein, dass hinter den kindlichen RezipientInnen stets erwachsene VermittlerInnen stehen, die die Lektüre für das Kind auswählen und es an sie heranführen: „Weil sich auf der Empfängerseite die erforderliche Handlungskompetenz erst schrittweise herausbildet, haben wir es mit einer unabänderlich auf Vermittler angewiesenen literarischen Kommunikation zu tun […].“[284] Diese VermittlerInnen, die inoffiziellen Adressaten von Kinder- und Jugendliteratur, stehen innerhalb des zeitlichen Ablaufs der literarischen Kommunikation sogar noch vor dem Kind und müssen nicht zuletzt deshalb von KinderbuchautorInnen stets als inoffizielle AdressatInnen mitgedacht werden.[285]

Diese Erwachsenen, sowohl die LeserInnen als auch die VermittlerInnen, spricht Endes Roman, dessen Autor in einer Gesellschaft lebt, in der sich die Familienstrukturen, vor allem die der Kernfamilie, nicht unbedingt zum Wohle des Kindes verändern, gezielt an. Kinder müssen mit verschiedensten Familienkonstellationen, mit Patchworkfamilien, mit alleinerziehenden und berufstätigen Eltern, umgehen lernen,[286] was eine große Herausforderung darstellt. Dies führt *Die unendliche Geschichte* exemplarisch an Bastians Leid und seiner Vereinsamung vor Augen: „Das zentrale Thema für Michael Ende ist das Kind in unserer Zeit und es wird immer deutlicher, wie sehr ihn die Vereinsamung des Kindes in unserer Gesellschaft beschäftigt.“[287]

283 Terminologie hier und im Folgenden nach Ewers: Literatur für Kinder und Jugendliche.

284 Ewers: Literatur für Kinder und Jugendliche, S. 38.

285 Ebd., S. 39–41.

286 Keupp u. a.: Identitätskonstruktionen, S. 50.

287 Scherf: Zwiesprache mit dem einsamen Kind in sich, in: Weitbrecht: Michael Ende zum 50. Geburtstag, S. 35.

2.3.2 Die Dame Aiuóla, eine Mutterfigur

Eine der letzten Stationen auf Bastians Reise durch Phantásien ist das Änderhaus. Er erreicht es zu einem Zeitpunkt, an dem ihm in der Alte-Kaiser-Stadt bewusst geworden ist, dass er nicht dauerhaft in Phantásien bleiben kann. Als er näherkommt, wird er von einer Frauenstimme begrüßt. Sie heißt den Gast herzlich willkommen – seit hundert Jahren warte sie bereits auf ihn:

> „Dass du Durst und Hunger stillst,
> alles steht bereit.
> Alles, was du suchst und willst,
> auch Geborgenheit,
> Trost nach allem Leid.
> Ob du gut warst oder schlecht,
> wie du bist, so bist du recht,
> denn dein Weg war weit.“[288]

Gleichsam alles, was Bastian in der Realität entbehren musste, wird ihm hier schon vor dem Eintreten offeriert: Geborgenheit, ein Gefühl des Willkommenseins, ein Angenommenwerden, gleich, ob er Fehler begangen hat. Es ist die prototypische Vorstellung von Mutterliebe und mütterlicher Fürsorge, das Ideal der „Magna Mater“,[289] die Ende hier beschreibt, und auch Bastian fühlt sich sogleich an seine verstorbene Mutter erinnert: „Im allerersten Augenblick war Bastian fast überwältigt von dem Wunsch, mit ausgebreiteten Armen auf sie zuzulaufen und ‚Mama! Mama!‘ zu rufen.“[290] Die Dame lädt ihn ein, wieder Kind zu sein und von dem Obst, das überall auf ihr wächst, zu kosten. Die köstlichen Früchte, die auf der Dame wachsen, und von denen sie Bastian zu essen gibt, stillen den Hunger nach Zuwendung, an dem Bastian lange gelitten hat. Sie stehen für alles, wofür die Mutter im positiven Sinne als literarisches Symbol steht: Geborgenheit, Schutz, Wärme, natürlich aber auch Ernährung und Pflege, außerdem Verzeihen, Nachsicht und Verständnis.[291] Sie erzählt ihm seine eigene Geschichte und erklärt ihm, dass das Änderhaus die Personen ändert, die sich in ihm aufhalten. Für den Jungen, von dem sie erzählt und der Bastian ist, sei das von großer Bedeutung, „denn bisher wollte er zwar immer ein anderer sein, als

288 UEG, S. 425.

289 Kuckartz: Michael Ende. Die unendliche Geschichte, S. 76.

290 UEG, S. 426.

291 Natterer: Mutter, in: Metzler Lexikon literarischer Symbole, S. 284.

er war, aber er wollte sich nicht ändern".[292] Sie erklärt ihm außerdem, dass er so lange bei ihr bleiben kann, bis er seinen Wahren Willen gefunden hat.

Die Dame Aiuóla, die sich immer ein Kind gewünscht hat, das sie umsorgen kann, kümmert sich einige Zeit um Bastian, sie hört ihm zu, sie nährt ihn, tröstet ihn, sie beantwortet seine Fragen, singt ihm Schlaflieder und verwöhnt ihn:

> „Bastian überließ sich ganz und gar ihrer mütterlichen Fürsorge und Zärtlichkeit. Ihm war, als habe er, ohne es zu wissen, lange nach etwas gehungert, das ihm nun in Fülle zuteilwurde. Und er konnte sich schier nicht daran sättigen."[293]

Es kommt jedoch der Zeitpunkt, an dem Bastians Hunger nach Zuwendung gestillt ist, nach und nach erwacht in ihm der Wunsch, ebenso bedingungslos lieben zu können wie die Dame Aiuóla. Bastian hat damit seinen Wahren Willen gefunden.

> Es wird hier exemplarisch aufgezeigt, wie verheerend ein Defizit an zwischenmenschlichen Kontakten und Beziehungen,[294] an Zuwendung und Wärme sich auf Kinder auswirken kann. Bastian muss sich erst vollkommen angenommen und willkommen fühlen, um sich selbst annehmen zu können. Er muss erst sein reales Ich, den dicken, ungeschickten Außenseiter Bastian akzeptieren, um andere akzeptieren und lieben zu können: „Und doch kommt darauf schließlich alles an, daß er sich nicht in überkompensierenden Wunschträumen einspinnt und verliert, sondern sich selber findet und bejaht, so wie er ist."[295]

292 UEG, S. 429.

293 UEG, S. 435.

294 Als solches wird „Einsamkeit" beschrieben in: Wiswede: Sozialpsychologie-Lexikon, S. 109.

295 Kuckartz: Michael Ende. Die unendliche Geschichte, S. 66.

2.4 Schule und Pädagogik

„Wenn ich etwas zu sagen hätte in den Schulen, dann würde ich nicht dafür gute Noten geben, daß die Kinder irgend etwas runterrappeln können, ich würde gute Noten für gute Fragen geben."[296]

2.4.1 Die Schule als beängstigender Ort

Schon Michael Endes Vater Edgar Ende, dessen Schulzeit 1907 begann, erlebte diese als Zeit der Einschränkung und Entbehrung. Der phantasiebegabte Junge kann mit der disziplinierten Form des Lernens wenig anfangen, malt und zeichnet bereits im Kindesalter lieber.[297] Circa dreißig Jahre später geht es dem Sohn ähnlich. 1936 wird Michael Ende eingeschult, vier Jahre später schafft er knapp die Aufnahmeprüfung für das humanistische Maximilians-Gymnasium. Als er die Sexta wiederholen muss, ist er zutiefst verzweifelt. Ende, der dem Jugendideal der Nazis weder entspricht noch entsprechen will, erlebt die Jahre als Schüler als Repression und Drill:[298]

> „Ich glaubte unseren Erziehern kein Wort. Daß sich diese Haltung nicht gerade günstig auf meinen schulischen Eifer auswirkte, versteht sich von selbst. [...] Ich *wollte* nicht lernen – jedenfalls nicht das, was man uns da beizubringen bemüht war."[299]

Michael Ende war ein schlechter Schüler, fürchtete sich stets vor dem nächsten Tag und erlebte die Schule als „lange[n], graue[n] Gefängnisaufenthalt".[300] Erst in der Waldorfschule, auf der er seine letzten beiden Schuljahre verbrachte, konnte sich der junge Michael entfalten.[301]

Auch Endes jugendlicher Protagonist Bastian empfindet keine Freude am Schulbesuch. Wie Ende ist er kein guter Schüler, im Vorjahr ist er sogar sitzengeblie-

296 Ende, zitiert nach Unger: Hüter der Hoffnung, in: Treffpunkt (TLZ) vom 29. Juni 1991.

297 Rzeszotnik: Die (un)endliche Geschichte: Lebensstationen eines Schriftstellers, in: Rzeszotnik (Hg.): Zwischen Phantasie und Realität, S. 13.

298 Ebd., S. 16.

299 Ende: Großmutter sitzt im Chinesischen Garten und weint, in: Ende: Zettelkasten, S. 231.

300 Hocke: Die Suche nach dem Zauberwort, in: Hocke, Kraft: Michael Ende und seine phantastische Welt, S. 69.

301 Ebd., S. 69.

ben, von seinen Mitschülern wird er verspottet. Selbst im Sportunterricht kann er nicht überzeugen. Als er verspätet über den Korridor zu seiner Klasse geht, ist seine Angst noch größer als sonst:

> „Und Bastian fühlte bei jedem Schritt, wie die Angst in ihm zunahm. Er hatte sowieso Angst vor der Schule, dem Ort seiner täglichen Niederlagen, Angst vor den Lehrern, die ihm gütlich ins Gewissen redeten oder ihren Ärger an ihm ausließen, Angst vor den anderen Kindern, die sich über ihn lustig machten und keine Gelegenheit ausließen, ihm zu beweisen, wie ungeschickt und wehrlos er war. Die Schule war ihm schon immer vorgekommen wie eine unabsehbar lange Gefängnisstrafe, die dauern würde, bis er erwachsen war, und die er einfach stumm und ergeben absitzen musste."[302]

Es ist stark anzunehmen, dass Endes eigene Erfahrungen als Schüler diese Darstellung von Schule prägen. Als negativ zeigt sein Roman autoritäre Lehrmethoden, bei denen Kindern auf in keinster Weise spielerische Art Wissen vermittelt wird. Bastian, der sich auf den Dachboden zurückgezogen hat, denkt mitleidig an seine Klassenkollegen, die vermutlich im Deutschunterricht gerade „einen Aufsatz schreiben über irgendein todlangweiliges Thema".[303] Und als er bereits so tief in die Geschehnisse im Haulewald versunken ist, dass er glaubt, das Moos dort riechen zu können, denkt er kurz an den Naturkundeunterricht, „der hauptsächlich im Aufzählen von Blütenständen und Staubgefäßen bestand".[304] Ein weiteres unangenehmes Schulfach für Bastian:

> „[...] Geschichte bei Herrn Dröhn, einem mageren, meist schlecht gelaunten Mann, der Bastian besonders gern vor allen lächerlich machte, weil er die Jahreszahlen von Schlachten, die Geburtsdaten und Regierungszeiten irgendwelcher Leute einfach nicht behalten konnte."[305]

Auch in Erdkunde muss Bastian nur Auswendiggelerntes wiedergeben. Vor dem Sportunterricht fürchtet er sich besonders – beim Völkerball wird er immer als letzter in eine Mannschaft gewählt, dem Schlagball auszuweichen fällt ihm

302 UEG, S. 14.

303 UEG, S. 17.

304 UEG, S.29.

305 UEG, S. 43.

schwer. Am Seil hochzuklettern schafft er nicht, wofür er von der Klasse und sogar vom Lehrer ausgelacht wird.

In dieser Darstellung des Schulalltags wird implizit die Forderung nach einem anderen Umgang mit Schülern laut, nach einem, bei dem die Lehrer den Schülern mit Respekt gegenübertreten, anstatt sie für ihre Fehler zu verlachen. Außerdem äußert der Erzähler der *Unendlichen Geschichte* hier Kritik an einem reinen Auswendiglernen. Demgegenüber steht zum Bespiel das Ende wohlbekannte Konzept von Steiners Waldorfschulen,[306] in dem den individuellen Interessen und Förderbedürfnissen der Schüler Folge geleistet wird, in dem ein Lernen mit allen Sinnen im Zentrum steht und in dem der „Förderung des freien künstlerischen Ausdrucks“[307] eine wichtige Rolle zukommt.

2.4.2 Bücher, die einen zu etwas kriegen sollen

Bastians Leidenschaft sind die Bücher. Als er in Koreanders Antiquariat den Buchtitel *Die unendliche Geschichte* erblickt, ist er fasziniert:

> „Das, genau das war es, wovon er schon immer geträumt und was er sich, seit er von seiner Leidenschaft befallen war, gewünscht hatte: Eine Geschichte, die niemals zu Ende ging! Das Buch aller Bücher!“[308]

Als er beginnt, das Buch zu lesen, ist er froh, dass es mit der Realität nichts zu tun hat: „Er mochte keine Bücher, in denen ihm auf eine schlecht gelaunte und miesepetrige Art die ganz alltäglichen Begebenheiten aus dem ganz alltäglichen Leben irgendwelcher ganz alltäglichen [sic] Leute erzählt wurden.“[309] Bastian hat selbst eine Menge ganz alltäglicher Probleme, er möchte sich nicht auch noch über die von anderen, wenn auch fiktiven Personen Gedanken machen: „Außerdem hasste er es, wenn er merkte, dass man ihn zu was kriegen wollte. Und in dieser Art von Büchern sollte man immer, mehr oder weniger deutlich, zu was gekriegt werden.“[310]

306 http://www.waldorf.at/hauptseiten/schule.htm, 5.2.2013, 17:26.

307 Ullrich: Rudolf Steiner, S. 84.

308 UEG, S. 12.

309 UEG, S. 28.

310 UEG, S. 29.

Schon auf den ersten Seiten der *Unendlichen Geschichte* zeigt sich also, dass der Roman sich auch mit der aktuellen Situation der Kinder- und Jugendliteratur beschäftigt.[311] Wie Bastian hatte Michael Ende Erfahrung mit Büchern, die einen zu etwas kriegen wollen – mit pädagogisch motivierten Kinderbüchern. Ohne Zweifel war er während seiner Schulzeit im Nationalsozialismus mit Bilderbüchern konfrontiert, die Kinder für nationalsozialistisches Ideengut gewinnen oder sie ideologisch prägen sollten. Gegen Ende der 50er Jahre erlebte er dann innerhalb der Kinder- und Jugendliteratur eine Phase der „Wiedergutmachungsliteratur"; man hatte den Eindruck, dass seit dem Krieg für die zeitgeschichtliche und politische Bildung der Heranwachsenden zu wenig unternommen wurde, und setzte auf Problemliteratur, die die jüngste Vergangenheit thematisierte und damit eine thematische Erweiterung bildete. Diese Strömung hatte neben einer eindeutig pädagogischen Absicht großen Einfluss auf den kinderliterarischen Realismus. Parallel dazu erlebte um 1960 die märchenhaft-phantastische Literatur mit dem Konzept der rettenden Kindheitsautonomie einen ihrer Höhepunkte.[312]

In den 60er Jahren forderten fortschrittliche Pädagogen und Fachleute der Kinder- und Jugendliteratur verstärkt Literatur, die auf zeitaktuelle Probleme Bezug nahm. So wurden neben Texten zur Autonomisierung des Kindseins zunehmend auch realistische und gegenwartsbezogene Texte geschrieben und verlegt.[313] In die Zeit dieser Forderung fiel, wie in den ersten Kapiteln beschrieben, die Veröffentlichung der *Jim-Knopf*-Romane, deren Erscheinen die kontroversen Positionen noch weiter auseinanderstreben ließ.

Einige Jahre später erlebte Ende, dass die Kinderliteratur ganz im Zeichen der antiautoritären Erziehung stand – ein der nationalsozialistischen Kinderliteratur zwar diametral entgegenstehendes, aber dennoch sehr dogmatisches Konzept. Man fürchtete, dass die aktuelle Kinder- und Jugendliteratur zur Aufrechterhaltung autoritärer Gesellschafts- und Charakterstrukturen bei der heranwachsenden Generation beitrug. Alles, was dem Kind oder dem/der Jugendlichen nicht suggerierte, dass es/er/sie durch sein Handeln die Gesellschaft verändern kann, geriet in den Fokus der Kritik – vor allem die Märchen der Brüder Grimm wurden heftig kritisiert. Doch sogar *Pippi Langstrumpf*, einer frühen Vorläuferin des antiautoritären Schreibens, lastete man an, dass Pippi am Ende des Buches das

311 Baumgärtner: Phantásien, Atlantis und die Wirklichkeit der Bilder, in: Weitbrecht: Michael Ende zum 50. Geburtstag, S. 37.

312 Steinlein: Neubeginn, Restauration, antiautoritäre Wende, in: Wild (Hg.): Geschichte der deutschen Kinder- und Jugendliteratur, S. 335.

313 Ebd., S. 339.

ewige Kind bleibt und dass sie die Welt, in der sie lebt, nicht dauerhaft verändert.[314]

Momo kann teilweise (!) der antiautoritären Literatur zugeordnet werden, da der Märchenroman dem für diese Art von Literatur typischen Konfliktmuster folgt: Auf einer Seite stehen gesellschaftliche Mächte, die die Menschen ausbeuten, auf der anderen Schwache und Hilflose, deren Zusammenschluss ihnen aber letztendlich zum Sieg über die grauen Herren, die Ausbeuter, verhilft. Typischerweise werden die Unterdrückten in Momo durch die Kinder repräsentiert.[315]

Während und nach der Studentenbewegung 1968 kam es zu einem sozialen und kulturellen Wandel, seit den 1970ern auch verstärkt zu einem Wandel der Familienstruktur. Durch die häufigere Berufstätigkeit der Frau kamen den Schulen wichtige Erziehungsaufgaben zu, was wiederum zur Folge hatte, dass bereits der Zugang zu Kleinkindern stark von Bildung geprägt war.[316] Mit dem Wandel der Gesellschaft kam es auch zu einer Reform der Kinderliteratur. Es wurde verstärkt zu diesem Thema geforscht, Kinder- und Jugendliteratur wurde Thema der Kritik in Tageszeitungen und 1978 sogar Thema der Frankfurter Buchmesse. Erneut kam es zu einer Ausweitung der Themenbereiche – mit einer Hinwendung zur Realität wurden Themen wie Politik, Sexualität, familiäre und schulische Probleme, Umwelt und Ausländerproblematik vermehrt zu zentralen Themen in Büchern für Kinder und Jugendliche und die Wirklichkeitsorientierung zur zentralen Tendenz.[317]

Parallel dazu entwickelte sich allerdings mit dem Scheitern der antiautoritären Bewegung auch eine Strömung, die sich vom kinderliterarischen sozialkritischen Realismus ab- und der Phantastik zuwandte. Während die „Neue Subjektivität" in die Literatur für Erwachsene Einzug hielt, entstanden zunächst Kinderromane, die sich psychologisch auf das Individuum und seine subjektiven Empfindungen konzentrierten und somit eine Alternative zum sozialen Engagement bildeten. Lösungen für problematische Erfahrungen wurden oft im Phantastischen angeboten – die Phantastik bietet in diesem Fall Trost und Ent-

314 Ebd., S. 340.

315 Ebd., S. 342.

316 Wild: Von den 70er Jahren bis zur Gegenwart (Vorbemerkung), in: Wild (Hg.): Geschichte der deutschen Kinder- und Jugendliteratur, S. 343–344.

317 Ebd., S. 345–346.

lastung an. Außerdem wird in dieser Gattung der Fiktions-, der Spiel- und Probecharakter der Lektüre besonders deutlich.[318]

Schnell gerät jedoch in den 1970ern die phantastische Literatur in den Verdacht, vor allem zur Befriedigung von Evasionsbedürfnissen gelesen zu werden. Erneut gibt es Debatten über Märchen und die Gefährdung der kindlichen Entwicklung durch den Entwurf phantastischer Welten. Auch die phantastische Literatur befindet sich zudem teilweise im Sog der problemorientierten Literatur. Kinderpsychologe Bettelheim veröffentlicht 1977 sein Plädoyer *Kinder brauchen Märchen.* Dennoch sollte das Erscheinen der *Unendlichen Geschichte* bald darauf zeigen, dass die Debatte pro und contra Phantastik noch lange nicht zu Ende war.[319]

Ende hatte also, als er *Die unendliche Geschichte* schrieb, die verschiedensten Formen von pädagogisch intentionierter Literatur erlebt, von nationalsozialistisch-ideologischer bis hin zu antiautoritär-anarchistisch geprägter. Solche Texte, in denen das pädagogische Vorhaben deutlich zu erkennen und in vielen Fällen auch der Grund für die Entstehung des Textes ist, die versuchen, den RezipientInnen eine Meinung oder ein Weltbild näherzubringen, lehnt der Protagonist Bastian als Leser ebenso wie der Leser und Autor Michael Ende ab.[320]

Ende äußerte sich immer wieder in Interviews zu diesem Thema: „Alles, was mit durchsichtig pädagogischer Absicht geschrieben wird, lehnen Kinder ab – zu Recht. Wer etwas einbringen will, muß dies quasi nebenbei können."[321] Sehr konkret äußerte er sich außerdem zu seinen Anforderungen an ein Kinderbuch:

> „Ich bin der Überzeugung, daß ein Kinderbuch, gerade wegen des vielen Drecks, der Lieblosigkeit, der Häßlichkeit, die den Kindern von vorn und hinten hineingeschoppt wird, seinen Lesern etwas bieten soll, was sie schön finden und was sie lieben können. Nichts anderes ist wichtig, denn nur davon können Kinder sich seelisch ernähren. Ob ein solches Buch gut oder schlecht ist, läßt sich ausschließlich nach künstlerischen und poetischen Maßstäben beurteilen. Ganz

318 Nickel-Bacon: Fantastische Literatur, in: Wild (Hg.): Geschichte der deutschen Kinder- und Jugendliteratur, S. 393–394.

319 Ebd., S. 395–398.

320 Ługowska: Bastian Balthasar Bux' Eintritt ins Märchen, in: Rzeszotnik (Hg.): Zwischen Phantasie und Realität, S. 128.

321 Ende, zitiert nach o.V.: Michael Ende zum 65. Geburtstag, in: Fantasia, Heft 91/92 (1994), S. 293.

und gar gleichgültig ist es jedenfalls, ob sein Inhalt im Sinne jener phantasielosen Realismus-Apostel ‚Wirklichkeit' darstellt."[322]

Auch Bastian kann mit dem realistischen Kinder- und Jugendbuch wenig anfangen und fühlt sich mehr von phantastischer Literatur angezogen:

> „Bastians Vorliebe galt Büchern, die spannend waren oder lustig oder bei denen man träumen konnte, Bücher in denen erfundene Gestalten fabelhafte Abenteuer erlebten und wo man sich alles Mögliche ausmalen konnte."[323]

Genau darauf lag auch Endes Hauptaugenmerk beim Schreiben, was nicht bedeutet, dass er seinen LeserInnen keine Vorschläge für neue Sichtweisen der Welt machen wollte. Er tat dies jedoch ohne moralisch erhobenen Zeigefinger, bildhaft und spielerisch: „Nicht zufällig ist der Pagat, der Gaukler und Magier, der Schlüssel zu seinem poetischen Konzept."[324]

In der *Unendlichen Geschichte* haben nicht nur in der fiktiv-realen Welt, in der sie die Menschen dazu bringen, nicht mehr an Phantásien zu glauben und so die Ausbreitung des Nichts fördern, sondern auch in Phantásien selbst die Vertreter des kinderliterarischen Realismus ihre Finger im Spiel. Der Werwolf Gmork, eine Figur, die zwischen beiden Welten hin- und herwandern kann, ist mit einem eindeutigen Auftrag nach Phantásien gekommen:

> „Diejenigen, denen ich diene und die die Vernichtung Phantásiens beschlossen haben, sahen Gefahr für ihren Plan. – Sie hatten erfahren, dass die Kindliche Kaiserin einen Boten ausgesandt hatte, einen großen Helden –, und es sah so aus, als ob er es doch noch schaffen würde, ein Menschenkind nach Phantásien zu rufen. – Es war unbedingt nötig, ihn rechtzeitig umzubringen. – Dazu schickten sie mich aus [...]."[325]

322 Ende: Erziehung zum kritischen Bewusstsein?, in: Ende: Zettelkasten, S. 156.

323 UEG, S. 29.

324 Hocke, Kraft: Michael Ende und seine phantastische Welt, S. 5.

325 UEG, S. 164.

2.5 Vielfalt und Individualität

„Wenn mehrere Menschen das gleiche Buch lesen, lesen sie dann wirklich dasselbe?"[326]

„Ist Schönheit eine objektive Tatsache oder ein subjektives Erlebnis, oder ist die Frage so überhaupt falsch gestellt?"[327]

2.5.1 Tu, was du willst – sei, wer du bist – sieh, was du dir vorstellst

Für Michael Ende ist Imagination stets subjektiv. Kunst und Vorstellung sind in seinen Augen ebenso persönlich und individuell wie ein Traum.[328] Somit ist Phantásien auch gleichzeitig subjektive Imagination, also die Vorstellung des Einzelnen bzw. des Protagonisten Bastian, und kollektive Imagination, also die Vorstellungswelt der gesamten Menschheit. Phantásien ist außerdem ein geschützter Raum, in dem das Individuum seine Wünsche erproben kann, und somit auch ein Raum, in dem Individualität ausgeprägt wird. In der postmodernen Realität steht das Subjekt vor einer Vielfalt an Gestaltungsmöglichkeiten und auch vor einer Vielzahl an möglichen Konstruktionen von eigener Identität – dafür, dass Phantásien der Raum ist, um diese Identitäten „anzuprobieren", steht symbolisch der Tausend-Türen-Tempel.[329]

Die treibende Kraft in Phantásien ist der Wille. Auryn ist der Schlüssel, der es möglich macht, Phantásien nach den eigenen Vorstellungen zu gestalten. Als Bastian von der Kindlichen Kaiserin, die nun Mondenkind heißt, ein Sandkorn überreicht bekommt, gibt sie ihm damit die Möglichkeit, aus dem Sandkorn, das sich sogleich als Samenkorn herausstellt, Phantásien nach seinen Wünschen neu entstehen zu lassen. Bastian lässt zuerst den Nachtwald Perelín wachsen und gibt ihm, auf Anweisung der Kindlichen Kaiserin hin, einen Namen, um ihn wirklich werden zu lassen.

Wie sich im Laufe der Geschichte herausstellt, ist es gefährlich, zu lange Zeit in diesem geschützten Raum zu verbringen. „Tu, was du willst",[330] die Inschrift auf der Rückseite von Auryn, bedeutet, wie bereits erläutert, den Wahren Willen zu

326 Ende: Vierundvierzig Fragen an den geneigten Leser, in: Ende: Zettelkasten, S. 42.

327 Ebd., S. 42.

328 Hocke und Hocke: Das Phantásien-Lexikon, S. 77.

329 Pirchmoser: Parallelwelten, S. 199.

330 UEG, S. 222.

entdecken und damit das, was einen als Individuum ausmacht, zu finden. Um dies möglich zu machen, muss man sich selbst erst so akzeptieren, wie man ist. Nur das macht eine Veränderung und somit eine Prägung der eigenen Individualität möglich:

> „Phantásien ist sozusagen dazu da, alle, auch die schlimmen Träume zu träumen. Um aber in die äußere Wirklichkeit, in die Welt der Mitmenschen zurückzukehren, muß mein Protagonist eben gerade dieses Zeichen der Vollmacht und damit natürlich auch die Maxime, die darauf steht, ablegen. Nur durch den freiwilligen Verzicht darauf findet er den Weg zurück, durch den Verzicht auf das ‚Tu Was Du Willst' wird Auryn zum Tor in die Welt der Mitmenschen."[331]

Auch wenn der Aufenthalt im geschützten Raum der Phantasie Gefahren mit sich bringen kann, ist er also für das Finden des Wahren Willens wichtig und notwendig. Bastian muss sein Unbewusstes zulassen, seine narzisstischen Phantasien durchspielen und seine Erfahrungen sammeln, um zu erkennen, dass er sich in Wirklichkeit die Fähigkeit zu lieben wünscht. Die Voraussetzung für das Sammeln dieser Erfahrungen liegt im Eintritt nach Phantásien, im Herstellen des Kontaktes zur Welt der Imagination, im Akzeptieren seiner Innenwelt als Bestandteil des Ichs.

2.5.2 Die Sehnsucht, einer Gemeinschaft anzugehören

Nach dem Aufenthalt in der Alte-Kaiser-Stadt irrt Bastian auf der Suche nach dem Rückweg in die Realität allein durch Phantásien. Er möchte keine Wünsche mehr verbrauchen, da ihm mittlerweile bewusst ist, dass er dadurch seine Verbindung zur Realität verliert, kann sich aber nicht dagegen wehren:

> „Die Einsamkeit, in der er schon seit vielen Tagen und Nächten dahinwanderte, bewirkte, dass er sich wünschte, zu irgendeiner Gemeinschaft zu gehören, aufgenommen zu sein in eine Gruppe, nicht als Herr oder Sieger oder überhaupt als ein Besonderer, sondern nur als einer unter anderen, vielleicht als der Kleinste oder am wenigsten wichtig, aber als einer, der selbstverständlich dazugehört und an der Gemeinschaft teilhat."[332]

331 Ende: Brief an einen Welterklärer, in: Ende: Zettelkasten, S. 303.

332 UEG, S. 413.

Diese Sehnsucht nach einer Gemeinde, einer Gemeinschaft teilt Bastian mit vielen Menschen, die im modernen Kapitalismus leben, der für den Menschen viele Unsicherheiten mit sich bringt.[333] Er gelangt in eine Stadt, die auf Pfählen im Nebelmeer steht. Die Bewohner der Stadt sind nur zu zweit oder in Gruppen unterwegs, niemals alleine. Sie betreiben verschiedene Werkstätten, in denen sie ausschließlich geflochtene Gegenstände herstellen – ebenfalls nur gemeinsam. Die Stadt heißt Yskál, ihre Bewohner Yskálnari, was „die Gemeinsamen" bedeutet. Bastian kommt mit drei Seeleuten ins Gespräch und fragt sie nach ihrem Namen:

> „Die drei Seeleute erklärten ihm, dass sie überhaupt keine Namen für jeden Einzelnen hätten und das auch gar nicht nötig fänden. Sie seien alle zusammen die Yskálnari und das genüge ihnen."[334]

Außerdem gibt es für sie kein Ich, sondern nur ein Wir. Sie sind eine „Gemeinschaft, die keine soziale Differenzierung, aber auch keine individuelle Besonderung zuläßt".[335] Warum dem so ist, findet Bastian heraus, als er mit vierzehn Nebelschiffern in See sticht, auf einem Schiff, das nur durch die gemeinsame Vorstellungskraft der Yskálnari vorankommt. Bastian gliedert sich mehr und mehr in die Gemeinschaft ein und fühlt sich ihr zugehörig und geborgen innerhalb der Gruppe: „Die Hybris der Selbstüberhebung wird abgelöst vom Extrem der Marginalisierung des Individuums im Kollektiv [...]."[336] Damit, dass dieser Wunsch in Erfüllung geht, verliert er bezeichnenderweise die Erinnerung daran, dass es in der Menschenwelt Menschen mit unterschiedlichen Meinungen gibt – Individuen –, soziale Differenzierungen, verschiedene politische und kulturelle Orientierungen, Werte und Einstellungen.[337] Er vergisst außerdem, dass es in der menschlichen Natur liegt, danach zu streben, einzigartig zu sein.[338] Dennoch fühlt sich Bastian von dieser völlig harmonischen Gemeinschaft bald nicht mehr befriedigt. Dies wird besonders deutlich, als ein Yskálnari von einer Nebelkrähe angegriffen und fortgetragen wird. Die anderen setzen ihr Tun davon völlig unbeeindruckt fort. Ihnen fehlt niemand, weil der Einzelne für sie keinen Wert hat – da sie sich durch nichts unterscheiden, ist jeder leicht zu ersetzen. Hier kommt es zu einem Wendepunkt des Romans. Bastian gelangt zu einer zentralen Einsicht:

333 Keupp u. a.: Identitätskonstruktionen, S. 43.

334 UEG, S. 415.

335 Götze: Roman der Einbildungskraft, in: Schöll: Literatur und Ästhetik, S. 180.

336 Ebd.

337 Keupp u. a.: Identitätskonstruktionen, S. 170.

338 Einzigartigkeit, in: Wiswede: Sozialpsychologie-Lexikon, S. 125.

> „[…] Bastian wollte ein Einzelner sein, ein Jemand, nicht bloß einer wie alle anderen. Er wollte gerade dafür geliebt werden, dass er so war, wie er war. In dieser Gemeinschaft der Yskálnari gab es Harmonie, aber keine Liebe.
>
> Er wollte nicht mehr der Größte, der Stärkste oder der Klügste sein. Das alles hatte er hinter sich. Er sehnte sich danach, so geliebt zu werden, wie er war, gut oder schlecht, schön oder hässlich, klug oder dumm, mit all seinen Fehlern – oder sogar gerade wegen ihnen.“[339]

Erst mit dieser Einsicht kann Bastian zur Dame Aiuóla und später zum Blinden Bergmann und ins Bergwerk der Bilder finden, in welchem er mit dem Bild seines Vaters den Schlüssel für seine Heimkehr erhält. Er begreift, dass er ein Individuum sein möchte, mit allen Stärken und Schwächen. Dies erkennt er vor dem Hintergrund der totalen kollektivistischen[340] Gemeinschaft, den Yskálnari, die sich selbst völlig aufgeben.

Die Passage über die Yskálnari ist außerdem ein Anklang an Gesellschaftssysteme, in denen das Kollektiv deutlich über dem Individuum steht, wie etwa im Kommunismus, und eine eindringliche Warnung an die RezipientInnen, eine Warnung davor, sich selbst und die eigene Meinung einer Gruppe und ihrer Ideologie völlig unterzuordnen. Eine Gemeinschaft, in der für individuelle Merkmale und Anschauungen kein Platz ist, legt keinen Wert auf den Einzelnen – im Extremfall nicht einmal auf dessen Leben.

339 UEG, S. 420.

340 Unter Kollektivismus versteht Wiswede „Werte, […] die sich auf die soziale Gruppe und auf die Erfüllung von Gemeinzielen unter Hintanstellung eigener Interessen richten“. Individualismus (vs. Kollektivismus), in: Wiswede: Sozialpsychologie-Lexikon, S. 253.

2.6 Tyrannei und gewaltlose Herrschaft

„Es hat sicherlich einen guten Grund, warum Diktaturen der Phantasie mit abgrundtiefem Mißtrauen gegenüberstehen und sie, soweit es irgend möglich ist, zu verbieten trachten.“[341]

2.6.1 Die Kindliche Kaiserin – eine Herrscherin, die nicht herrscht

Die Kindliche Kaiserin ist ein Sinnbild für die Phantasie, sie ist aber ebenso, obwohl Monarchin, ein Prototyp der gewaltfreien Herrschaft schlechthin – und somit die Antithese jeder Gewaltherrschaft. Sie wendet nicht nur keine Gewalt an, sondern greift überhaupt nicht in die Vorgänge in ihrem Reich ein:

> „Sie herrschte nicht, sie hatte niemals Gewalt angewendet oder von ihrer Macht Gebrauch gemacht, sie befahl nichts und richtete niemanden, sie griff niemals ein und musste sich niemals gegen einen Angreifer zur Wehr setzen, denn niemandem wäre es eingefallen, sich gegen sie zu erheben oder ihr etwas anzutun. Vor ihr galten alle gleich.“[342]

Von den Geschöpfen des Reiches droht ihr keine Gefahr, auf eine Bedrohung durch Wesen Phantásiens wäre sie auch nicht vorbereitet. Gefahr droht lediglich aus der Außenwelt. Dennoch darf auch derjenige, der auserwählt ist, den Weg zur Rettung Phantásiens zu bereiten, niemals Gewalt anwenden, wie Caíron Atréju bei der Übergabe des Kleinods Auryn erklärt:

> „AURYN gibt dir große Macht [...], aber du darfst sie nicht benützen. Denn auch die Kindliche Kaiserin macht niemals Gebrauch von ihrer Macht. [...] Darum musst du ohne Waffen ausziehen. [...] Du darfst nur suchen und fragen, aber nicht urteilen nach deinem eigenen Urteil.“[343]

Dieser Verzicht auf Machtausübung und Gewalt der Kindlichen Kaiserin und Atréjus wird vom indischen „Ahisma“ besser bezeichnet als von der deutschen „Gewaltlosigkeit“. Ahisma bedeutet nicht nur Gewaltlosigkeit, sondern umfasst

341 Ende: Phantasie und Anarchie, in: Ende: Zettelkasten, S. 200.

342 UEG, S. 38.

343 UEG, S. 49.

neben dem Verzicht auf Gewalt auch Toleranz und ein Leben-und-Leben-Lassen. Geprägt wurde der Begriff unter anderem von Gandhi.[344] Zum Bild, das Ende von der Kindlichen Kaiserin zeichnet, passt auch, dass sie ein Kind auswählt, um Phantásien vor dem Untergang zu bewahren. Caíron ist einigermaßen überrascht, als er Atréju das erste Mal erblickt: „Ein Kind! Ein kleiner Junge! Wahrhaftig, die Entscheidungen der Kindlichen Kaiserin sind schwer zu begreifen."[345] Doch gerade das unschuldige Kind, das für Endes Literaturverständnis, wie bereits erläutert, zentral ist, ist noch unvoreingenommen genug, um, ebenso wie die Kindliche Kaiserin selbst, geschehen zu lassen, was geschieht.

Wie konsequent die Kindliche Kaiserin bzw. Mondenkind in der Ausübung ihrer Herrschaftsform ist, zeigt sich spätestens beim Sturm auf den Elfenbeinturm. Bastian versucht, den Thron der Kindlichen Kaiserin zu besteigen und ihre Position einzunehmen. Mondenkind würde nicht nur niemals angreifen, sie verteidigt sich auch nicht. Während der gesamten Dauer von Bastians Bemühungen, der Herrscher Phantásiens zu werden, bleibt sie abwesend und unternimmt nichts, um ihn aufzuhalten.

Ende hat außerdem erkannt, dass die Phantasie diktatorischen Herrschaftssystemen ein Dorn im Auge ist, da sie in der Lage ist, bestehende Denkordnungen aufzuweichen und neue Vorstellungen und Zusammenhänge entstehen zu lassen.[346] Damit ist die Phantasie ein Gegenpol aller Systeme, die Macht durch Gewalt ausüben, und somit mit gewaltfreien Herrschaftsformen eng verwandt.

2.6.2 Die hohlen Soldaten der Xayíde

Dass Gewalt und alles, was mit Militarismus zu tun hat, in der *Unendlichen Geschichte* negativ bewertet werden, zeigt sich auch im Bild der hohlen Soldaten. Die böse Zauberin Xayíde befiehlt über ein Heer aus schwarzen Gestalten, die Panzerriesen, die ihr blind gehorchen. Als Bastian einen von ihnen angreift, wird ihm schnell klar, was es mit dem düsteren Heer auf sich hat: „Sie waren hohl, sie bestanden nur aus Panzern, die sich von selbst bewegten, im Inneren war nichts, nur Leere."[347] Später fragt er Xayíde, wie sie es schafft, die Panzerriesen zu bewegen: „‚Durch meinen Willen', erwiderte Xayíde lächelnd. ‚Gerade weil sie hohl sind, gehorchen sie meinem Willen. Alles, was leer ist, kann mein

344 Ludwig: Was du ererbst von deinen Vätern hast ..., S. 35.

345 UEG, S. 47.

346 Ende: Phantasie und Anarchie, in: Ende, Zettelkasten, S. 200.

347 UEG, S. 347.

Wille lenken.'"[348] Was also keinen eigenen Willen hat, kann sie dem ihren unterwerfen. Sie bietet Bastian an, es selbst zu versuchen, dieser schreckt jedoch davor zurück.

Bereits in *Jim Knopf* parodiert Ende die Figur des blind gehorchenden Untergebenen:

> „Der Hauptmann verzog sein narbenbedecktes Gesicht zu einem Grinsen, das höflich sein sollte, und bellte:
>
> ‚Ich bin hier auf allerhöchsten Befehl und soll Sie beide holen. Ich muß den Befehl ausführen. Gehorchen ist mein Beruf.'
>
> ‚Meiner nicht', antwortete Lukas und paffte einige Wölkchen."[349]

In der *Unendlichen Geschichte* tut er dasselbe zwar verschlüsselter – metaphorisch – aber weitaus drastischer und eindringlicher. Menschen, die sich blind und unreflektiert einem Mächtigeren unterordnen, ohne dessen Motive jemals zu hinterfragen, Menschen, die bereit sind, in einen Krieg zu ziehen, von dem sie weder Ausgang noch Grund kennen, Menschen, die manipulierbar und konditionierbar sind, solche Menschen finden ihr phantásisches Spiegelbild in den Panzerriesen der Xayíde.

Die Riesen gehorchen nicht ausschließlich Xayíde, sondern sie folgen stets dem Stärksten, demjenigen, der den größten Einfluss ausüben kann. Nachdem die Schlacht um den Elfenbeinturm geschlagen ist, nimmt Bastian sich eines der metallenen Pferde der Panzerriesen und prescht auf ihm los – es gehorcht ihm augenblicklich. Als er jedoch einen kurzen Moment lang unsicher wird, ob er Atréju zu Recht beschuldigt hat, ihm seinen Erfolg nicht zu gönnen, zerbricht es in seine Einzelteile. Wer also den Fehler begeht, sich bedingungslos unterzuordnen, ohne zu hinterfragen, wird in jenem Moment aufhören fortzuschreiten bzw. sogar zu existieren, wenn der Machtausübende aufhört, Einfluss zu nehmen. Das Pferd steht ebenso wie die Panzerriesen dafür, dass für denjenigen, der nicht gelernt hat, seine eigenen Entscheidungen zu treffen, der Weg dort endet, wo ihm niemand mehr sagt, in welche Richtung er zu gehen hat.

348 UEG, S. 359.

349 Ende: Jim Knopf. S. 67.

2.6.3 Bastian als Tyrann

Schon bevor Bastian auf Xayíde trifft, entwickelt er mehr und mehr einen Hang zum Größenwahn. Unter ihrem Einfluss jedoch entwickelt er sich zunehmend zum Tyrannen und zum skrupellosen wie machthungrigen Diktator. Er glaubt sich allmächtig.[350] Xayíde kümmert sich um alle Vorbereitungen der Krönungszeremonie Bastians. Bereits hier wird deutlich, dass das, was Xayíde betreibt, kaum anders denn als politische Propaganda gelesen werden kann:[351]

> „Längs der Hauptstraße und rundum auf der hohen Mauer des Palastbezirks waren zahllose Bilder angebracht, die alle ein und dasselbe Gesicht zeigten, das Bastians, immer und immer wieder."[352]

Gerade im Nationalsozialismus waren Bild und Plakat wichtige Medien der Propaganda: „Auf einem Plakat konnte Bild und Text, Slogan und Symbol, Form und Farbe in wirksamer Weise konzentriert werden."[353] Überall auf dem Platz, auf dem die Krönung stattfinden soll, stehen ihre Panzerriesen. Xayíde demonstriert also im Namen Bastians militärische Macht. Auch für einen Thron ist gesorgt. Dann folgt die deutlichste Machtdemonstration Bastians. Alle Boten aus Phantásien, die zur Krönung erschienen sind, müssen Bastian die Ehre erweisen:

> „Jeder Einzelne musste, wenn die Reihe an ihn kam, vor dem Thron niederfallen, mit der Stirn drei Mal den Boden berühren, Bastians rechten Fuß küssen und sagen: ‚Im Namen meines Volkes und meiner Artgenossen bitte ich dich, dem wir alle unser Dasein verdanken, dich zum Kindlichen Kaiser Phantásiens zu krönen.'"[354]

In der Wahl dieser Formulierung macht sich Bastian nicht nur zum Kaiser Phantásiens, sondern auch zu dessen Schöpfer, also zu einer göttlichen Gestalt.[355] Er fordert von seinen Untergebenen bedingungslosen Gehorsam, den er durch seine Neuschöpfung Phantásiens legitimiert.[356] Doch das Vorhaben, Mondenkinds Platz einzunehmen, schlägt fehl. Unter Atréjus Führung haben sich ver-

350 Ludwig: Was du ererbt von deinen Vätern hast ..., S. 52.

351 Ebd., S. 138.

352 UEG, S. 392.

353 Wildt: Geschichte des Nationalsozialismus, S. 49.

354 UEG, S. 393.

355 Ludwig: Was du ererbt von deinen Vätern hast ..., S. 52.

356 Bach: Die charismatischen Führerdiktaturen, S. 22.

schiedenste Wesen Phantásiens zusammengeschlossen, um die Krönung Bastians zu verhindern. Nach einer langen und blutigen Schlacht stehen sich Bastian und Atréju persönlich gegenüber und Bastian schafft es, Atréju schwer zu verwunden. Von diesem Moment an beginnt das Heer der „Rebellen", unterlegen zu sein. Am Höhepunkt der Schlacht brennt der Elfenbeinturm, die Heimat der Phantasie. Bastians Gefolge triumphiert, wenn auch stark angeschlagen, die Angreifer fliehen. Bastian nimmt die Verfolgung auf – und gerät in die Alte-Kaiser-Stadt, wo er die Quittung für seine Hybris erhält.

Folgt man der Auffassung, dass die Phantasie eng mit der Anarchie verknüpft ist, ist ein diktatorisches Herrschaftssystem in Phantásien unmöglich. Das Gleichgewicht muss deshalb unbedingt wiederhergestellt werden.[357] Bastian ist auf dem besten Wege dazu, seine Innenwelt selbst zu zerstören, nachdem er endlich den Kontakt zu ihr gefunden hat, indem er die Verbindung zur Außenwelt fast völlig verliert und immer mehr seinen narzisstischen Impulsen folgt. Erst im letzten Moment kommt er wieder zur Vernunft.

Dass der Versuch, alle Macht an sich zu reißen und sich anderen Menschen überzuordnen, unrecht ist, lernt Bastian in Phantásien, er nimmt diese Erfahrung jedoch mit in die Menschenwelt. Mit ihm können auch die LeserInnen beobachten und erfahren, welch fatale Folgen dieser Versuch auf alle Beteiligten hat. Ende musste selbst eine Zeit unter diktatorischer Herrschaft erleben, kannte die allgegenwärtigen Hakenkreuze und Porträts des Führers, die erzwungene Unterwerfung und die teilweise willenlose Gefolgschaft sowie die häufig nicht oder kaum reflektierte Begeisterung. All dem erteilt sein Roman eine klare Absage.

2.6.4 Eine Atmosphäre der Bedrohung

Wie sehr Endes Schreiben von seinen Erfahrungen im Nationalsozialismus geprägt war, lässt sich nicht nur an seinen literarischen Texten erahnen, er fasste es auch des Öfteren selbst in Worte:

> „Ich habe unter dem Eindruck des Weltuntergangs zu schreiben begonnen, während der sogenannten Aktion Gomorrha – also in jenen drei Tagen und Nächten, in denen Hamburg in Schutt und Asche gelegt worden ist. Das sind Bilder, die mich nie mehr losgelassen haben. Wenn ich nun versuche, mich in meinen Büchern leichtzumachen, einen gewissen Humor, eine gewisse Menschenfreundlichkeit

357 Ludwig: Was du ererbt von deinen Vätern hast ..., S. 53.

zu entfalten, heißt das nicht, daß hinter diesen Geschichten nicht die Erfahrung des Unerträglichen steht."[358]

Die Erfahrung des Unerträglichen – zum Beispiel der Bombenangriff auf München, den er im Alter von zwölf Jahren erlebte und bei dem die ganze Straße, in der sich das Wohnhaus der Familie befand, in Flammen stand, und der oben erwähnte Bombenangriff auf Hamburg: „Das war wirklich der Weltuntergang. Das kehrt immer wieder in meinen Träumen, wie wir die geschmorten Leichen [...] geborgen haben."[359]

Von der realistischen Darstellung solcher Gräuelerfahrungen in der Literatur hält Ende jedoch nichts, dies zeigt sich unter anderem darin, dass er die Schlachtszene um den Elfenbeinturm drastisch verkürzt darstellt, was vom Erzähler wie folgt gerechtfertigt wird:

> „Ein genauer Bericht dieser Schlacht um den Elfenbeinturm ist unmöglich und darum muss hier darauf verzichtet werden. Noch bis heute gibt es in Phantásien unzählige Lieder und Berichte, die von diesem Tag und dieser Nacht handeln, denn jeder, der daran teilgenommen hat, hat dabei etwas anderes erlebt. Das alles sind Geschichten, die vielleicht ein andermal erzählt werden sollen."[360]

Das einzige Mal in der *Unendlichen Geschichte* findet sich hier in dem Hinweis, dass eine Geschichte ein andermal erzählt werden soll, dass also ein Handlungsstrang den Roman verlässt, der weitergedacht werden kann oder auch nicht, das Wort „vielleicht". Dies ist ein deutlicher Hinweis darauf, dass ein Nutzen der Schilderung von Gewalt- und Gräuelszenen keine sichere Notwendigkeit hat.

Das Gefühl einer Bedrohung jedoch, die allgegenwärtig ist, ist in Endes Roman mehrfach auszumachen. Personifiziert sind Bedrohung und Verfolgung im Werwolf Gmork, einem Schattengeschöpf:

> „Auf einer weit entfernten nächtlichen Heide zog sich die Finsternis zu einer sehr großen, schattenhaften Gestalt zusammen. Das Dunkel

358 Ende, zitiert nach Hugendubel: Das Lächeln der Schildkröte, in: Tages-Anzeiger (Magazin) Nr. 49 vom 10. Dezember 1994, S. 12, 15–18.

359 Hocke: Die Suche nach dem Zauberwort, in: Hocke, Kraft: Michael Ende und seine phantastische Welt, S. 70.

360 UEG, S. 395.

> verdichtete sich, bis es selbst in der lichtlosen Nacht jener Heide als ein gewaltiger Körper aus Schwärze erschien. Noch waren seine Umrisse nicht deutlich, aber es stand auf vier Pranken und in den Augen seines mächtigen zottigen Kopfes glühte grünes Feuer."[361]

Gmork ist Atréju ständig auf den Fersen, seit er aufgebrochen ist, eine Rettung für Phantásien zu finden. Er ist oft nur kurze Strecken von ihm entfernt, verfolgt unaufhörlich seine Witterung. Atréju weiß nichts von seinem Verfolger, aber für die LeserInnen, die Atréju gegenüber einen Wissensvorsprung haben, ist er ständig präsent. Gmork verliert Atréjus Spur erst, als dieser mithilfe von Ygramuls Gift eine weite Strecke reist und so keine Fährte hinterlässt.

Abstrakter wird die Bedrohung durch das Nichts dargestellt, als eine Form von Gefahr, die einen jederzeit willkürlich angreifen kann. Sowohl Gmork als auch das Nichts müssen primär als Bedrohung der Innenwelt gelesen werden, da der Hinweis auf diese das Hauptthema der *Unendlichen Geschichte* ist. Dennoch wird an einigen Stellen sehr deutlich, dass die Ausbreitung des Nichts auch als Ausbreitung einer anderen Art von Vernichtung gelesen werden kann:

> „Die Vernichtung breitet sich aus [...], wächst und wächst und wird jeden Tag mehr [...]. Alle anderen sind rechtzeitig geflohen aus dem Haulewald, aber wir wollten unsere Heimat nicht verlassen. Und da hat es uns im Schlaf überrascht und hat das aus uns gemacht, was du jetzt siehst. [...] Bald werden wir gar nicht mehr vorhanden sein."[362]

Es handelt sich beim Nichts um etwas, das sich nicht festmachen lässt, das ständig größer wird, vor dem man fliehen muss, weil es einen ansonsten im Schlaf überraschen und angreifen kann. Es kann sogar ganze Völker ausrotten. Diese Gefahr, die in der oben zitierten Passage Borkentrolle Atréju schildern, kann als Bild für eine allgegenwärtige Bedrohung durch Verfolgung in Kriegstagen gesehen werden, etwa für eine solche, wie sie jüdischen Freunden der Familie Ende widerfuhr, als im nationalsozialistischen Regime „Gemeinschaftsfremde", „Rassengegner" und „Volksfeinde" anfangs radikal ausgegrenzt und später vertrieben und getötet wurden.[363] Das Nichts kann somit gelesen werden als Bild des Hasses und der Vorurteile, die nicht nur im Nationalsozialismus, sondern in allen extremen Ideologien oft schneller um sich greifen, als es sich begreifen lässt.

361 UEG, S. 51.

362 UEG, S. 59.

363 Wildt: Geschichte des Nationalsozialismus, S. 109.

2.7 Wahnsinn und Lüge

„Was ist der Unterschied zwischen einer dichterischen Fiktion und einer Lüge?“[364]

2.7.1 Die Alte-Kaiser-Stadt

In der *Unendlichen Geschichte* gibt es zwei verschiedene Arten von Wahnsinn bzw. Wahn. Beide werden durch eine Störung des Gleichgewichts zwischen den Welten verursacht – diejenige, die in diesem Kapitel behandelt wird, durch eine Verschiebung des Gleichgewichts in Richtung Phantásien. Wie bereits erwähnt gerät Bastian auf seinem Weg durch Phantásien in die Alte-Kaiser-Stadt. Diese ist der Sitz des durch Realitätsverlust entstandenen Wahnsinns, es ist der Wohnort derer, die vor Bastian nach Phantásien gereist sind und es nicht geschafft haben, in die Realität zurückzukehren, derer, die ihre Subjektivität nicht mehr von der Phantasie zu trennen wussten.[365] Schon von einer Anhöhe aus wirkt die Stadt chaotisch: „Plan- und sinnlos schienen alle Gebäude durcheinandergewürfelt, als habe man sie einfach aus einem Riesensack dort hingeschüttet.“[366] Auch die Bewohner der Stadt verkörpern das leibhaftige Chaos:

> „Der Gestalt nach schienen sie gewöhnliche Menschen, doch ihre Kleidung sah aus, als seien sie allesamt närrisch geworden und könnten nicht mehr unterscheiden zwischen Dingen, die zum Anziehen, und Gegenständen, die zu anderem Zwecke dienten.“[367]

Die Menschen irren völlig ziel- und planlos durch die Stadt. Wen immer Bastian anspricht, er schafft es nicht, eine Antwort zu erhalten. Einzig ein kleiner Affe erklärt ihm, was es mit der Stadt auf sich hat und nennt ihm ihren Namen. Bastian ist verwundert, da keiner der Bewohner auf ihn wie ein alter Kaiser wirkt. „‚Nein?‘ Das Äffchen kicherte. ‚Und doch waren alle, die du hier siehst, zu ihrer Zeit einmal Kaiser von Phantásien – oder sie wollten es wenigstens werden.‘“[368] Der Affe Argax bietet Bastian eine Führung durch die Stadt an – er habe ohnehin schon bezahlt, was zum Eintritt berechtigt. Ebenso wie die Bewohner der Stadt, die alle Menschen aus der realen Welt waren, hat er bereits den Großteil seiner Erinnerung gegen die Erfüllung seiner Wünsche eingetauscht und läuft

364 Ende: Vierundvierzig Fragen an den geneigten Leser, in: Ende: Zettelkasten, S. 42.

365 Götze: Roman der Einbildungskraft, in: Schöll: Literatur und Ästhetik, S. 179.

366 UEG, S. 403.

367 UEG, S. 403.

368 UEG, S. 405.

Gefahr, selbst einer der Verrückten aus der Stadt zu werden. Bald hat er keine Wünsche mehr übrig: „Die hier haben alle ihre Erinnerungen ausgegeben. Wer keine Vergangenheit mehr hat, der hat auch keine Zukunft. [...] Für sie kann sich nichts mehr ändern, weil sie sich selbst nicht mehr ändern können."[369]

Es wird also deutlich: Die Kraft der Imagination ist nicht unter allen Umständen heilsam. Wer sich völlig in die Phantasiewelt bzw. in die Innenwelt zurückzieht, wird ebenso krank wie diejenigen, die sich der Phantasie völlig verschließen, weil er seine eigene Vergangenheit und damit seine Realität, seine Identität, seine Zukunft und sogar seine Sprache verliert. Diese Vision ist ebenso bedrohlich wie die der Bedrohung durch das Nichts und zeigt eindrucksvoll die Gefahren eines Missbrauchs der Phantasie zur reinen Wunscherfüllung.[370] Die Chance, die die Kindliche Kaiserin Bastian gegeben hat, birgt somit auch eine große Gefahr für ihn in sich – für jeden Menschen ebenso wie für jeden Künstler, denn auch ein solcher darf sich nicht völlig in die Verantwortung der Poesie begeben, sondern muss für seine Persönlichkeit bzw. für sein Werk einstehen.[371] Tut er das nicht, verliert er sich in Phantásien, wird er es schwer haben, den Weg zurück zu finden, denn:

> „[...] der Umgang mit der Poesie ist kein Sonntagnachmittagsvergnügen für höhere Töchter, kein Quell des Trostes und der Beglückung, sondern ein Abenteuer auf Leben und Tod. Viele kommen nicht wieder zurück und bleiben für immer dort. Viele kommen erst gar nicht hinein – sie haben Angst davor, und zu Recht, denn wer nicht die Stärke und den Mut hat, den Weg der Wünsche in Phantásien bis zu Ende zu gehen, Schöpfer und Zerstörer zugleich zu sein, der tut gut daran, sich erst gar nicht auf diesen Pakt mit Mondenkind einzulassen. Aber der wird natürlich auch das Wasser des Lebens niemals finden."[372]

369 UEG, S. 406–407.

370 Frenschkowski: Michael Endes „Das Traumfresserchen": Eine Amplifikation, in: Rzeszotnik (Hg.): Zwischen Phantasie und Realität, S. 105.

371 Tremblay: Die Phantasie und Phantásien, in: Rzeszotnik (Hg.): Zwischen Phantasie und Realität, S. 153–154.

372 Ende: Brief an E. C. vom 20.2.1987, zitiert nach Hocke und Hocke: Das Phantásien-Lexikon, S. 129.

2.7.2 Verlorene Wesen Phantásiens

Bastians Aufenthalt in der Alte-Kaiser-Stadt zeigt also, welche Risiken es birgt, den Bezug zur Realität zu verlieren. Das Gegenteil, also die Gefahr, in die man sich begibt, wenn man den Bezug zur Innenwelt verliert, zeigt vor allem das Gespräch zwischen Atréju und Gmork – eine der Schlüsselszenen in Endes Roman.[373]

Gmork, der die Welt der Menschen gut kennt, da er sich in beiden Welten aufhalten kann, erklärt Atréju den Zusammenhang zwischen den beiden Welten. Der Weg in die Menschenwelt sei für Atréju ganz einfach – er müsse nur ins Nichts springen. Eine Rückkehr ist danach allerdings unmöglich. Außerdem erscheinen die Gestalten Phantásiens, wenn sie die Grenze übertreten, dort nicht als das, was sie sind. Wer ins Nichts geht, an dem bleibt es haften:

> „‚Ihr seid wie eine ansteckende Krankheit, durch die die Menschen blind werden, sodass sie Schein und Wirklichkeit nicht mehr unterscheiden können. Weißt du, wie man euch dort nennt?'
>
> ‚Nein', flüsterte Atréju.
>
> ‚Lügen!', bellte Gmork."[374]

Ein Wesen, das in Phantásien Wirklichkeit ist und durch das Nichts geht, verliert alle Ähnlichkeit mit sich selbst und trägt Illusion und Verblendung in die Realität. Das Nichts als solches steht ja für den Rationalismus und die Abwendung der Menschen von ihrer Innenwelt und ihrer Phantasie. So entsteht ein Kreislauf: Die Menschen glauben nicht an die Wesen Phantásiens – dadurch bildet sich das Nichts. Wenn ein phantásisches Wesen in die Realität kommt, ist es durch das Nichts, also durch das Nicht-Glauben der Menschen, unkenntlich geworden und erscheint so als Lüge, als Trugbild, als „depravierte, korrumpierte Form der Phantasie"[375] – gerade deshalb, weil es nicht erkannt wird und dadurch nicht mehr als Fiktion erkenntlich ist.[376] Bewohner der Spukstadt, die ins Nichts gehen:

373 Tremblay: Die Phantasie und Phantásien, in: Rzeszotnik (Hg.): Zwischen Phantasie und Realität, S. 149.

374 UEG, S. 159.

375 Götze: Roman der Einbildungskraft, in: Schöll: Literatur und Ästhetik, S. 182.

376 Ebd.

„[...] werden zu Wahnideen in den Köpfen der Menschen, zu Vorstellungen der Angst, wo es in Wahrheit nichts zu fürchten gibt, zu Begierden nach Dingen, die sie krank machen, zu Vorstellungen der Verzweiflung, wo kein Grund zum Verzweifeln da ist.“[377]

Es gibt auch schöne Trugbilder, diese entstehen aus Gestalten, die bereits in Phantásien schön und gut waren, dennoch bleiben sie Trugbilder. Das bedeutet: Die Menschen erkennen eben diese Trugbilder als Gefahr und versuchen deshalb alles, was aus Phantásien, also aus der Welt der Poesie und der Phantasie, kommt, aus ihrem Leben zu verbannen, sie wollen glauben, dass es Phantásien nicht gibt und auch ihren Kindern verbieten, dorthin zu kommen. Eben dadurch entsteht jedoch das Nichts, der oben beschriebene Kreislauf kann zirkulieren und es kommt zur Bedrohung für die Menschheit. Denn – so Gmork – wenn die Menschen die Wesen Phantásiens in ihrer wahren Gestalt nicht kennen, werden sie manipulierbar:

„[...] nichts gibt größere Macht über die Menschen als die Lüge. Denn die Menschen, Söhnchen, leben von Vorstellungen. Und die kann man lenken. [...] Vielleicht wird man mit deiner Hilfe Menschen dazu bringen zu kaufen, was sie nicht brauchen, oder zu hassen, was sie nicht kennen, zu glauben, was sie gefügig macht, oder zu bezweifeln, was sie erretten könnte. Mit euch, kleiner Phantásier, werden in der Menschenwelt große Geschäfte gemacht, werden Kriege entfesselt, werden Weltreiche begründet ...“[378]

Der Mythos kann nicht einfach negiert oder unterdrückt werden.[379] Dadurch, dass Menschen sich von Phantásien abwenden, verlieren sie die Fähigkeit, eigene Vorstellungen und individuelle Ansichten zu entwickeln. Auch durch ihr Bedürfnis nach Fiktionalem werden die Gestalten Phantásiens „auf diese grausige Art hinübergezerrt“[380] in die Realität, nehmen die Menschen Irreales an, das ihnen von außen vermittelt wird – Werbung, Lügen, Propaganda. Sie sind empfänglich für Manipulation, für Vorstellungen, mit denen man sie in eine bestimmte Richtung lenken möchte, zu welchem ganz konkreten und sehr realen Zweck auch immer – sei es Konsum und das Vermehren von materiellen Gewinnen, sei es das Ausnutzen des durch die Unübersichtlichkeit der Welt größer

377 UEG, S. 159–160.

378 UEG, S. 161.

379 Binder: Michael Endes „Unendliche Geschichte“ als ‚Schule der Phantasie‘?, in: Diskussion Deutsch, Heft 81 (1985), S. 589.

380 UEG, S. 189.

gewordenen Sicherheitsbedürfnisses durch das Schüren von Vorurteilen zur Festigung oder Stärkung politischer Macht.[381] Auch durch Bastians Aufenthalt in der Alte-Kaiser-Stadt und in Atréjus Aufenthalt in der Spukstadt zeigt sich also eindringlich das Grundprinzip der *Unendlichen Geschichte*: Die Notwendigkeit einer Balance zwischen Innenwelt und Außenwelt. Mit den Worten der Kindlichen Kaiserin: „So, wie unsere beiden Welten sich gegenseitig zerstören, so können sie sich auch gegenseitig gesund machen."[382]

2.8 Krankheit und Depression

„Selbstverständlich kommt man nur auf die Idee der Sümpfe der Traurigkeit, wenn man selbst auch schon einmal durch sie gewatet ist."[383]

2.8.1 Das Nichts als psychische Krankheit und die Kunst als Heilmittel

Michael Ende sah den Verlust des Kontaktes zur Innenwelt nicht nur als problematisch, sondern ganz konkret als Auslöser für psychische und infolge auch physische Krankheiten der Menschen:

> „Zweckfreie Phantasie gilt als Energieverschwendung. Aber unter diesem Joch verkümmert die Phantasie, wird krank und stirbt ab. Das macht auch die Menschen krank, vor allem die Kinder, seelisch und physisch. In unseren Hospitälern liegen immer mehr Kinder mit Managerkrankheiten oder Magengeschwüren, von Neurosen ganz zu schweigen. Und das im Namen der Aufklärung und des Fortschritts."[384]

In der Kunst sah er eine Kraft, die dem Menschen in dieser Hinsicht zum Heilmittel werden und ihm seinen ganzheitlichen Blickwinkel auf die Dinge zurückgeben konnte.[385] (Wie bereits in den vorherigen Kapiteln ausgeführt, war er sich allerdings auch darüber im Klaren, dass stets die Dosis das Gift macht.)[386] Jede

381 Bilden: Das Individuum – ein dynamisches System vielfältiger Teil-Selbste, in: Keupp und Höfer (Hg.): Identitätsarbeit heute, S. 248.

382 UEG, S. 189.

383 Ende, zitiert nach Hugendubel: Spielregeln für die Phantasie, in: SZ vom 12./13. November 1994.

384 Ende: Phantasie und Anarchie, in: Ende: Zettelkasten, S. 200.

385 Hocke und Hocke: Das Phantásien-Lexikon, S. 21.

386 Voss: Darwins Jim Knopf, S. 27.

Art von Kunst ist für Ende auch eine Art von Therapie.[387] Auch deshalb wird in der *Unendlichen Geschichte* das Leseerlebnis selbst zentral und als gleichsam heilsames wie lehrreiches Abenteuer zelebriert.[388] Die Kindliche Kaiserin beschreibt den positiven Effekt des Kunsterlebens:

> „Alle, die bei uns waren, haben etwas erfahren, was sie nur hier erfahren konnten und was sie verändert zurückkehren ließ in ihre Welt. Sie waren sehend geworden, weil sie euch in eurer wahren Gestalt gesehen hatten. Darum konnten sie nun auch ihre eigene Welt und ihre Mitmenschen mit anderen Augen sehen. Wo sie vorher nur Alltäglichkeit gefunden hatten, da entdeckten sie plötzlich Wunder und Geheimnisse."[389]

Für die Krankheit, die durch die Zerstörung der Innenwelt entstehen kann, steht symptomatisch das Nichts, das symbolisch eine sehr reale Bedrohung des Ichs darstellt und mit dessen Bedrohlichkeit der Leser bzw. die Leserin schon früh im Roman vertraut gemacht wird:[390]

> „Es tut übrigens nicht weh – nur dass dem Betreffenden dann eben plötzlich ein Stück fehlt. [...] Es übt eine unwiderstehliche Anziehungskraft aus, die umso stärker wird, je größer die Stelle ist. Niemand von uns konnte sich erklären, was diese schreckliche Sache sein konnte, woher sie kam und was man dagegen tun sollte. Und da es von selbst nicht wieder verschwand, sondern sich immer mehr ausbreitete, wurde schließlich beschlossen, einen Boten zur Kindlichen Kaiserin zu senden, um sie um Rat und Hilfe zu bitten."[391]

Immer wieder ähnelt das Nichts in seiner Darstellung einem Virus oder einer ähnlichen sich rasch ausbreitenden Krankheit – der Grund für die Ansteckung ist nicht nachvollziehbar, ein Gegenmittel ist nicht bekannt und es greift rasch um sich. Auch die Kindliche Kaiserin liegt an der mysteriösen Krankheit darnieder, die ihr Land befallen hat – und selbst alle vierhundertneunundneunzig wichtigsten Ärzte Phantásiens können weder eine Diagnose stellen, noch eine

387 Hocke und Hocke: Das Phantásien-Lexikon, S. 163.

388 Nickel-Bacon: Fantastische Literatur, in: Wild (Hg.): Geschichte der deutschen Kinder- und Jugendliteratur, S. 399.

389 UEG, S. 189.

390 Hocke und Hocke: Das Phantásien-Lexikon, S. 16.

391 UEG, S. 26–27.

Therapie vorschlagen. Nur in einem Punkt werden sie sich schnell einig: „Sie hustet nicht, sie hat keinen Schnupfen, es ist überhaupt keine Krankheit im medizinischen Sinne",[392] stellt ein Arzt in Rabengestalt fest, der offensichtlich die allgemeine Schulmedizin vertritt. Ein Arzt in Gestalt eines Skarabäus hat bereits eine Theorie: „Eins scheint mir jedenfalls offensichtlich [...], zwischen ihrer Krankheit und den furchtbaren Dingen, die uns die Boten aus ganz Phantásien melden, besteht ein geheimnisvoller Zusammenhang."[393] Ein Zusammenhang besteht in der *Unendlichen Geschichte* auch zwischen mentaler Gesundheit und dem funktionierenden Austausch zwischen Innen- und Außenwelt. Die Ausgrenzung der ersteren führt zur „Unterwerfung des Subjekts unter eine Diktatur bloßer Zweckrationalität",[394] die Ausgrenzung der letzteren führt zum Bewusstseins- bzw. Realitätsverlust. Gesundheit ist nur möglich, wenn keine der beiden Welten ausgegrenzt wird. Dies ist am deutlichsten in der wohl am häufigsten zitierten Passage des Romans ausgedrückt, in der Karl Konrad Koreander zu Bastian Balthasar Bux sagt:

> „Es gibt Menschen, die können nie nach Phantásien kommen [...], und es gibt Menschen, die können es, aber sie bleiben für immer dort. Und dann gibt es noch einige, die gehen nach Phantásien und kehren wieder zurück. So wie du. Und die machen beide Welten gesund."[395]

2.8.2 Das Durchwaten der Sümpfe der Traurigkeit

Ende machte in seinem Leben die verschiedensten Erfahrungen mit Depression und depressiven Lebensepisoden: Sein Vater war, als er von den Nazis Malverbot erhielt, wie erstarrt und völlig antriebslos.[396] Nach dem Krieg trennte sich Edgar Ende wegen einer jüngeren Frau von Luise Ende – und stürzte damit Michael Endes Mutter in eine schwere Krise. Mehrmals versuchte sie, sich das Leben zu nehmen.[397] Auch er selbst erlebte in jungen Jahren eine menschlich und künstlerisch sehr harte Zeit. Nach einer intensiven Beschäftigung mit den Dramentheorien von Brecht versucht er, dessen Anforderungen an das Schreiben von Theaterstücken gerecht zu werden, scheitert und verliert daraufhin das Ver-

392 UEG, S. 40.

393 UEG, S. 40.

394 Götze: Roman der Einbildungskraft, in: Schöll: Literatur und Ästhetik, S. 184.

395 UEG, S. 473.

396 Boccarius: Michael Ende, S. 59.

397 Hocke: Die Suche nach dem Zauberwort, in: Hocke, Kraft: Michael Ende und seine phantastische Welt, S. 9.

trauen ins eigene Können und in sich selbst. Auch finanziell ist die Situation prekär und Ende ist kurz davor, das Schreiben ganz aufzugeben.[398]

In *Momo* findet sich eine Beschreibung einer Depression bzw. einer depressiven Episode. Meister Hora erklärt Momo die rätselhafte Krankheit, die die grauen Herren zu den Menschen gebracht haben:[399]

> „Am Anfang merkt man noch nicht viel davon. Man hat eines Tages keine Lust mehr, irgend etwas zu tun. Nichts interessiert einen, man ödet sich. Aber diese Unlust verschwindet nicht wieder, sondern sie bleibt und nimmt langsam immer mehr zu. Sie wird schlimmer von Tag zu Tag, von Woche zu Woche. Man fühlt sich immer mißmutiger, immer leerer im Innern, immer unzufriedener mit sich in der Welt. Dann hört nach und nach sogar dieses Gefühl auf, man fühlt gar nichts mehr."[400]

Auch in der *Unendlichen Geschichte* wird eine solche Stimmung bzw. Krankheit geschildert, jedoch – wie fast alles in diesem Roman – in Bildern codiert, in diesem Fall in dem Bild von den Sümpfen der Traurigkeit. Atréju ist durch die Wirkung von Auryn geschützt, aber sein Pferd Artax kann sich der Wirkung der Sümpfe nicht erwehren. Plötzlich beginnt es, an der Sinnhaftigkeit des Weges zu zweifeln, den die beiden gehen: „Vielleicht ist es auch sowieso schon zu spät. [...] alles, was wir tun, ist sinnlos. Lass uns umkehren, Herr."[401] Artax versinkt langsam in den Sümpfen der Traurigkeit – die Traurigkeit macht ihn schwer. Er ist mutlos und macht keinerlei Anstalten, gegen seine immer hoffnungslosere Lage anzukämpfen: „Ich schaffe es nicht. Geh allein weiter! Kümmere dich nicht um mich! Ich kann diese Traurigkeit nicht mehr aushalten. Ich will sterben."[402]

Gedrückte Stimmung, Verminderung von Antrieb, Aktivität und Freude, schnelle Erschöpfung, Beeinträchtigung von Selbstvertrauen und Selbstwertgefühl, Interessensverlust, Verlust des Lebenswillens, Suizidgedanken – die Schilderung von Meister Hora und Artax' Äußerungen lesen sich beinahe wie die

398 Rzeszotnik: Die (un)endliche Geschichte: Lebensstationen eines Schriftstellers, in: Rzeszotnik (Hg.): Zwischen Phantasie und Realität, S. 19.

399 Murauer: Das Buch „Momo" von Michael Ende, S. 54.

400 Ende: Momo, S. 231–232.

401 UEG, S. 63.

402 UEG, S. 63.

Definition von depressiven Episoden aus einem medizinischen Diagnoseschlüssel.[403] Angesichts von Endes Lebenserfahrungen ist es unwahrscheinlich, dass diese Ähnlichkeit zufällig zustande gekommen ist; zugleich wird sie Teil einer sorgfältigen Psychologisierung der Figuren.

403 Die *Internationale Klassifikation psychischer Störungen* beschreibt als typische Symptome einer depressiven Episode gedrückte Stimmung, Interessensverlust, Freudlosigkeit, erhöhte Ermüdbarkeit und Verminderung des Antriebs. Depressive Episode, in: Dilling u. a.: Internationale Klassifikation psychischer Störungen, S. 149.

3 Endes literarische und ideengeschichtliche Quellen

3.1 Altertum und antike Mythologie

„Die unendliche Geschichte ist
die Geschichte einer inneren Odyssee.“[404]

3.1.1 Die Große Suche – eine Odyssee

Die intertextuellen Bezüge, die in dem Text *Die unendliche Geschichte* zu verschiedensten Prätexten hergestellt werden, sind vielfältig und spielen für eine umfassende Betrachtung des Romans eine wichtige Rolle. Intertextualität wird in diesem und in den folgenden Kapiteln als das Bestehen von spezifischen und intentionalen, also bewusst geschaffenen Anspielungen und Beziehungen zu bestimmten Prätexten verstanden – hierin folgt diese Arbeit dem Intertextualitätskonzept, das zum Beispiel Michail Bachtin vertrat. Intertextualität meint also im Folgenden stets Bezüge zu Einzeltexten oder auch Gattungen, die im Text ausmachbar und damit greif- und analysierbar sind.[405] Nicht gemeint ist im Folgenden das u. a. von Julia Kristeva – „tout texte est absorption et transformation d'un autre texte“[406] – und Jacques Derrida propagierte Konzept von Intertextualität, welches argumentiert, dass alle Texte in dialogischen Verhältnissen zueinander stehen.[407]

Einige Konzepte von Intertextualität schließen neben dem „Bezug eines literarischen Textes auf individuelle Prätexte“,[408] dem sogenannten „Kernbereich“ der Intertextualität, unter anderem den Bezug auf bestimmte philosophische Systeme ein.[409] Auch mit solchen befassen sich die folgenden Kapitel, summieren Bezüge dieser Art jedoch zu den „ideengeschichtlichen Quellen“ Endes.

404 Hocke und Hocke: Das Phantásien-Lexikon, S. 42.

405 Pfister: Konzepte der Intertextualität, in: Broich und Pfister (Hg.): Intertextualität, S. 15.

406 Kristeva: Sémiotiké, zitiert nach Pfister: Konzepte der Intertextualität, in: Broich und Pfister (Hg.): Intertextualität, S. 6.

407 Intertextualität, in: Nünning (Hg.): Metzler Lexikon Literatur- und Kulturtheorie, S. 241–243.

408 Pfister: Konzepte der Intertextualität, in: Broich und Pfister (Hg.): Intertextualität, S. 19.

409 Broich: Zur Einzeltextreferenz, in: Broich und Pfister (Hg.): Intertextualität, S. 48.

Zunächst also zu einem wichtigen Primärtext für die *Unendliche Geschichte*: Homers *Odyssee*. Eine Parallele zwischen der *Unendlichen Geschichte* und der *Odyssee* ist das Motiv der Reise mit ungewissem Ausgang, welches in beiden Texten zentral ist. Dieses Motiv der Großen Suche, auch „Quest" oder „Queste" genannt, kommt in der Fantasy-Literatur häufig vor. Ursprünglich findet es sich aber bereits in den ältesten Werken der Weltliteratur (und zieht sich durch die ganze Literaturgeschichte), zum Beispiel eben in Homers *Odyssee*.[410] Die Bezüge zu diesem weltbekannten Text, die sich in der *Unendlichen Geschichte* finden, sind eindeutig erkennbar. Bastian und Atréju sind die Protagonisten der *Unendlichen Geschichte*; wie Odysseus müssen sie eine Kette von Abenteuern bestehen, um ihr Ziel zu erreichen. Odysseus versucht, in seine Heimat zurückzukehren, und auch Bastian kehrt am Ende an den Ausgangspunkt seiner Reise – den Dachboden seiner Schule – zurück. Seine Reise hat er dort durch das Lesen eines Buches angetreten, damit wird in der *Unendlichen Geschichte* das Lesen selbst zur Queste.[411]

Auf dem Weg begegnen beiden bzw. allen dreien – Bastian, Atréju und Odysseus – immer wieder Personen und Wesen, die ihnen wichtige Hinweise geben, die die Protagonisten benötigen, um die nächste Station des Weges zu erreichen. Atréju erhält einen solchen Hinweis zum Beispiel von der Uralten Morla, die ihn zum Südlichen Orakel schickt, Odysseus geht auf Kirkes Rat hin in den Hades und Bastian findet mithilfe der Dame Aiuóla die Wasser des Lebens.[412]

Eine Leistung, die die Helden in beiden Werken immer wieder erbringen müssen, um ihrem Ziel näherzukommen, ist die des Triebverzichts.[413] Odysseus tötet den Kyklopen nicht, als er die Gelegenheit dazu hat, da er weiß, dass ihn dies ins Unglück stürzen würde. Atréju verzichtet auf seine Initiation zum Mann: Er tötet den Büffel nicht, den er umbringen muss, um in seinem Stamm ein Jäger, also ein Erwachsener zu sein, sondern begibt sich auf die Große Suche. Sowohl Odysseus als auch Atréju verzichten sogar darauf, sich zu wehren, Odysseus, als er sich von Antinoos demütigen lässt, und Atréju, als er sich beim Kampf um den Elfenbeinturm sogar körperlich von Bastian verletzen lässt. Bastians Selbstdisziplin hingegen ist noch weniger stark ausgeprägt: Er missbraucht das Schwert Sikánda, obwohl er eindringlich davor gewarnt wurde, und verwendet

410 Hocke und Hocke: Das Phantásien-Lexikon, S. 106.

411 Tremblay: Die Phantasie und Phantásien, in: Rzeszotnik (Hg.): Zwischen Phantasie und Realität, S. 143.

412 Ludwig: Was du ererbt von deinen Vätern hast ..., S. 17–18.

413 Zum Trieb und Triebverzicht vgl. etwa: Ehlers: Trieb, in: Jordan und Wendt (Hg.): Lexikon Psychologie, S. 333–337.

leichtsinnig den Leuchtstein Al'Tsahir. Diese Leichtsinnigkeit muss er jedoch in jedem Fall büßen – zum Beispiel, da er später im Bergwerk der Bilder kein Licht mehr hat und in der Dunkelheit arbeiten muss.[414]

Odysseus und seine Gefährten geraten bei den Lotophagen in große Gefahr: Wer von den Lotosfrüchten isst, entsagt seiner Heimat und möchte für immer dort bleiben:

> „Und es sannen die Lotophagen gegen unsere Gefährten kein Verderben, sondern gaben ihnen zu essen von dem Lotos: und wer von ihnen aß die honigsüße Frucht des Lotos, der wollte nicht mehr zurück Meldung bringen noch heimkehren, sondern an Ort und Stelle wollten sie unter den Lotophagenmännern den Lotos rupfen und bleiben und der Heimkehr vergessen."[415]

Odysseus muss daraufhin Gewalt anwenden und seine Gefährten am Schiff festbinden, um sie zum Weiterreisen zu bewegen: „Diese führte ich weinend mit Gewalt zu den Schiffen und zog sie in den gewölbten Schiffen unter die Deckbalken und band sie."[416] Auch Bastian ist, wie im Kapitel 2.2 ausführlich behandelt, vom Vergessen bedroht und möchte Phantásien nicht mehr verlassen. Atréju muss – ebenso wie Odysseus – all seine Kräfte und am Ende sogar körperliche Gewalt aufwenden, um ihn davor zu bewahren.[417]

Eine Szene, in der die Bezüge Endes zur *Odyssee* besonders deutlich werden, ist die Begegnung Atréjus mit dem Werwolf Gmork. Auf die Frage Gmorks, wer der Junge sei, der ihm in der verlassenen Spukstadt gegenübertritt, antwortet Atréju: „Ich bin niemand."[418] Er bietet Gmork an, ihn freizulassen, woraufhin dieser droht – oder verspricht, je nach Lesart: „Du würdest einen hungrigen Werwolf freilassen? [...] Niemand wäre vor mir sicher!"[419] Auch Odysseus gibt sich in der Odyssee gegenüber dem Kyklopen zunächst als „Niemand" aus: „*Niemand* ist mein Name, und *Niemand* rufen mich Vater und Mutter und all die anderen Gefährten."[420] Er entgeht so den Freunden des Kyklopen, denen die-

414 Ludwig: Was du ererbt von deinen Vätern hast ..., S. 18–21.

415 Homer: Odyssee, S. 111.

416 Ebd.

417 Ludwig: Was du ererbt von deinen Vätern hast ..., S. 21–22.

418 UEG, S. 155.

419 UEG, S. 157.

420 Homer: Odyssee, S. 118.

ser zuruft, dass „Niemand“ versucht, ihn umzubringen: „Freunde! Niemand erschlägt mich mit List und nicht mit Gewalt!“[421] Odysseus und seine Gefährten können daraufhin fliehen.[422] Auffällig ist hier, dass in der *Odyssee* der Kyklop eigentlich etwas Negatives mitzuteilen versucht, das durch die List von Odysseus als positiv verstanden wird: Niemand tut mir etwas an, es ist alles in Ordnung. In der *Unendlichen Geschichte* jedoch sind die Sätze des Werwolfs, die tröstlich klingen, wenn man „Niemand“ als Eigenname liest, bei anderer Lesart traurig: „Wenn das so ist [...] dann hat Niemand mich gehört und Niemand ist zu mir gekommen und redet mit mir in meiner letzten Stunde.“[423]

Xayíde, die böse Zauberin, der Bastian auf seiner Reise durch Phantásien begegnet, ist schön, verführerisch, manipulativ und böse – ebenso wie Kirke, eine Halbgöttin aus der Odyssee. Gemeinsam ist den beiden außerdem ihre Heimtücke. Kirke täuscht Freundlichkeit vor und lockt Odysseus und seine Gefährten in den Palast. Dort setzt sie die Männer auf prächtige Stühle, gibt ihnen Köstlichkeiten zu essen und zu trinken, verwandelt sie jedoch gleich darauf in Schweine und sperrt sie ein. Xayíde lässt drei von Bastians Mitstreitern von ihren Panzerriesen gefangen nehmen und auf ihr Schloss bringen, wo sie sie als Geiseln hält. Sowohl Bastian als auch Odysseus bleibt schließlich nichts anderes übrig, als die Gegenspielerinnen zu unterwerfen. Beide Zauberinnen fallen den Helden daraufhin zu Füßen und geloben ihre uneingeschränkte Loyalität:[424]

> „Dann nahm sie einen seiner Füße und setzte ihn sich selbst ins Genick.
>
> ‚Mein Herr und mein Meister‘, sagte sie [...], ‚dir kann niemand in Phantásien widerstehen. Du bist mächtiger als alle Mächtigen und gefährlicher als alle Dämonen. [...] Ich bereue, was ich dir tun wollte, und erflehe deine Gnade.‘“[425]
>
> „Da schrie sie laut und unterlief mich und faßte meine Knie und sprach jammernd zu mir die geflügelten Worte:
>
> ‚[...] Ein Staunen faßt mich, daß du diese Kräuter getrunken hast und wurdest nicht verzaubert! Denn niemals, nie hat sonst ein Mann

421 Ebd., S. 119.

422 Ludwig: Was du ererbt von deinen Vätern hast ..., S. 22–24.

423 UEG, S. 155.

424 Ludwig: Was du ererbt von deinen Vätern hast ..., S. 24–26.

425 UEG, S. 350.

> diese Kräuter ausgehalten, der sie getrunken […]. Dir aber ist in deiner Brust ein Sinn, der ist nicht zu bezaubern!'"[426]

Kirke schwört Odysseus einen Eid, nie wieder Böses gegen ihn zu versuchen, und teilt daraufhin – als Akt der völligen Unterwerfung – sogar ihr Lager mit ihm.

Einen Ort besuchen beide Helden auf ihrer Reise: die Unterwelt. Bastian steigt hinab in die Grube Minroud und findet dort nach langem Suchen ein Bildnis seines Vaters, den er nicht mehr erkennt:

> „[Als] Bastian das Bild betrachtete, das vor ihm im Schnee lag, erwachte in ihm Sehnsucht nach diesem Mann, den er nicht kannte. [...] Das Herz tat ihm weh, es war nicht groß genug für so eine riesige Sehnsucht."[427]

Odysseus trifft in der Unterwelt neben anderen bereits Verstorbenen auf seine Mutter, die ihm erzählt, was seinen Angehörigen während seiner Abwesenheit geschehen ist und ihn so zur Rückkehr treibt. Außerdem erhält er im Hades wichtige Hinweise für seine weitere Reise. Beide Helden treffen also in der Unterwelt auf einen Elternteil, der in ihnen den Wunsch nach der Heimkehr weckt und bestärkt.[428] Nur durch den Aufenthalt im Hades findet Odysseus schließlich den Weg zurück in seine Heimat und nur durch die Zeit im Bergwerk der Bilder kann Bastian letztlich Phantásien verlassen und in die Realität zurückkehren.

3.1.2 Caíron, der Zentaur

Schon im Namen Caírons sind deutlich Anklänge an den Zentauren Chiron aus der antiken Mythologie erkennbar. Dieser lebt in Thessalien und wird als weisester aller Zentauren beschrieben – ebenso wie der Zentaur aus der *Unendlichen Geschichte* ist er ein weiser Heilkundiger und Lehrer.[429] Als Sohn des Kronos verfügt er über ein umfassendes Wissen über die Heilkünste der Natur.[430] Auch die Gestalt des Zentauren, eines Mischwesens aus Pferd und Mensch, stammt aus

426 Homer, Odyssee, S. 131–132.

427 UEG, S. 450.

428 Ludwig: Was du ererbt von deinen Vätern hast ..., S. 26–28.

429 Ebd., S. 7.

430 Chiron, in: Bauer u. a.: Lexikon der Symbole, S. 185.

der Mythologie des antiken Griechenlands. In der Schilderung Caírons wird jedoch deutlich, dass Ende sich vor allem an Goethes Überlieferung der Figur Chirons in *Faust II* orientiert. Hier wird Chiron mit folgenden Worten vorgestellt:

> „Den Arzt, der jede Pflanze nennt,
> Die Wurzeln bis ins tiefste kennt,
> Dem Kranken Heil, dem Wunden Lindrung schafft,
> Umarm ich hier in Geist- und Körperkraft."[431]

Endes Caíron ist „der berühmteste aller Ärzte Phantásiens, von dem die Sage ging, daß es kein Heilkraut, kein Zaubermittel und kein Geheimnis gäbe, das ihm nicht bekannt wäre".[432] Die Ähnlichkeit in der Schilderung der beiden Figuren ist unübersehbar. Sogar ein expliziter Hinweis auf die Verbindung zur Sagenwelt findet sich: „Herein trat Caíron, der *berühmte und sagenumwobene* Meister der Heilkunst."[433] Doch selbst Caíron kann der Kindlichen Kaiserin nicht helfen – gegen ihre Krankheit ist kein Kraut gewachsen. Deshalb wird er ausgesandt, um den Helden – Atréju – zu instruieren, ihn auf seine Aufgabe vorzubereiten und ihn zur Kindlichen Kaiserin zu bringen. Somit ist er sowohl Arzt als auch Lehrer, ebenso wie Chiron, welcher Helden wie Herakles und Achilles, gar „ganze Generationen von griechischen Helden",[434] auf ihre Aufgabe vorbereitet.[435]

Sowohl an der Figur Caíron als auch an denen, die in den folgenden Kapiteln behandelt werden, wird deutlich, dass die Bezüge der *Unendlichen Geschichte* auf die antike Sagenwelt stark von der Renaissance derselben während der Weimarer Klassik geprägt sind.[436] Es handelt sich hierbei somit eigentlich um indirekte intertextuelle Bezüge – Ende bezieht sich auf Goethe, welcher sich wiederum auf die Überlieferungen antiker Sagen bezieht. Auch Endes Prätext hatte somit einen Prätext bzw. mehrere Prätexte.

431 Goethe: Faust, S. 224 (Faust II, V. 7345–7348).

432 UEG, S. 37.

433 UEG, S. 41. Hervorhebung durch die Verfasserin.

434 Chiron, in: Bauer u. a.: Lexikon der Symbole, S. 185.

435 Hocke und Hocke: Das Phantásien-Lexikon, S. 58.

436 Ludwig: Was du ererbt von deinen Vätern hast ..., S. 7.

3.1.3 Das Große-Rätsel-Tor mit den beiden Sphingen

Die Sphinx hat ihren Ursprung in der ägyptischen Mythologie, findet sich allerdings auch in der griechischen Sagenwelt, am prominentesten in der Ödipus-Sage. Dort lauert sie am Weg nach Theben auf Vorbeikommende, welche sie mit ihrem Rätsel konfrontiert. Wer dieses nicht lösen kann, wird von ihr getötet.[437] In der Sage um Ödipus spielt auch das Orakel von Delphi eine wichtige Rolle, in der *Unendlichen Geschichte* müssen die Sphingen passiert werden, um zum Südlichen Orakel zu gelangen – hierin ergibt sich ein weiterer motivischer Bezug zur Ödipus-Sage.

Die beiden Sphingen, die in Phantásien das Große-Rätsel-Tor bewachen bzw. eigentlich selbst das Tor sind, stellen keine Rätsel – ihr Geheimnis ist ihre undurchschaubare Entscheidung, wen sie passieren lassen und wen nicht. Es sind nicht die perfekten Helden, denen sie Einlass gewähren, es sind auch nicht die Antihelden. Die Auswahl der Sphingen scheint, so ist auch Engywuck überzeugt, völlig willkürlich zu sein:

> „Die Frage, die bis heute aber noch niemand geklärt hat, ist die: Warum gerade den einen und warum nicht den anderen? Ist nämlich keineswegs so, dass sie etwa die Weisen, die Tapferen, die Guten vorbeilassen, und die Dummen, die Feigen oder die Bösewichte ausschließen. […] Auch ob einer aus Not und Bedrängnis zum Orakel will oder es nur mal so aus Jux versucht, scheint gar keine Rolle zu spielen."[438]

In dieser scheinbar willkürlichen Entscheidung der Sphingen finden sich Anklänge an die fernöstliche Philosophie, welcher das nächste Kapitel dieser Arbeit gewidmet ist – dort gibt es keine strengen Gegensätze wie jenen zwischen Gut und Böse.[439]

Wie auch bei Goethe in *Faust II* und ihrem Ursprung nach sind die Sphingen in Endes Roman ein Symbol der Unendlichkeit. Sie bestehen aus Stein, bei Goethe aus Granit, in der *Unendlichen Geschichte* aus Marmor, befinden sich in Phantásien außerdem in einer Landschaft aus Felsen. Die Wahl des Materials unterstreicht hier die Beständigkeit und Kontinuität – bereits im alten Ägypten sah

437 Ebd., S. 8–9.

438 UEG, S. 104.

439 Ludwig: Was du ererbt von deinen Vätern hast …, S. 9–10.

man den Stein als Sinnbild für die Ewigkeit an.[440] Die Sphinx steht auch für die Zeit an sich und bildet somit eine Verbindung zur Vergangenheit.[441]

Wen die Sphingen des Großen-Rätsel-Tors anblicken, der wird versteinert. Hiermit stellt Ende einen Bezug zum Mythos um die Medusa her, kehrt ihn um – nicht wen die Medusa anblickt, sondern wer sie ansieht, wird versteinert – und mischt ihn mit der Figur der Sphinx.[442]

3.1.4 Engywuck und Urgl, die Zweisiedler

In der Beschreibung der Zweisiedler Engywuck und Urgl finden sich deutliche Parallelen zu Philemon und Baucis, zwei Sagengestalten, welche Ovid in seine *Metamorphosen* aufgenommen hat und welche ebenfalls in *Faust II* in Erscheinung treten.[443] Bei Ovid sind die beiden – ebenso wie später bei Ende – ein altes, bescheidenes Ehepaar und außerdem gastfreundlich:

> „War's auch niedrig und klein und gedeckt mit Stoppeln und Schilfrohr.
> Baucis, das biedere Weib, und ihr gleich an Alter Philemon
> Waren alldort in der Hütte vereint in den Jahren der Jugend,
> Waren gealtert in ihr, und die Armut offen bekennend
> Machten sie diese sich leicht und erträglich mit heiterem Gleichmut."[444]

Obwohl sie sehr arm sind, nehmen sie die Götter Hermes und Zeus auf und bewirten diese aufopferungsvoll. Außerdem sind sie so vertraut und unzertrennlich, dass Zeus gerührt ist und den beiden einen zeitgleichen Tod schenkt. Bei Goethe ist es ein Wanderer, der von dem freundlichen Ehepaar bereits früher einmal liebevoll verköstigt wurde und es sogleich wiedererkennt:

> „Meine Wirte möchte ich segnen,
> Hilfsbereit, ein wackres Paar,
> Das, um heut mir zu begegnen,

440 Stein, in: Lurker: Wörterbuch biblischer Bilder und Symbole, S. 306.

441 Ludwig: Was du ererbt von deinen Vätern hast …, S. 10.

442 Ebd., S. 9.

443 Ebd., S. 11.

444 Ovid: Metamorphosen (8. Buch, V. 619–623), S. 168.

> Alt schon jener Tage war."[445]
> „WANDRER. Sage Mutter: bist du's eben,
> Meinen Dank noch zu empfahn,
> Was du für des Jünglings Leben
> Mit dem Gatten einst getan?
> Bist du Baucis, die geschäftig
> Halberstorbnen Mund erquickt?"[446]

Die fürsorgliche Gastfreundschaft von Philemon und Baucis zeichnet auch die Zweisiedler Engywuck und Urgl aus. Nachdem Urgl Atréju, dem Gifttod nahe, gefunden hat, pflegt sie ihn gesund und überwacht energisch seinen Genesungsprozess. Auch die tiefe Vertrautheit des Ehepaars hat Ende auf Urgl und Engywuck übertragen, sie jedoch um eine gewisse Komik erweitert. Die beiden wissen um ihre Verschrobenheit und ihre Eigenheiten und machen daraus kein Geheimnis.[447]

Baucis ist beispielsweise in Goethes *Faust* bei der Ankunft des Wanderers sogleich um die Ruhe ihres Mannes besorgt:

> „Lieber Kömmling! Leise! Leise!
> Ruhe! Lass den Gatten ruhn!
> Langer Schlaf verleiht dem Greise
> Kurzen Wachens rasches Tun."[448]

Urgl und Engywuck zeigen sich hingegen eher belustigt über die Verstimmtheiten des Gegenübers, nehmen sich aber dafür vor Atréju in Schutz. So rät Engywuck: „Nimm ihr ihren Ton nicht übel, Atréju. Die alte Urgl ist oft ein bisschen ruppig, meint's aber nicht so."[449] Urgl verteidigt ihrerseits den Gatten nach einem seiner Wutausbrüche: „Er meint's nicht so, der alte Schrumpfkopf. Ist nur wieder mal schrecklich enttäuscht wegen seiner lächerlichen Forschungen. [...] Nimm's ihm bitte nicht übel!"[450]

445 Goethe: Faust, S. 333 (Faust II, V. 11051–11054).
446 Goethe: Faust, S. 333 (Faust II, V. 11063–11068).
447 Ludwig: Was du ererbt von deinen Vätern hast ..., S. 12.
448 Goethe: Faust, S. 333 (Faust II, V. 11059–11062).
449 UEG, S. 94.
450 UEG, S. 110.

Neu sind im Vergleich zu den antiken und klassischen Prätexten die heilerische Fähigkeit Urgls und Engywucks Forschergeist.[451] Auf diesen wurde im Kapitel 2.1.5 näher eingegangen.

3.1.5 Pegasos

Pegasos, laut griechischer Mythologie aus dem Blut der Medusa entstanden – „[a]ls das Haupt abgeschnitten war, sprang aus der Gorgo der Pegasos heraus, das Flügelroß“[452] – und Eröffner der Quelle Hippokrene, die die Lyriker und Sänger des alten Griechenlands zu großen Gesängen inspirierte, steht seither für die Phantasie und die Poesie und ist ein treuer Begleiter der Dichter.

In der *Unendlichen Geschichte* erscheint Pegasos zweimal. Einmal, anfangs, ist er unter den vielen Botschaftern, die der Kindlichen Kaiserin Kunde von der Ausbreitung des Nichts bringen wollen. Hier wird er nicht namentlich erwähnt, sondern beschrieben als „weißes geflügeltes Pferd, dessen Name früher einmal auch außerhalb Phantásiens bekannt war, aber jetzt vergessen ist“.[453] Pegasos Name ist also in der realen Welt vergessen, kein Begriff mehr – die Menschen haben ihr Verhältnis zur Poesie verloren. Ebenfalls mit der Figur des Pegasos äußerte Friedrich Schiller in seiner Ballade *Pegasus im Joche* Kritik an der Rationalisierung der Welt. In dieser verkauft ein verarmter Dichter Pegasos an einen Bauern, welcher versucht, das Götterpferd als Ackergaul zu nutzen:

> „Gesagt, gethan. In lächerlichem Zuge
> Erblickt man Ochs und Flügelpferd am Pfluge.
> Unwillig steigt der Greif und strengt die letzte Macht
> Der Sehnen an, den alten Flug zu nehmen.
> Umsonst, der Nachbar schreitet mit Bedacht,
> Und Phöbus stolzes Roß muß sich dem Stier bequemen,
> Bis nun, vom langen Widerstand verzehrt,
> Die Kraft aus allen Gliedern schwindet,
> Von Gram gebeugt das edle Götterpferd
> Zu Boden stürzt, und sich im Staube windet.“[454]

451 Ludwig: Was du ererbt von deinen Vätern hast …, S. 1213.

452 Rüegg (Hg.): Griechische Sagen, S. 45.

453 UEG, S. 31.

454 Schiller: Pegasus im Joche, in: Goedeke (Hg.): Schillers sämmtliche Schriften, Gedichte, S. 19.

Somit kann das Auftauchen von Pegasos als Symbol für die Poesie als intertextueller Bezug zur griechischen Sage gesehen werden, die Verwendung desselben in einem kritischen Kontext im Hinblick auf den Verlust der Poesie als Bezug zu Schillers Ballade.

Später taucht Pegasos – oder zumindest ein weißer Hengst, der Flügel aus Schwanengefieder hat – erneut in der *Unendlichen Geschichte* auf. Bastian erdenkt ihn für Jicha, der Mauleselin, die ihm als Reittier gedient hat, als Bräutigam, weil er sie auf sanfte Weise loswerden will. Dass Jicha, die fleißige, bodenständige, realistische Mauleselin, sich mit einer Pegasos-Figur, einem Sinnbild für Poesie, verbindet, kann, wie so vieles in der *Unendlichen Geschichte*, als Vereinigung von Gegensätzen verstanden werden. Aus dieser Vereinigung entsteht ein „Sohn, der ein weißer, Schwingen tragender Maulesel war und Pataplán genannt wurde".[455] Ende deutet hier an, dass dieser für Phantásien noch eine wichtige Figur werden wird, er „machte noch viel von sich reden in Phantásien".[456] In Phantásien wird Pegasos also nicht nur nicht vergessen, er pflanzt sich sogar fort und entwickelt sich dadurch weiter.[457]

3.2 Fernöstliche Kultur

> „Ich will damit nur sagen, dass ich im Zen vieles von dem wiedergefunden habe, was in meinem Denken schon vorhanden war, und dass ich es dort nur richtiger und präziser formuliert fand."[458]

3.2.1 Michael Ende und Japan – eine Beziehung auf Gegenseitigkeit

Michael Ende begegnete der japanischen Kultur bereits in seinem Elternhaus, als er in der Bibliothek seines Vaters auf Werke von Lafcadio Hearn stieß und diese auch las. Außerdem befanden sich unter den Kunstbänden seines Vaters mehrere Werke über die japanische Kunst und über Zenmalerei. Als Erwachsener erinnerte er sich besonders gut an das Bild der sechs Kaki-Früchte des Künstlers Mu-shi. Später machte er sich intensivere Gedanken über Zen und dessen Ausübung. Dazu trug vor allem Eugen Herrigels bekanntes Buch *Zen in der Kunst des Bogenschießens* bei, das für Ende eine wichtige Rolle spielte. Das für

455 UEG, S. 361.

456 UEG, S. 361.

457 Ludwig: Was du ererbt von deinen Vätern hast ..., S. 15–17.

458 Ende im Gespräch mit Shigematsu, in: Shigematsu: MOMO erzählt Zen, S. 130–131.

ihn bedeutsamste Kapitel daraus nahm Ende später in sein *Lesebuch* auf. In diesem Buch stieß er zum ersten Mal auf das Prinzip der Absichtslosigkeit, welches ihm später zum künstlerischen Prinzip wurde:

> „Mir schien eigentlich, dass das, was dort beschrieben wird, als Vorgang im Grunde sehr ähnlich ist, oder vielleicht sogar dasselbe ist wie das, was jeder Künstler kennt: das Erreichen der Absichtslosigkeit. Diesen Widerspruch der absichtlichen Absichtslosigkeit zu bewältigen, eines Zustands, den man im Grunde beim Malen jedes Bildes oder beim Schreiben jedes Gedichtes erreichen muss."[459]

Diese Erkenntnis hatte zur Folge, dass Ende sich vermehrt mit Zen-Literatur auseinandersetzte, vor allem vor dem Hintergrund des künstlerischen Schaffensprozesses.[460] 1977 bereiste er Japan zum ersten Mal und informierte sich dort eingehend über die Prinzipien des Kabuki- und des No-Theaters, außerdem natürlich über Zen. Begleitet wurde er von seiner Übersetzerin und zukünftigen zweiten Ehefrau Mariko Sato.[461]

In der japanischen Kultur, im Shintoismus und im Zen-Buddhismus ist es zentral, sich sowohl im Bereich des Gefühls als auch in dem des Verstandes heimisch zu fühlen – nicht selten wird dem Gefühl sogar der Vorzug gegeben. Das Zen, im japanischen Denken tief verwurzelt, hilft, den Blick für das Wirkliche und das Unwirkliche zu bewahren – für die JapanerInnen sieht das Zen-Auge direkt ins Herz, ins Wesentliche der Dinge.[462]

Für Ende war es grundsätzlich wichtig, sich mit anderen Kulturen auseinanderzusetzen, ohne dabei die eigene kulturelle Identität zu verlieren:

> „Ich träume deshalb von einer Kultur des 21. Jahrhunderts, die vielleicht zum erstenmal in der Menschheitsgeschichte eine menschheitliche Kultur werden könnte, in die jede einzelne Nation ihr Wertvollstes und Bestes einbringen kann, ohne Identitätsverlust. Das würde natürlich bedeuten, dass wir erst alle gemeinsam das finden,

459 Ende, ebd., S. 126.

460 Ebd., S. 125–126.

461 Kraft: Die Faszination des Anderen, in: Hocke, Kraft: Michael Ende und seine phantastische Welt, S. 51.

462 De Mente zitiert nach Mittelstaedt: Michael Endes letzte Worte an die Japaner, in: Rzeszotnik (Hg.): Zwischen Phantasie und Realität, S. 206.

was wirklich allen Menschen, allen Kulturen, der ganzen Welt zugrunde liegt."[463]

Für die japanische Kultur konnte er sich besonders erwärmen – und die Japaner brachten Ende ebenfalls hohes Ansehen entgegen. Auch heute noch genießt er dort als Autor und Denker hohe Wertschätzung. Unter anderem führte er ein Gespräch mit dem japanischen Nobelpreisträger Kenzaburō Ōe, präsentierte eine Sendereihe zu Albert Einstein, die im japanischen Fernsehen ausgestrahlt wurde, und hielt in Tokio 1986 einen vielbeachteten Vortrag über Kinderliteratur.[464] Nirgendwo sonst außerhalb von Deutschland wurden seine Bücher so häufig gelesen und erreichten so hohe Auflagenzahlen wie in Japan:[465] „Merkwürdigerweise ist Japan das Land, in dem zeitweilig sogar ein Buch mehr veröffentlicht war als in Deutschland. Wenn es als Manuskript kaum noch aus der Maschine war, war es in Japan schon veröffentlicht, in japanischer Übersetzung."[466] Dies mag darauf zurückzuführen sein, dass das Spielerische, durch das Endes literarisches Werk besticht, etwas ist, das von den Japanern ebenso wie von Michael Ende als sehr positiv wahrgenommen wird: „Die Mühelosigkeit eines kraftvollen Geschehens ist zweifellos ein Anblick, für dessen Schönheit gerade der Ostasiate überaus empfänglich und dankbar ist."[467] Auch die Zivilisations- und Kapitalismuskritik, die vor allem *Momo* zum Ausdruck bringt, ist vom Standpunkt der japanischen Kultur aus sehr nachvollziehbar.[468]

Die Krönung von Endes Liebe zu Japan war schließlich die Liebe zu der Japanerin Mariko Sato, die er 1989 heiratete. Die Hochzeitsanzeige ist ein Symbol der Verbundenheit der Kulturen, aus dem die Eheleute Ende stammen: Deutsche Freunde erhalten ein Foto des Paares im Kimono, japanische Freunde ein Bild des Paares in bayrischer Tracht.[469]

463 Ende im Gespräch mit Shigematsu, in: Shigematsu: MOMO erzählt Zen, S. 133.

464 Kraft: Die Faszination des Anderen, in: Hocke, Kraft: Michael Ende und seine phantastische Welt, S. 51.

465 Mittelstaedt: Michael Endes letzte Worte an die Japaner, in: Rzeszotnik (Hg.): Zwischen Phantasie und Realität, S. 199.

466 Ende, zitiert nach Ester: Gespräch mit Michael Ende, in: Deutsche Bücher, Heft 3 (1993), S. 177.

467 Herrigel: Zen in der Kunst des Bogenschießens, S. 37.

468 Hocke: Die Suche nach dem Zauberwort, in: Hocke, Kraft: Michael Ende und seine phantastische Welt, S. 129.

469 Ebd., S. 135.

3.2.2 Die absichtslose Kunst des Bogenschießens

In der *Unendlichen Geschichte* finden sich die verschiedensten Bezüge zu fernöstlichen Kulturen und Weltanschauungen. So ist zum Beispiel Fuchur, der Glücksdrache, eindeutig der asiatischen Vorstellung des Drachens nachempfunden, in der Drachen als Vermittler zwischen Himmel und Erde gelten und außerdem ein Symbol des Glücks sind.[470] Dass der Elfenbeinturm inmitten eines mandalaartigen Labyrinths liegt, in dessen blütenförmigem Zentrum die Kindliche Kaiserin lebt, erinnert an das tibetisch-buddhistische Weltbild, dessen Mittelpunkt das Lotoszentrum bildet. Im Inneren dieses Lotoszentrums ist meist eine Gottheit oder ein Buddha abgebildet.[471] Das Sternenkloster Gigam, in welchem in karger Einöde die Tief-Sinnenden und die Mönche der Erkenntnis meditieren, erinnert in seiner Darstellung stark an ein buddhistisches Kloster.

Besonders deutlich ist die Verbindung der *Unendlichen Geschichte* zu Eugen Herrigels Buch *Zen in der Kunst des Bogenschießens*. Wie bereits erwähnt war Michael Ende vertraut mit den Gedanken des Zen-Buddhismus und hatte sich eingehend mit Herrigels Buch beschäftigt. Das Bogenschießen ist eine von verschiedenen Zeremonien im Zen, die zum Erreichen der völligen Absichtslosigkeit, einem wichtigen Punkt der „Großen Lehre", führen sollen.[472] Das Einswerden mit Bogen, Pfeil und Ziel steht dabei über der Treffsicherheit, das Schießen ist eine „kunstlose Kunst" und dient als solche nie der Ausübung von Gewalt.[473] Zentral ist beim Bogenschießen und anderen fernöstlichen Künsten, dass sie keinen konkreten Nutzen oder Zweck verfolgen. Sie sollen vor allem der Schulung und der Erweiterung des Bewusstseins und der harmonischen Annäherung desselben an das Unbewusste dienen:[474] „Es ist für uns Bogenmeister eine bekannte und durch tägliche Erfahrungen bestätigte Tatsache, daß ein guter Schütze mit einem mittelstarken Bogen weiter schießt als ein geistloser Schütze mit dem stärksten Bogen."[475]

Ein Motiv, durch welches sich *Die Unendliche Geschichte* auf Herrigels Text bezieht, ist das des „Meisterschusses", des Durchschießens eines ersten Pfeiles mit

470 Hocke und Hocke: Das Phantásien-Lexikon, S. 49.

471 Ebd., S. 137.

472 Herrigel: Zen in der Kunst des Bogenschießens, S. 50.

473 Ludwig: Was du ererbt von deinen Vätern hast ..., S. 29.

474 Suzuki: Einleitung zu Herrigel: Zen in der Kunst des Bogenschießens, S. 7.

475 Herrigel: Zen in der Kunst des Bogenschießens, S. 69.

einem zweiten. Bei Herrigel wird dieser vollkommene Schuss folgendermaßen geschildert:

> „Der Meister ‚tanzte' die Zeremonie. Sein erster Pfeil schoß aus strahlender Helle in tiefe Nacht. Am Aufschlag erkannte ich, daß er die Scheibe getroffen hatte. Auch der zweite Pfeil traf. Als ich am Scheibenstand Licht gemacht hatte, entdeckte ich zu meiner Bestürzung, daß der erste Pfeil mitten im Schwarzen saß, während der zweite die Kerbe des ersten Pfeiles zersplittert und den Schaft ein Stück weit aufgeschlitzt hatte, bevor er sich neben ihm ins Schwarze bohrte."[476]

Der Meister kommentiert den Schuss:

> „Ich jedenfalls weiß, daß nicht ‚ich' es war, dem dieser Schuß angerechnet werden darf. ‚Es' hat geschossen und hat getroffen. Verneigen wir uns vor dem Ziel als vor Buddha!"[477]

Bastian schafft es ebenfalls, diese Meisterleistung zu vollbringen. In einem Turnier in der Silberstadt Amargánth misst er sich mit dem Helden Hynreck, beide spannen ihre Bogensehnen und schießen ihre Pfeile:

> „Es dauerte eine kleine Weile, ehe beide Pfeile zurückkamen und zwischen den beiden Schützen zu Boden fielen. Und nun zeigte sich, dass Bastians Pfeil, mit roten Federn, den von Held Hynreck, mit blauen Federn, offenbar an der höchsten Stelle mit solcher Wucht getroffen haben musste, dass er ihn von hinten aufgespalten hatte."[478]

Bastian gelingt dieser Sieg jedoch nicht durch seine eigene Meisterschaft, sondern durch die Macht Auryns. Vom Idealzustand der Absichtslosigkeit ist er in diesem Moment noch weit entfernt, da dieser auch bedeutet, „daß die rechte geistige Verfassung des Künstlers dann erreicht ist, wenn [...] das Materielle und das Geistige, das Zuständliche und das Gegenständliche fugenlos ineinander übergehen".[479] Bastian jedoch verfolgt mit seinem Handeln ein klares Ziel – in diesem Fall das Erlangen von Ruhm.

476 Ebd., S. 74.

477 Ebd.

478 UEG, S. 273.

479 Herrigel: Zen in der Kunst des Bogenschießens, S. 55.

Anders als er ist Atréju in der Lage, sich von seinen Absichten zu lösen. Dies zeigt sich in seiner Durchschreitung des Ohne-Schlüssel-Tors. Engywuck beschreibt:

> „Gerade unser Wille ist es, der es so unnachgiebig macht. Je mehr einer hineinwill, desto fester schließt sich die Tür. Aber wenn es einer fertigbringt, jede Absicht zu vergessen und gar nichts zu wollen – vor dem öffnet sich die Tür ganz von selbst."[480]

Atréju passiert vor dem Ohne-Schlüssel-Tor das Zauber-Spiegel-Tor, in dem er nicht sich selbst, sondern sein Alter Ego Bastian erblickt. Danach befindet er sich in einem Zustand entrückter Selbstvergessenheit: „Er wusste überhaupt nicht, was er da wollte oder sollte oder warum er hier war. Er fühlte sich leicht und sehr heiter und er lachte ohne Grund, nur einfach aus Vergnügen."[481]

Atréju hat also das Ziel der Meditation erreicht – er hat es geschafft, jeden Willen und jedes Wollen für den Moment hinter sich zu lassen,[482] auch dadurch, dass er sich selbst erkannt und angenommen hat. Von dieser Fähigkeit ist Bastian auf seiner Reise noch mehrere Stationen entfernt.

3.2.3 Die Vereinigung der Gegensätze

Die ostasiatische Kultur ist stärker als die westliche einem ganzheitlichen und integrierenden Denken verpflichtet,[483] in dem es nicht darum geht, binäre Oppositionen aufzubauen und zu bestärken, sondern vielmehr darum, Gegensätze zu überwinden und zu vereinigen – bildlich dargestellt wird dies im bekannten Symbol für Yin und Yang. Das Buch *Daodejing*, auf welches sich der Daoismus bezieht, macht diese Vereinigung, das „Dao" oder „Tao", zu einem seiner wichtigsten Grundsätze:[484] „Das Unglück – oh – das Glück stürzt sich auf es, / das Glück – oh – das Unglück stürzt sich auf es."[485] Auch Gut und Böse sind in der östlichen Philosophie gleichberechtigte Teile des Ganzen – das Schlechte wird als notwendig betrachtet und damit toleriert, während im westlichen Denken

480 UEG, S. 109.

481 UEG, S. 114.

482 Hocke und Hocke: Das Phantásien-Lexikon, S. 49.

483 Ludwig: Was du ererbt von deinen Vätern hast ..., S. 31.

484 Ebd., S. 30.

485 Simon (Hg.): Laozi. Daodejing, S. 181.

durch Bilder wie von Himmel und Hölle, Gott und Teufel eine starke Trennung angestrebt wird.[486]

In Phantásien dürfen ebenfalls gute und böse Wesen nebeneinander existieren: „Mondenkind kämpft nicht. In ihrem Reich gilt das Gute und das Böse [...] gleichermaßen."[487] Caíron weist Atréju darauf hin, als er ihm den Auftrag der Kindlichen Kaiserin überbringt: „Alles muss dir gleich gelten, das Böse und das Gute, das Schöne und das Hässliche, das Törichte und das Weise, so wie es vor der Kindlichen Kaiserin gleich gilt."[488] Mondenkind kann also als Personifikation des Dao gelesen werden: „Das, was Dao ist, / ist der Fluss der zehntausend Dinge, / der Schatz des moralisch Guten, / das, was [sogar] die Nicht-Guten bewahren."[489] Alle Wesen Phantásiens wissen um diesen Umstand, auch die Bösen. Als Atréju Ygramul im Namen der Kindlichen Kaiserin darum bittet, Fuchur, der in ihrem Netz gefangen ist, freizulassen, wird dies deutlich:

> „Nein [...], du hast kein Recht, Ygramul darum zu bitten, auch wenn du AURYN, den Glanz, trägst. Die Kindliche Kaiserin lässt uns alle gelten als das, was wir sind. Darum beugt sich auch Ygramul ihrem Zeichen. Und du weißt das alles gut."[490]

Diese Haltung entspringt dem Gedanken, dass das Böse nicht nur Teil der Welt, sondern auch notwendig für den Menschen ist, um ihm und der Welt eine Weiterentwicklung zu ermöglichen[491] – somit haben auch die als böse charakterisierten Figuren in der *Unendlichen Geschichte* ihre Funktion:[492] Der Biss des Werwolfs Gmork, dessen Figurenzeichnung grundsätzlich böse ist, einer gewissen Sympathie jedoch nicht völlig entbehrt, lässt Atréju und Bastian wichtige Zusammenhänge verstehen. Letztendlich schützt sein Biss Atréju vor der Anziehungskraft des Nichts, weil er ihn festhält, bis Fuchur ihn findet. Xayíde trägt dazu bei, Bastians Aufstieg zum Usurpator zu beschleunigen – andernfalls würde er möglicherweise zu lange brauchen, um zur Besinnung zu kommen.[493]

486 Ludwig: Was du ererbt von deinen Vätern hast ..., S. 33.

487 Ende: Brief an eine Leserin, zitiert nach Hocke und Hocke: Das Phantásien-Lexikon, S. 107.

488 UEG, S. 49.

489 Simon (Hg.): Laozi. Daodejing, S. 191.

490 UEG, S. 82.

491 Ludwig: Was du ererbt von deinen Vätern hast ..., S. 35.

492 Hocke und Hocke: Das Phantásien-Lexikon, S. 122.

493 Ebd.

Die Verbindung zwischen Gut und Böse zeigt sich in der *Unendlichen Geschichte* auch an der Gestalt des Drachens: Fuchur, Wesen des Lichts und des Glücks, gezeichnet wie erwähnt nach dem asiatischen Bild des Drachens, der als positives Wesen verehrt, nicht wie im europäischen Mythos getötet wird, ist verwandt mit Smärg, dem Drachen, den Bastian gemäß dem monströsen europäischen Vorbild erdacht hat,[494] in welchem der Drache, wie in den meisten Religionen, für Finsternis und Chaos steht.[495] Fuchur ist nicht glücklich mit der Vorstellung, dass Hynreck auszieht, um Smärg zu töten – „[...] denn ob Smärg nun ein Scheusal ist oder nicht, er ist immerhin ein – wenn auch noch so entfernter – Verwandter von mir."[496]

Letztendlich vermittelt *Die unendliche Geschichte*, dass die negativen und dunklen Aspekte nicht nur in der Welt, sondern auch als Teil der Persönlichkeit akzeptiert und als notwendig betrachtet werden müssen, denn nur dadurch, dass Bastian sich selbst mit allen Schwächen annimmt, kann er sich weiterentwickeln. Unter anderem dafür stehen die beiden sich in den Schwanz beißenden Schlangen als Leitsymbol, die stark an das Symbol für Yin und Yang erinnern.[497] Zu der wesentlichen Erkenntnis, dass er sich selbst akzeptieren muss, gelangt Bastian im Änderhaus – diese Episode der *Unendlichen Geschichte* wurde im Kapitel 2.3.2 näher betrachtet.

3.2.4 Der zyklische Charakter der Welt

Die christlich-jüdische Auffassung von Zeit ist linear – sie beginnt mit der Schöpfungsgeschichte und endet am jüngsten Tag mit der Apokalypse. Ebenso verhält es sich mit dem menschlichen Leben auf der Erde: Es beginnt mit der Geburt und endet mit dem Tod. Anders ist es in der fernöstlichen Philosophie und Mythologie – hier ist das Zeitdenken zyklisch und besteht aus einem Kreislauf von Schöpfung, Zerstörung und Neuschöpfung, wobei sich die einzelnen Elemente dieses Kreislaufes gegenseitig bedingen.[498]

Das *Daodejing* formuliert dies so: „Das Zurückkehren ist die Bewegung des *Dao,* / das Schwache ist die Anwendung des *Dao.* / Die zehntausend Dinge der Welt entstehen aus dem Vorhandensein, / das Sein entsteht aus dem Nicht-

494 Ebd., S. 99.

495 Drache, in: Lurker: Wörterbuch biblischer Bild und Symbole, S. 71.

496 UEG, S. 304.

497 Hocke und Hocke: Das Phantásien-Lexikon, S. 50.

498 Ludwig: Was du ererbt von deinen Vätern hast ..., S. 36.

Vorhandensein."[499] In der *Unendlichen Geschichte* materialisiert sich dieser Gedanke darin, dass das Bestehen Phantásiens (und damit auch sein Entstehen) die Voraussetzung für die Ausbreitung des Nichts darstellt, ohne welche – also ohne die Krankheit und Zerstörung Phantásiens – wiederum keine Neuschöpfung möglich wäre.[500] Dafür steht auch, dass die Kindliche Kaiserin nicht einmal, sondern immer wieder einen neuen Namen braucht. Ähnlich wie im indischen Glauben, in dem der Erlöser und Schöpfer immer wieder erscheinen muss, um die Welt und die Menschen zu retten, muss immer wieder ein Menschenkind Mondenkind einen neuen Namen geben und damit Phantásien bewahren und neu erschaffen.[501] Die beiden Schlangen in Auryn sind ein Sinnbild dieses Zyklus. Sie stellen wiederum einen Bezug zur indischen Mythologie, her, in der sich die kosmische Schlange selbst in den Schwanz beißt und somit den Kreislauf der Zeit darstellt. Im Griechischen kennt man diese Schlange ebenfalls, sie wird hier Ouroboros genannt.[502]

Abb. 2: Der Ouroboros. Illustration aus der *Chrysopoeia der Cleopatra*

Auch das Motiv des Buches im Buch vermittelt das Prinzip des Zyklus. Eine zentrale Stelle im Buch ist ein Gespräch zwischen dem Alten vom Wandernden Berge und der Kindlichen Kaiserin:

499 Simon (Hg.): Laozi. Daodejing, S. 129.

500 Ludwig: Was du ererbt von deinen Vätern hast ..., S. 36.

501 Ebd., S. 45.

502 Die kosmische Schlange, in: Bauer u. a.: Lexikon der Symbole, S. 46.

> „‚[...] Dieses Buch *ist* ganz Phantásien und du und ich.'
> ‚Und wo ist dieses Buch?'
> ‚Im Buch', war die Antwort, die er schrieb.
> ‚Dann ist es nur Schein und Widerschein?', fragte sie.
>
> Und er schrieb und sie hörte ihn sagen: ‚Was zeigt ein Spiegel, der sich in einem Spiegel spiegelt? Weißt du das, Goldäugige Gebieterin der Wünsche?'"[503]

Diese Frage des Alten ist die wörtliche Übernahme eines bekannten Zen-Kôans: „Was zeigt ein Spiegel, der sich in einem Spiegel spiegelt?" Es steht für die „wechselseitige Durchdringung allen Seins".[504] Übertragen auf *Die unendliche Geschichte* bedeutet die Spiegelung Buch im Buch (in diesem Fall eigentlich: Buch im Buch im Buch): Die realen LeserInnen, die diese Zeilen lesen, können bereits die nächsten RetterInnen Phantásiens sein, der Kreislauf der Zerstörung und Neuschöpfung bleibt somit aufrecht.[505]

Auch die komplementären Bilder des Nachtwalds und der Wüste der Farben, die nur im Wechsel existieren können, deren Existenz jedoch voneinander abhängig ist, stehen für ein zyklisches Weltbild. Bastian erklärt es dem Löwen Graógramán so:

> „Und das alles [...] kann nur da sein, während du versteinert bist. Aber Perelín würde alles verschlingen und an sich selbst ersticken, wenn er nicht immer wieder sterben und zu Staub zerfallen müsste, sobald du aufwachst. Perelín und du, Graógramán, ihr gehört zusammen."[506]

Die Zerstörung ist also produktiver Art – nur durch das Sterben des Löwen kann der Nachtwald wachsen, nur dadurch, dass die Sonne die Nachtpflanzen tötet, kann das bunte Farbenspiel des Tages entstehen.[507] Diesen Kreislauf, in dem der Tod stets der Anfang eines neuen Lebens ist, nennen ostasiatische Religionen „Samsara".[508]

503 UEG, S. 205.

504 Shigematsu: MOMO erzählt Zen, S. 131.

505 Ludwig: Was du ererbt von deinen Vätern hast ..., S. 40.

506 UEG, S. 246.

507 Ludwig: Was du ererbt von deinen Vätern hast ..., S. 37.

508 Hocke und Hocke: Das Phantásien-Lexikon, S. 50.

Die Bezüge zur Kultur Ostasiens sind auch asiatischen Wissenschaftlern immer wieder aufgefallen: „Man kann bei Ende allenthalben Spuren von Zen-Wissen entdecken. Auch aus diesem Grund ist er ein hochinteressanter Autor."[509]

3.3 Die Bibel

„Die Adamssöhne, so nennt man mit Recht
die Bewohner des irdischen Ortes,
die Evastöchter, das Menschengeschlecht,
Blutsbrüder des Wirklichen Wortes.
Sie alle haben seit Anbeginn
die Gabe, Namen zu geben.
Sie brachten der Kindlichen Kaiserin
zu allen Zeiten das Leben."[510]

3.3.1 Biblische Symbolik und Motivik in der *Unendlichen Geschichte*

Biblische Symbole, die einen großen Teil der westlichen Bilder- und Metaphernwelt ausmachen, sind auch in der *Unendlichen Geschichte* häufig zu finden.

Die Figur Atréju weist beispielsweise deutliche Parallelen zur Figur von Johannes dem Täufer auf. Ebenso wie Atréju ist Johannes ein „Wegbereiter" für den Retter und Erlöser: „Ich sende meinen Boten vor dir her; er soll den Weg für dich bahnen." (Mk 1.2) Johannes wandert auch wie Atréju umher, um die Ankunft des Erlösers vorzubereiten. Und ebenso wie für Atréju ist es Johannes' Bestimmung, das zu tun, da er die Welt nicht selbst retten, sondern lediglich zu ihrer Rettung beitragen kann, indem er den Weg für den Retter aus der anderen Welt ebnet.[511] Die Ankunft des Erlösers ist also ein heilsgeschichtliches Motiv. Im Gegensatz zur Bibel kann in der *Unendlichen Geschichte* jedoch nicht nur der Sohn Gottes, sondern grundsätzlich jeder Mensch diese Rolle einnehmen[512] – jeder, der in der Lage ist, sich auf die Phantasie einzulassen.

An die Bibel erinnert auch die Versuchung Bastians durch Xayíde:[513]

509 Shigematsu: MOMO erzählt Zen, S. 12.

510 UEG 123.

511 Ludwig: Was du ererbt von deinen Vätern hast ..., S. 55.

512 Neuhaus: Märchen, S. 303.

513 Gronemann: Phantásien, S. 127.

> „Und während Bastians Augen mehr und mehr in einem kalten Fieber zu glänzen begannen, erzählte ihm Xayíde von einem neuen Phantásien, von einer Welt, die bis in alle Einzelheiten nach Bastians Belieben zu gestalten war, in der er nach Willkür schaffen und vernichten konnte, in der es keine Schranken und Bedingungen mehr gab, wo jedes Geschöpf, ob gut oder böse, schön oder hässlich, töricht oder weise, einzig aus seinem Willen entsprungen war und er erhaben und rätselhaft über allem thronte und die Geschicke lenkte in ewigem Spiel.“[514]

Auch Satan versucht, Jesus von seiner eigenen Macht bzw. einer Demonstration derselben zu überzeugen: „Als er vierzig Tage und vierzig Nächte gefastet hatte, bekam er Hunger. Da trat der Versucher an ihn heran und sagte: Wenn du Gottes Sohn bist, so befiehl, dass aus diesen Steinen Brot wird.“ (Mt 4,2–3) Er möchte Jesus außerdem dazu bewegen, von einem hohen Felsen zu springen, um zu beweisen, dass Gott ihn retten würde. Anders als Jesus ist Bastian jedoch zumindest vorerst empfänglich für die Verlockungen seiner Versucherin Xayíde und lässt sich von ihr leiten.

Ebenfalls ein deutlicher Bibelbezug ist am Ende der *Unendlichen Geschichte* zu erkennen, als Bastian in die Wasser des Lebens eintaucht. Er wäscht sich gewissermaßen rein von den Erfahrungen in Phantásien, wie man sich im christlichen Glauben durch die Taufe von der Erbsünde befreit – auch hier symbolisiert die Taufe Initiation und Neuanfang,[515] den Aufbruch in ein neues, besseres Dasein und die Zugehörigkeit zu einer Gemeinschaft. Für Bastian ist es sein Vater, dem er sich nach dem Eintauchen (das er bezeichnenderweise begleitet durch Atréju erlebt) zugehörig fühlt: „Denn jetzt wusste er wieder, wer er war und wohin er gehörte. Er war neu geboren.“[516] Auch die Bezeichnung „Wasser des Lebens“ findet sich wörtlich in der Bibel, beispielsweise in der Offenbarung: „Wer durstig ist, den werde ich umsonst aus der Quelle trinken lassen, aus der das Wasser des Lebens strömt.“ (Offb 21,6)

Zwei besonders auffällige Parallelen zur Bibel werden im Folgenden ausführlicher behandelt.

514 UEG, S. 386–387.

515 http://kath-zdw.ch/maria/sakramente.html#Die%20Taufe, 4. Februar 2013, 15:30.

516 UEG, S. 462.

3.3.2 Die Schöpfung und das Namengeben als schöpferischer Akt

Die biblische Schöpfungsgeschichte beginnt folgendermaßen:

> „Im Anfang schuf Gott Himmel und Erde; die Erde aber war wüst und wirr, Finsternis lag über der Urflut und Gottes Geist schwebte über dem Wasser. Gott sprach: Es werde Licht. Und es wurde Licht. Gott sah, dass das Licht gut war. Gott schied das Licht von der Finsternis und Gott nannte das Licht Tag und die Finsternis nannte er Nacht. Es wurde Abend und es wurde Morgen: erster Tag.“ (Gen 1,1–5)

Auch Bastians Neuschöpfung Phantásiens beginnt mit der Dunkelheit, „ein samtenes, warmes Dunkel, in dem er sich geborgen und glücklich fühlte“,[517] umgibt Bastian. „Der Anfang ist immer dunkel, mein Bastian“,[518] erklärt die Kindliche Kaiserin und reflektiert damit sogar gewissermaßen den intertextuellen Bezug zum Buch Genesis bzw. den Umstand, dass in diversen Schöpfungsmythen die Dunkelheit am Anfang steht. Der erste Wunsch Bastians ist es, die Kindliche Kaiserin zu sehen – er wünscht sich Licht. In seiner Hand entsteht ein leuchtendes Samenkörnchen. Aus diesem wiederum beginnen zunächst Nachtpflanzen, schließlich ein ganzer Wald zu wachsen. Die Kindliche Kaiserin fordert ihn auf, den Wald zu benennen – Bastian nennt ihn Perelín, den Nachtwald und lässt somit den ersten Teil des Gegensatzpaares Perelín/Goab entstehen.

Ebenso wie in der Bibel schafft Bastian als schöpferische Figur also zunächst das Licht,[519] das den Zustand der völligen Dunkelheit aufhebt, und gleich danach die Opposition Tag/Nacht. Alles, was erschaffen wird, muss benannt werden – auch Gott gibt in der Bibel dem Licht und der Finsternis sogleich einen Namen. Später beauftragt er Adam, die Tiere und Pflanzen zu benennen – für Ende „die erste poetische Tat des Menschen, […] mit ihr beginnt die Menschheitsgeschichte“[520] –, wie auch die Kindliche Kaiserin den Menschen Bastian darauf hinweist, dass er seine Schöpfungen benennen muss.

517 UEG, S. 215.

518 UEG, S. 216.

519 Gronemann: Phantásien, S. 78.

520 Ende: Der wahre Name, in: Ende: Zettelkasten, S. 131.

Das Namengeben hat also auch in der *Unendlichen Geschichte* eine zentrale Bedeutung. „Nur der richtige Name gibt allen Wesen und Dingen ihre Wirklichkeit", so formuliert es die Kindliche Kaiserin. „Der falsche Name macht alles unwirklich."[521] Ähnlich äußerte sich Michael Ende in einem Interview: „Ja, und so werden die Dinge erst wirklich, fügen sich zu einer Wirklichkeit, denn Namengeben heißt, sich in Beziehung zu setzen. Wofür wir keine Namen und Worte haben, das kommt in unserem Bewusstsein nicht vor."[522]

Auf diesem Wirklichkeitskonzept basiert Endes Roman: Menschen können Dinge und Wesen benennen, bauen dadurch eine Beziehung zum Benannten auf und machen es somit in ihrer Wahrnehmung wirklich, das Namengeben ist somit ein „Akt der Signifikation".[523] Die Kindliche Kaiserin ist krank, weil ihr niemand mehr einen Namen gibt, dadurch löst sich auch Phantásien auf und wird irreal.[524] Dies zeigt sich nicht nur in der Grundkonzeption des Romans, sondern auch in Details: Sikánda, das Zauberschwert, erhält seine Macht durch seine Benennung und dient nur dem, der ihm den rechten Namen zu geben vermag:[525] „Aber nur, weil du ihm seinen rechten Namen geben konntest, gehört es dir."[526] Und auch der Stein Al'Tsahir leuchtet nur, als Bastian ihn bei seinem Namen nennt.

3.3.3 Bastian, der Erlöser

Die Beschreibung der Rolle Bastians – konkret der Rolle, die ihm von den Wesen Phantásiens zugedacht wird, bzw. die er für sich selbst erdenkt – erinnert an vielen Stellen an die Darstellung Christi im Neuen Testament oder zumindest an die Darstellung einer religiös-messianischen Figur. Zum Zeitpunkt seines Erscheinens ist in Phantásien die Endzeit angebrochen, seine Ankunft auf der Welt – also in der phantásischen Welt – wird erwartet, ist also bereits vorhergesagt und ihm somit bestimmt. Allein die Aussage Mondenkinds, es bedürfe zur Rettung eines „Menschenkindes", erinnert stark an den biblischen „Menschensohn": „Die Rettung liegt bei den Menschenkindern. Eines, ein einziges

521 UEG, S. 190.

522 Ende, zitiert nach Bondy u. a.: Gespräch mit Michael Ende, in: SZ vom 14. März 1981, S. 137.

523 Neuhaus: Märchen, S. 302.

524 Hocke und Hocke: Das Phantásien-Lexikon, S. 84.

525 Tremblay: Die Phantasie und Phantásien, in: Rzeszotnik (Hg.): Zwischen Phantasie und Realität, S. 146.

526 UEG, S. 247.

muss kommen und mir einen neuen Namen geben. Und es wird kommen."[527] In der Bibel heißt es: „Dann wird man den Menschensohn mit großer Macht und Herrlichkeit auf einer Wolke kommen sehen. Wenn (all) das beginnt, dann richtet euch auf, und erhebt eure Häupter; denn eure Erlösung ist nahe." (Lk 21,27–28)

Herr – so nennt der Löwe Graógramán Bastian, obwohl gerade der Löwe selbst eigentlich für Stärke und Macht steht.[528] Auch die Mauleselin Jicha erkennt ihn sogleich als solchen an. Retter, Wohltäter, Großer Wissender – alles Anreden für ein höhergestelltes, göttliches Wesen, mit denen in Phantásien Bastian angesprochen wird. Am deutlichsten wird die Referenz, die sich in der Figurenbeschreibung Bastians an den biblischen Jesus findet, in der Wahl des Reittiers, das Bastian wählt.[529] Er, der Erlöser, reitet auf einer Mauleselin in die Silberstadt Amargánth. Zunächst wird ihm Jicha von den Helden Hynreck, Hýkrion, Hýsbald und Hýdorn angeboten, da sie außer ihrem Lasttier kein anderes Reittier mit sich führen. Später, als er sich zu erkennen gegeben hat, möchten die Helden Bastian ein stattlicheres Reittier zur Verfügung stellen:

> „Dann gab es noch einen kurzen, freundschaftlichen Streit unter den drei Herren, die sich nicht einigen konnten, wer von ihnen Bastian sein Pferd zur Verfügung stellen durfte. Aber Bastian kürzte die Sache ab, indem er sie bat, ihm Jicha, die Mauleselin zu schenken. Sie meinten zwar, ein solches Reittier sei unter Herrn Bastians Würde, aber da er darauf bestand, gaben sie schließlich nach."[530]

Auch Jesus verblüfft, wie unter anderem im Lukasevangelium beschrieben, seine Jünger und Anhänger durch die Wahl seines Reittiers:

> „Er sagte zu ihnen: Geht in das Dorf, das vor euch liegt; gleich wenn ihr hineinkommt, werdet ihr einen jungen Esel angebunden finden, auf dem noch nie ein Mensch gesessen hat. Bindet ihn los, und bringt ihn her! [...] Da machten sie sich auf den Weg und fanden außen an einer Tür an der Straße einen jungen Esel angebunden und sie banden ihn los. Einige, die dabeistanden, sagten zu ihnen: Wie kommt ihr dazu, den Esel loszubinden? Sie gaben ihnen zur Ant-

527 UEG, S. 189.

528 Rösch: Löwe. In: Metzler Lexikon literarischer Symbole, S. 251.

529 Hocke und Hocke: Das Phantásien-Lexikon, S. 119.

530 UEG, S. 298.

wort, was Jesus gesagt hatte, und man ließ sie gewähren. Sie brachten den jungen Esel zu Jesus, legten ihre Kleider auf das Tier und er setzte sich darauf." (Mk 11,1–2, 4–7)

Vor allem kurz nach Bastians Eintritt nach Phantásien weist seine Beschreibung also deutliche Bezüge zur Figur Jesus Christus auf. Im Lauf der Handlung verkehrt sich sein Charakter jedoch vom Retter zum Zerstörer – symbolisch steht dafür auch seine Abwendung von Jicha als Reittier.

3.4 Heldendichtung und Mittelalter

„Er treibt sein Unwesen schon seit tausend Jahren, denn das ist sein Alter. Immer wieder raubt er eine schöne Jungfrau, die ihm dann den Haushalt führen muss bis ans Ende ihrer Tage. Wenn sie gestorben ist, raubt er eine neue."[531]

3.4.1 Die „Helden" – Atréju und Bastian auf Aventiure

Nicht nur im antiken Mythos gibt es die sogenannte Queste, sondern auch in den Heldendichtungen und Epen, die sich vor allem im Mittelalter einer hohen Beliebtheit erfreuten. Hier spricht man von der „Aventiure", einer Form der Bewährungsprobe, die neben dem Minnewesen eine der Grundlagen des ritterlichen Lebensstils darstellt[532] – vor allem aus dem keltisch-romanischen Sagenkreis ist diese für unsere Erzähltradition bedeutsam geworden. Auch die *Unendliche Geschichte* weist deutliche Spuren dieser über Jahrhunderte überlieferten Erzählmuster der Aventiure oder des Abenteuerromans auf – sowohl in Bezug auf die Erzählstruktur als auch auf gewisse Handlungsmotive – teilweise sogar bis in kleinste motivische Details.[533]

Zunächst wird Atréju als mehr oder weniger klassisch-heroische Figur in den fiktiven Roman *Die unendliche Geschichte* eingeführt. Er trägt Merkmale von mehreren typischen Heldenfiguren der Literaturgeschichte. Ein typisches Motiv der höfischen Dichtung wird für ihn übernommen: Er muss bzw. darf sein Leben für die „hohe frouwe", die in diesem Fall die Kindliche Kaiserin ist, riskieren, um sie zu retten. Er macht sich auf den Weg, um eine Rettung zu finden, noch bevor er eine Ahnung hat, worin diese Rettung bestehen könnte – ebenso zieht Parzival in den Epen von Chrétien de Troyes und Wolfram von Eschen-

531 UEG, S. 296.

532 Pratelidis: Tafelrunde und Gral, S. 146.

533 Ludwig: Was du ererbt von deinen Vätern hast ..., S. 61.

bach aus, um den Gral zu finden, obwohl er nicht weiß, was genau der Gral eigentlich ist und wo er danach suchen soll. Auch dieses Auszugsmotiv ist ein zentrales in den Epen des Mittelalters und hat sich im Laufe der Zeit in unserer literarischen Tradition festgeschrieben.[534]

Von dem Gral, nach dem Parzival sucht, hat er wie erwähnt keine Vorstellung. Es geht vor allem um die Suche selbst, die Abenteuer, die der Suchende zu bestehen hat, und die Lehren, die er für sich daraus zieht.[535] Immer wieder trifft er – ebenso wie Atréju – auf wegweisende Gestalten, die ihm wichtige Ratschläge für seine Suche geben – man nennt solche Figuren Elementarwesen.[536] Parzival trifft beispielsweise im Laufe seines Abenteuers auf einen Einsiedler, der sich als sein Onkel enttarnt und ihn über die Beschaffenheit des Grals in Kenntnis setzt:

> „Weiter aber sagt Ihr, daß Ihr Euch nach dem Grale sehnt. O Ihr törichter Mann, das ist mir leid! Denn wahrlich, niemand kann den Gral erjagen, der nicht im Himmel so bekannt ist, daß er mit Namen berufen werde zum Grale. Das muß ich Euch vom Grale sagen, denn ich weiß es und habe es fürwahr selbst gesehen."[537]

Für Atréju sind etwa die Uralte Morla, Gmork und die Stimme der Stille Figuren, die ihm wichtige Hinweise auf die Richtung und das Ziel seiner Reise geben. Doch auch für ihn stellt sich am Ende heraus, dass der Weg selbst das Ziel seiner Suche war. Die Kindliche Kaiserin erklärt:

> „Ich habe mir keinen Spaß mit dir erlaubt, Atréju [...] und ich weiß gut, was ich dir schulde. Alles, was du durchmachen musstest, war notwendig. Ich hab dich auf die Große Suche geschickt – nicht wegen der Botschaft, die du mir nun bringen wolltest, sondern weil es das einzige Mittel war, unseren Retter zu rufen. Denn er hat an allem teilgenommen, was du erlebt hast, und er ist mit dir den weiten Weg gekommen."[538]

Atréjus Große Suche war also notwendig, um Bastian das Leseerlebnis zu ermöglichen und ihn so nach Phantásien zu holen. Anders gestaltet sich das Helden-

534 Ebd., S. 47.

535 Ebd., S. 61.

536 Die Elementarwesen, in: Bauer u. a.: Lexikon der Symbole, S. 234

537 Eschenbach: Parzival, S. 271.

538 UEG, S. 187.b

tum Bastians.[539] Er ist kein rein guter, edler Held, sondern geleitet von seinen eigenen Interessen, außerdem trifft er falsche Entscheidungen. Letztendlich wird er aber doch zur heldenhaften Gestalt, da er es schafft, die Wasser des Lebens in die fiktiv-reale Welt zu transportieren und damit „beide Welten gesund“[540] zu machen. Doch auch für ihn gilt: Jede Station auf seinem Weg durch Phantásien ist wichtig und notwendig für das Finden des Wahren Willens.

3.4.2 Das Zauberschwert

Viele kleine Bilder und Motive in der *Unendlichen Geschichte* stellen Bezüge zur mittelhochdeutschen Epik und zur germanischen und britannischen Mythologie dar. So gibt es beispielsweise eindeutige Gemeinsamkeiten zwischen dem Werwolf Gmork und dem altnordischen Fenriswolf – beide sind von höheren bzw. höhergestellten Figuren (Gmork von der Finsteren Fürstin, der Fenriswolf von den Göttern) in Ketten gelegt worden, beide beißen während ihres Untergangs noch ein letztes Mal zu.[541]

Ein wichtiger Bezugspunkt sind die magischen Gegenstände, die den Helden auf ihrer Aventiure helfen und die außerdem ihren Status als Held ausmachen. Wie in den überlieferten Dichtungen ist es für Bastian ein Schwert, das eine besondere Bedeutung hat – und wie in den mittelalterlichen Heldendichtungen trägt das Schwert einen Namen: Sikánda. Bastian bekommt sein Schwert vom Löwen Graógramán, der es ihm zu Füßen legt:

> „Dieses Schwert [...] war von immer her für dich bestimmt. Denn nur der kann es ohne Gefahr berühren, der auf meinem Rücken geritten ist, der von meinem Feuer gegessen und getrunken und darin gebadet hat wie du. Aber nur, weil du ihm seinen rechten Namen geben konntest, gehört es dir.“[542]

Dass hier die Artussage als Vorlage gedient haben muss, ist unschwer zu erkennen. Auch auf Artus wartet ein verzaubertes Schwert – Excalibur steckt in einem Stein und nur derjenige, dem es bestimmt ist, kann es herausziehen und somit Ansprüche auf die Königswürde erheben.[543] Gewissermaßen bildet der Bezug

539 Hocke und Hocke: Das Phantásien-Lexikon, S. 14.

540 UEG, S. 473.

541 Hocke und Hocke: Das Phantásien-Lexikon, S. 101.

542 UEG, S. 247.

543 Ludwig: Was du ererbt von deinen Vätern hast ..., S. 62.

zur Artussage deshalb gleichzeitig auch eine Vorausdeutung auf das spätere Streben Bastians nach Macht.

Doch nicht nur Excalibur, auch manche Schwerter der Ritter von Artus' Tafelrunde tragen Namen, die ihren Status als magisches Requisit hervorheben. Andere Epen verwenden das Motiv des Schwertes mit Namen ebenfalls, nicht zuletzt das *Nibelungenlied*, in welchem Siegfried mit „dem guoten swerte, daz hiez Balmunc"[544] ausgestattet ist. Wie Bastian stehen Siegfried außerdem nicht nur das Schwert, sondern auch andere magische Gegenstände zur Verfügung, beispielsweise eine Tarnkappe – Bastian verfügt unter anderem über den Gürtel Gémmal, der ihn unsichtbar macht.[545]

Als Artus seine Schlachten mit Excalibur geschlagen hat, gibt er es zurück an die Natur, indem er es in einem See versenkt.[546] Ähnlich verfährt Bastian – als er langsam das Bewusstsein für die Unrechtmäßigkeit seines Anspruchs auf den Thron erlangt, entledigt er sich nach und nach seiner magischen Requisiten, auch Sikándas. Er vergräbt es mit dem Wunsch, dass es nie wieder durch einen, der es gegen seinen Freund verwendet, Unheil bringen soll: „Und dort liegt Sikánda noch heute. Denn erst in einer fernen Zukunft wird einer kommen, der es ohne Gefahr berühren darf – doch das ist eine andere Geschichte und wird ein andermal erzählt werden."[547]

Durch das häufige Daraufhinweisen, dass Handlungsfäden des Buches möglicherweise zukünftig anderswo weitererzählt werden, vermittelt Endes Roman implizit einen Eindruck des Geflechts an intertextuellen Bezügen zwischen Texten: Ebenso wie *Die unendliche Geschichte* Stoffe, Motive und Bilder aufgreift, macht sie ein Angebot an spätere AutorInnen und Phantásienreisende, selbst weiterzudenken oder zu schreiben. Sie offeriert damit außerdem späteren Texten explizit die Möglichkeit, sich auf *Die unendliche Geschichte* zu beziehen und die intertextuelle Struktur weiter zu flechten.

3.4.3 Hynreck und seine Tafelrunde – eine Persiflage

In manchen Fällen stellt Ende zwar Bezüge zu bestimmten Primärtexten her, grenzt sich aber durch die Art der Bezugnahme gleichzeitig von ihnen ab – so

544 De Boor (Hg.): Das Nibelungenlied, S. 21.

545 Ludwig: Was du ererbt von deinen Vätern hast ..., S. 63.

546 Ebd., S. 62.

547 UEG, S. 412.

zum Beispiel in der humorigen Darstellung des Helden Hynreck und seiner Mannen.

Als Bastian den Tausend-Türen-Tempel verlässt, trifft er im Wald auf eine Gruppe aus mehreren Männern in prächtigen Rüstungen und einer schönen Dame, die ein Picknick abhalten. Der scheinbare Anführer der Gruppe stellt sich als Held Hynreck vor – dem Namen nach ist er also Hüne und Recke – und bietet Bastian an, sich zu ihnen zu gesellen: „‚Nun jedenfalls willkommen bei unserer Tafelrunde!‘, rief Held Hynreck. ‚Wollt Ihr uns die Ehre erweisen, bei uns Platz zu nehmen und mit uns zu tafeln, junger Herr?‘“[548] Vor allem durch die Erwähnung der Tafelrunde[549] wird der Bezug zur Artusepik schnell deutlich.[550] Sogleich erfährt Bastian, dass in der Nähe ein Wettkampf stattfinden soll, bei dem sich die verwegensten und tapfersten Helden messen.

Held Hynreck möchte bei diesem Wettkampf das Herz seiner Dame, der Prinzessin Oglamár, gewinnen, die ein Gelübde abgelegt hat, nur den größten unter allen Helden zu ehelichen. Da es weit und breit keine Drachen zu besiegen gibt, sieht er im Wettkampf seine einzige Möglichkeit dazu. Sowohl das Motiv des Drachentötens als auch das des Gelübdes sind eindeutig der Heldenepik entnommen, beide finden sich zum Beispiel im *Nibelungenlied*.

Prinzessin Oglamár möchte das Turnier mit eigenen Augen verfolgen: „‚Den Berichten von Helden‘, sagte sie lächelnd zu Bastian, ‚kann man bekanntlich nicht trauen. Sie haben alle einen Hang zum Ausschmücken.‘“[551] Diese Aussage kann als Anspielung auf die Tatsache verstanden werden, dass in Heldenepen zwar häufig auf historische Fakten und Geschehnisse Bezug genommen wird, diese aber literarisch großzügig ausgeschmückt und verändert werden, sodass die Historie häufig nur noch die Rahmenhandlung oder einige Eckpunkte des Epos bildet.

Die Darstellung des Wettkampfs, zu dem auch Bastian schließlich gemeinsam mit den Helden erscheint, erinnert stark an mittelalterliche Turniere. Über einem Kampfplatz sitzen auf einem Balkon der Silbergreis Quérquobad, das Stadtoberhaupt, und Atréju. Sie beobachten das bunte Treiben: „Im Grunde genommen handelte es sich dabei nicht so sehr um wahre und wirkliche Kämpfe

548 UEG, S. 262.

549 z.B. Pratelidis: Tafelrunde und Gral, S. 105.

550 Ludwig: Was du ererbt von deinen Vätern hast ..., S. 63.

551 UEG, S. 264.

als vielmehr um eine Art Zirkusvorstellung in großem Maßstab."[552] Verletzt soll keiner der Teilnehmer werden – ein erneuter Bezug zum arturischen Rittertum, in welchem ein ritterliches Prinzip darin bestand, keine unterlegenen Gegner zu verletzen oder zu töten.[553]

Als Bastian Hynreck allerdings mit dem in vorherigem Kapitel beschriebenem Meisterschuss im Bogenschießen besiegt, ist dieser zutiefst verzweifelt – so verzweifelt, dass Bastian ihm einen Drachen ersinnt, den er bekämpfen kann: „Ungeheuer [...] sind nun einmal notwendig, damit ein Held ein Held sein kann."[554] Er erfindet den bizarren Drachen Smärg, der die Merkmale aller erdenklichen Ungeheuer vereint und somit im Ganzen nur als komisch aussehendes Wesen vorstellbar ist:

> „Seine Flügel sind aus schleimiger Haut und haben eine Spannweite von zweiundreißig Metern. Wenn er nicht fliegt, steht er aufrecht wie ein riesiges Känguru. Sein Leib gleicht dem einer räudigen Ratte, aber sein Schwanz ist der eines Skorpions. [...] Seine Hinterbeine sind die einer Riesenheuschrecke, aber seine Vorderbeine, die winzig und verkümmert aussehen, gleichen den Händen eines kleinen Kindes."[555]

Ebenfalls Element der Verkehrung ins Komische ist es, dass die Prinzessin, die Hynreck so lange verehrt hat, ihm schließlich ihre Hand reichen würde, als er sie vor dem Drachen Smärg retten kann. Zu diesem Zeitpunkt will der Held Hynreck sie jedoch nicht mehr – eine unerwartete Wendung, die an Schillers Ballade *Der Handschuh* erinnert.[556] Ende spielt mit dem traditionellen Muster und bricht es.

Auf andere Art grenzt *Die unendliche Geschichte* sich von der Heldenepik durch die stark verkürzte Darstellung der Schlacht um den Elfenbeinturm ab. Im Gegensatz zu den Epen, die häufig zum größten Teil aus der Schilderung von Schlachten und Kriegsgräueln bestehen, sind der Schlacht um den Elfenbeinturm nur wenige Absätze gewidmet – dann folgt der Hinweis, dass ein detailge-

552 UEG, S. 270.

553 Pratelidis: Tafelrunde und Gral, S. 147.

554 UEG, S. 294.

555 UEG, S. 296.

556 Hocke und Hocke: Das Phantásien-Lexikon, S. 46–47.

treuer Bericht dieser großen Schlacht ohnehin unmöglich sei und dass aus eben diesem Grund darauf verzichtet wird.[557]

3.5 Romantik und Märchen

„Ich knüpfe ganz bewußt an romantische Traditionen an. Wenn Sie Romantik als eine Frage der gesamten Haltung und nicht als eine Stimmungssache nehmen, bin ich Romantiker."[558]

3.5.1 Michael Ende – ein später Romantiker?

Der Gedanke, dass die Welt in Gefahr ist, entzaubert zu werden, dass man sich gegen einen strikt aufklärerisch-rationalistischen Realitätsbegriff wehren muss, ist nicht neu – er ist ein wesentliches Thema der Romantik; auch während dieser Epoche wurde die Vereinigung von Natur und Geist ebenso wie eine Entmodernisierung als erstrebenswert angesehen.[559] Das städtische Leben wurde kritisiert,[560] die Modernisierung zumindest mit viel Skepsis betrachtet. Gewünscht wurde eine „Poetisierung des Lebens" (Novalis) und der Übergang der Kunst in die Lebensrealität,[561] außerdem ein respektvoller Umgang mit der Natur, das Bewahren von Mythen und das Ablehnen eines Warencharakters von Kunst und Literatur.[562]

Michael Ende verstand sich selbst als Romantiker und sah die Romantik als für die deutsche Kultur einzigartige Epoche:

> „Ist es nicht tatsächlich so, daß die Romantik die erste und, soweit ich sehen kann, bislang einzige originär deutsche Kulturleistung im Sinne einer gemeinsamen Lebensgebärde war, die auch auf die anderen europäischen Nationen so anziehend und überzeugend wirkte, daß sie sogar übernommen wurde?"[563]

557 Vgl. hierzu Kapitel 2.6.4.

558 Ende, zitiert nach Zimmer: Der Mann, der unserer Zeit die Mythen schreibt, in: ZEITmagazin vom 5. Juni 1981, S. 44–45.

559 Wernsdorff: Bilder gegen das Nichts, S. 8.

560 Ebd., S. 22.

561 Ebd., S. 25.

562 Wernsdorff: Bilder gegen das Nichts, S. 26–27.

563 Ende: Typisch deutsch, in: Ende: Zettelkasten, S. 266–269.

In ihr verortete Ende eine Überwindung des rein kausallogischen Denkens, ein höheres Gewicht auf dem Phantastischen, Poetischen und die Bekräftigung seiner eigenen Zeitkritik.[564] Der zeitgenössische Kulturbetrieb erschien Ende wenig abwechslungsreich: „In Deutschland ist Kultur etwas, wobei man ‚durch die Nase gähnt'."[565] Er knüpfte deshalb – wie er immer wieder bekannte – bewusst und unbewusst an romantische Traditionen an, schon in seiner Grundhaltung gegenüber Welt und Kunst: „Im Sinne von Novalis will Michael Ende die Welt mit Poesie aufladen."[566] Die Ausführungen von Novalis standen Ende besonders nahe, er bezeichnete ihn als seinen „großen Lehrmeister",[567] seitdem er 1943 von seinen *Hymnen an die Nacht* zutiefst beeindruckt gewesen war,[568] und nahm den Text *Die Christenheit oder Europa* in sein *Lesebuch* auf. In diesem kritisiert Novalis die Ausgrenzung der Poesie und der Phantasie, der Natur, wie er sich ausdrückt:

> „Das gemeine Volk wurde recht mit Vorliebe aufgeklärt und zu jenem gebildeten Enthusiasmus erzogen, und so entstand eine neue europäische Zunft: Die Philanthropen und Aufklärer. Schade, daß die Natur so wunderbar und unbegreiflich, so poetisch und unendlich blieb, allen Bemühungen, sie zu modernisieren, zum Trotz."[569]

Diese Problematik wird im Text allerdings vor allem in allen anderen europäischen Ländern verortet, Deutschland ist in Novalis' Augen bereits unterwegs in eine bessere Zeit der Christenheit, die hier als christlicher Mythos Pate steht für die Welt der Mythen an sich. Wie wichtig Novalis für Endes poetologisches Verständnis war, formuliert er auch in seinen *Gedanken eines zentraleuropäischen Eingeborenen*:

> „Es gibt in unserem Stamm eine alte Prophezeiung, die besagt, daß eines Tages auch die sogenannten Erwachsenen wieder erwachsen genug sein werden, sich von der Poesie sagen zu lassen, was wahr ist

564 Hocke und Hocke: Das Phantásien-Lexikon, S. 48.

565 Ende, zitiert nach Vogdt: Wie Shakespeare über die Rampe gekommen, in: Börsenblatt, Heft 25 (1985), S. 924.

566 Kraft: Die Faszination des Anderen, in: Hocke, Kraft: Michael Ende und seine phantastische Welt, S. 8.

567 Ende, zitiert nach Hugendubel: Das Lächeln der Schildkröte, in: Tages-Anzeiger (Magazin) Nr. 49 vom 10. Dezember 1994, S. 12, 15–18.

568 Hocke: Die Suche nach dem Zauberwort, in: Hocke, Kraft: Michael Ende und seine phantastische Welt, S. 71.

569 Novalis: Die Christenheit oder Europa, in: Ende (Hg.): Mein Lesebuch, S. 107.

> und was nicht. Dann wird es auch eine ganz anders geartete Wissenschaft geben, die Wahrheiten findet, mit denen die Menschen nicht nur leben können, sondern die ihnen ihr ganzes Menschsein erst enthüllt. Diese Prophezeiung stammt von einem Angehörigen unseres Stammes, der vor langer Zeit gelebt hat und der den Namen Novalis trug."[570]

Im Zeitalter des Kapitalismus illustrieren nicht nur Endes Texte ein Unbehagen der Menschen angesichts der raschen Industrialisierung und des ausschließlich wirtschaftlichen Denkens – man spricht in der Folge gar von einer „Wiederkehr der Romantik".[571] Texte stehen damit vor einer neuen Aufgabe: Mythen, Bilder und Träume zurück in die Wirklichkeit zu holen.[572] Es gibt gewisse historische Parallelen, die zeigen, dass die Hinwendung zu einem Phantasiereich sich stets eher in wirtschaftlich schwierigen Phasen anbietet, in denen ein gesellschaftlicher Wandel vor sich geht oder in der Umbruchsversuche soeben gescheitert sind.[573] Die Voraussetzungen, unter denen Endes Texte entstanden sind, gleichen in diesem Sinne denen der Romantik:

> „Auch damals, als E. T. A. Hoffmann, ein Phantásien-Reisender wie kaum einer unter unseren Schriftstellern, den ‚Goldnen Topf' schrieb, war Phantásien vom Verschwinden im Nichts bedroht, und die Gründe dafür waren nicht viel anders als die heute; aber Phantásien ist gerettet worden und wird wohl auch immer wieder gerettet werden, weil sein Untergang – Ende hat es gezeigt – das Leben auch in der Alltagswelt unerträglich werden ließe."[574]

Die *Unendliche Geschichte* greift bereits darin auf die Romantik zurück, dass die Phantasie und deren Wirklichkeit zentrales Thema des Romans sind – ein Plädoyer für die Phantasie gehörte auch in der der Aufklärung kritisch gegenüberstehenden Romantik zum Programm. Ebenso erscheint in vielen romantischen Texten die Phantasie als eine Instanz der Wirklichkeitserweiterung.[575] Verdeutlicht wird dies unter anderem durch das Verwenden der Rahmenhand-

570 Ende: Gedanken eines zentraleuropäischen Eingeborenen, in: Ende: Zettelkasten, S. 69.

571 Wernsdorff: Bilder gegen das Nichts, S. 92.

572 Ebd., S. 30–31.

573 Ludwig: Was du ererbt von deinen Vätern hast …, S. 4–5.

574 Baumgärtner: Phantásien, Atlantis und die Wirklichkeit der Bilder, in: Weitbrecht: Michael Ende zum 50. Geburtstag, S. 43.

575 Wernsdorff: Bilder gegen das Nichts, S. 53–55.

lung – zu finden etwa bei Tieck, Hauff und Hoffmann.[576] Auch die These, dass Dichtung und Wirklichkeit in einer nicht trennbaren Verbindung zueinander stehen, kann man durchaus in einem romantischen Kontext verstehen: „Die Geschichten und die ‚Äußere Welt' bilden gemeinsam einen Erfahrungszusammenhang. In der Erfahrung durchdringen sie sich gegenseitig in einem unendlichen Prozess."[577]

Eine Figur – wobei dieser Begriff die Uyulála nicht wirklich treffend beschreibt –, die die Bezugnahme auf die Romantik besonders deutlich darstellt, ist die Stimme der Stille, welche als Referenz auf das romantische Lied der Literatur gesehen werden kann, das verstummt, wenn niemand es hört.[578] Bei ihr erfährt Atréju viel über die Krankheit der Kindlichen Kaiserin – sie spricht in Reimen, macht in gewissem Sinne Ungereimtes gereimt. Auch die Uralte Morla äußert Sätze, die durchaus als Kritik an der Säkularisierung verstanden werden könnten:[579] „Haben zu viel gesehen. Wer so viel weiß wie wir, dem ist nichts mehr wichtig. [...] Ist alles leer. Nichts ist wirklich. Nichts ist wichtig."[580]

Ein weiterer bereits in der Romantik proklamierter und in der *Unendlichen Geschichte* wieder erscheinender Punkt: Kunst darf nicht zweckgebunden sein[581] – bei Ende fällt dies unter das Stichwort Absichtslosigkeit, vgl. hierzu Kapitel 1.2.3. Typisch für die Romantik war auch das Zurückgreifen auf Mythen und Märchen – und auf Welten, die von früheren AutorInnen geschaffen wurden, aber nie wirklich existiert haben, z.B. auf Atlantis.[582] Im Folgenden soll nun eine wichtige Gattung der Romantik, das Märchen, welches auf Ende besonderen Einfluss ausübte, näher beschrieben werden.

3.5.2 *Die unendliche Geschichte* als Kunst- und Wirklichkeitsmärchen

Anfang des 19. Jahrhunderts, während der Epoche der deutschen Romantik, erhielt der Begriff „Märchen" seine Prägung – ein Märchen ist im heutigen Ver-

576 Ludwig: Was du ererbt von deinen Vätern hast ..., S. 143.

577 Wernsdorff: Bilder gegen das Nichts, S. 67.

578 Ebd., S. 69.

579 Ebd., S. 65.

580 UEG, S. 66.

581 Wernsdorff: Bilder gegen das Nichts, S. 57.

582 Ludwig: Was du ererbt von deinen Vätern hast ..., S. 5.

ständnis vereinfacht gesagt vor allem das, was sich mit den Märchen der Brüder Grimm vergleichen lässt.[583]

Stefan Neuhaus unterscheidet in seinem Buch *Märchen* Volksmärchen von Kunstmärchen. Er stellt fest, dass es sich bei Volksmärchen zwar um Märchen handelt, die über einen längeren Zeitraum hinweg hauptsächlich mündlich tradiert wurden, nicht aber um Texte, die keinen Autor haben – auch wenn dessen Name nicht mehr bekannt ist.[584] Auch Ende vertrat diese Position, nannte Volksmärchen jedoch „echte Märchen":

> „Die echten Märchen sind keine beliebigen Wundergeschichten, die sich in früheren Zeiten das ‚unwissende und abergläubische Volk' zusammengefabelt hat. Das Volk erfindet solche Dinge nicht, aber es überliefert sie wortgetreu von Generation zu Generation, weil es die Wahrheit spürt, die darin steckt. Die echten Märchen sind Erfahrungsberichte aus einer anderen (sagen wir: inneren) Wirklichkeitswelt, mitgeteilt von anonymen Autoren, die bis in alle Einzelheiten hinein sehr genau wussten, was sie sagten."[585]

Diese „echten Märchen" waren für Michael Ende von großer Bedeutung; wie bereits erwähnt hatte er eine große Sammlung an Märchen aus verschiedensten Kulturen, aber auch aus dem deutschsprachigen Raum in seiner Arbeitsbibliothek. In seinem *Lesebuch* ist sowohl ein Märchen der Brüder Grimm als auch eines von Goethe enthalten. Guten Märchenautoren zollte er Respekt:

> „Einen Prinzen in einen Frosch zu verwandeln, ist nichts Besonderes und gelingt verhältnismäßig leicht. Jeder übellaunige Abteilungsleiter bringt es täglich fertig. Aber einen Frosch in einen Prinzen zu verwandeln, das erfordert große Kunst oder Kraft – oder Liebe."[586]

Doch auch wenn die *Unendliche Geschichte* sich immer wieder auf die sogenannten Volksmärchen bezieht bzw. diese mit Sicherheit als Inspirationsquelle für den Roman verwendet wurden, auch wenn Figuren aus diesen Märchen neben vielen anderen Phantásien bevölkern,[587] ist der Roman – vom Autor auch „Mär-

583 Neuhaus: Märchen, S. 2.

584 Neuhaus: Märchen, S. 3.

585 Ende: Wovon Märchen erzählen, in: Ende: Zettelkasten, S. 160.

586 Ende: Warnung an alle Zauberlehrlinge, in: Ende: Zettelkasten, S. 166.

587 Neuhaus: Märchen, S. 301.

chenroman" genannt – eindeutig dem Genre des Kunstmärchens zuzuordnen. Dies zeigt anschaulich die folgende Tabelle:[588]

Volksmärchen	**Kunstmärchen**
vorgeblich mündliche Tradierung	*Werk eines bestimmten Autors*
ortlos, zeitlos	Fixierung von Ort und Zeit
einfache Sprache	künstlerische Sprache
einsträngige Handlung	mehrsträngige Handlung
stereotype Handlung	originelle Handlung
stereotype Schauplätze	charakteristische Schauplätze
eindimensionale Charaktere, Typen	mehrdimensionale Charaktere
keine Psychologisierung der Figuren	Psychologisierung der Figuren
Figuren sind gut oder böse	gemischte Figuren
Happy-End	kein eindeutiges Happy-End / schlechter Ausgang
formelhafter Anfang und Schluss	keine Formeln
einfaches Weltbild	komplexes Weltbild
i.d.R. gemeinsame Merkmale:	
Held muss Aufgabe lösen	
magische Requisiten (Zauberstab, Besen ...)	
Zahlensymbolik, Natursymbolik	
Tiere können sprechen / animistische Weltsicht	
Verbindung zum Mythos / Transzendenz	

So gut wie alle der in der Spalte „Kunstmärchen" angeführten Merkmale treffen auf *Die unendliche Geschichte* zu. Einzig das Happy End tanzt aus der Reihe und der Verweis auf andere Geschichten, die ein andermal erzählt werden sollen, könnte als formelhaft eingeordnet werden. Auch dass der Roman eine ausgefeilte dramaturgische Struktur aufweist, dass Bastian bewusst nach Phantásien geht und nicht unabhängig von seinem Willen in eine andere Welt „fällt", wie etwa Goldmarie in den Brunnen,[589] und dass Bastian sich in einem langwierigen Prozess charakterlich weiterentwickelt, spricht für die Einordnung der *Unendlichen Geschichte* als Kunstmärchen.

588 Ebd., S. 9.

589 Ługowska: Bastian Balthasar Bux' Eintritt ins Märchen, in: Rzeszotnik (Hg.): Zwischen Phantasie und Realität, S. 127.

Für eine zusätzliche Zuordnung der *Unendlichen Geschichte* zur Gattung des Wirklichkeitsmärchens – in diesem Falle eine Untergattung des Kunstmärchens – spricht zum Beispiel, dass Zeit und Ort der Handlung sich relativ gut einordnen lassen.[590] Die Schilderung von Bastians Umwelt lässt darauf schließen, dass sich die Handlung im Zentraleuropa zur Gegenwart der Veröffentlichung des Romans abspielt und zwar – so im Text festgehalten – am ersten Adventswochenende eines nicht genannten Jahres. Schläge einer nahen Turmuhr vermitteln eine genaue Vorstellung der fortschreitenden Tageszeit: Als Bastian nach Phantásien eintritt, schlägt es „symbolische zwölf Uhr".[591] Auch das zentrale Merkmal der Wirklichkeitsmärchen trifft auf *Die unendliche Geschichte* zu: die literarische Ausarbeitung der „Dialektik von Fiktion und Realität",[592] die für das Wirklichkeitsmärchen und eben für *Die unendliche Geschichte* konzeptionell ist.[593] Die fiktiv-reale Welt, in welcher der Protagonist Bastian lebt, bildet die Realitätsebene, während Phantásien, wo er einen Lernprozess erlebt, die Ebene der Wunderwelt darstellt. Die Dialektik der beiden, ihre sich bedingende Gegensätzlichkeit, ist ein zentrales Element des Romans. Sie verdeutlicht die Subjektivität der Wahrnehmung und die Notwendigkeit eines von beiden Ebenen geprägten Blicks auf die Realität:[594] „Nicht zufällig sind alle Texte, denen eine solche Dualität zugrunde liegt [...], vor allem Texte *über die Problematik der Wahrnehmung*."[595] Diese Problematik wird in einzelnen Szenen besonders stark thematisiert, etwa während des Besuches Bastians in der Alte-Kaiser-Stadt.[596]

Die „Mischung aus märchenhaften und realistischen Elementen"[597] findet sich in allen Romanen Michael Endes,[598] aber auch in den beiden Texten, auf die in der *Unendlichen Geschichte* die wohl offensichtlichsten Referenzen zu finden sind und denen die folgenden Kapitel gewidmet sind. Als erstes Wirklichkeitsmärchen gilt Hoffmanns *Goldner Topf*.[599] Aus diesem Grund sollen die im folgenden Kapitel aufgezeigten Parallelen der *Unendlichen Geschichte* zu diesem Werk die Einstufung des Romans als Wirklichkeitsmärchen zusätzlich unterstreichen.

590 Neuhaus, Märchen, S. 9–10.
591 Ebd., S. 302.
592 Ebd., S. 11.
593 Ebd.
594 Ebd., S. 10.
595 Ebd., S. 17.
596 Ebd., S. 302.
597 Ebd., S. 298.
598 Ebd.
599 Ebd., S. 9.

3.5.3 *Der goldne Topf*

Am deutlichsten zeigt sich die Bezugnahme auf E.T.A. Hoffmanns *Der goldne Topf* in der *Unendlichen Geschichte* in der Figurenzeichnung des Hauptprotagonisten – sowohl Bastian als auch Anselmus können dem romantischen „Typus des Sonderlings" zugeordnet werden.[600] Beide sind träumerisch und überdurchschnittlich phantasiebegabt und werden deshalb von ihrer Umwelt immer wieder mit viel Skepsis wahrgenommen, beide sind der Literatur sehr zugetan und zwischen der Realität und der magischen Welt hin- und hergerissen:[601] „*Die unendliche Geschichte* knüpft in ihrer Konzeption an den Dualismus der Alltags- und Wunderwelt an, wie ihn E.T.A. Hoffmann vorgeprägt hat."[602] Anselmus hat – wie auch Bastian – Probleme, sich gegenüber den Herausforderungen des täglichen Lebens zu behaupten:

> „Daß ich niemals Bohnenkönig geworden, [...] daß mein Butterbrot immer auf die fette Seite gefallen, von allem diesem Jammer will ich gar nicht reden; aber, ist es nicht ein schreckliches Verhängnis, daß ich, als ich denn doch nun dem Satan zum Trotz Student geworden war, ein Kümmeltürke sein und bleiben mußte? – [...] Grüße ich wohl je einen Herrn Hofrat oder eine Dame, ohne den Hut weit von mir zu schleudern oder gar auf dem glatten Boden auszugleiten und schändlich umzustülpen? [...] Bin ich denn ein einziges Mal ins Collegium oder wo man sich sonst hin beschieden, zu rechter Zeit gekommen?"[603]

Bastian wird von seinen Schulkameraden verlacht, da er mit sich selbst spricht und sich Geschichten ausdenkt, und auch Anselmus stößt durch seine Tagträumerei immer wieder auf Ablehnung oder zumindest auf Verwunderung:

> „‚Ei ei, Herr Anselmus,' fiel der Conrektor Paulmann ein, ‚ich habe Sie immer für einen soliden jungen Mann gehalten, aber träumen – mit hellen offenen Augen träumen und dann mit einemmal ins Wasser springen wollen, das – verzeihen Sie mir, können nur Wahnwitzige oder Narren! '"[604]

600 Ludwig: Was du ererbt von deinen Vätern hast ..., S. 150–151.

601 Ebd., S. 143.

602 Neuhaus: Märchen, S. 302.

603 Hoffman, Der goldne Topf, in: Schaukal (Hg.): E. T. A. Hoffmann. Märchen, S. 9.

604 Ebd., S. 15.

Die Figur des Archivars bzw. Antiquars, die in beiden Werken auftritt, weist ebenfalls deutliche Ähnlichkeiten in ihrer Darstellung auf.[605] Karl Konrad Koreander und Archivarius Lindhorst sind gewissermaßen Vermittler zwischen dem Protagonisten und der Phantasiewelt, beide umgibt eine Aura des Geheimnisvollen, beide sind – berufsbedingt – zwischen einer Vielzahl von Büchern zu finden:

> „Es ist hier am Orte ein alter wunderlicher merkwürdiger Mann, man sagt, er treibe allerlei geheime Wissenschaften [...]. Ich meine niemand andern als unsern geheimen Archivarius Lindhorst. Er lebt, wie Sie wissen, einsam in seinem entlegenen alten Hause, und wenn ihn der Dienst nicht beschäftigt, findet man ihn in seiner Bibliothek [...]. Er besitzt außer vielen seltenen Büchern eine Unzahl zum Teil arabischer, koptischer und gar in sonderbaren Zeichen, die keiner bekannten Sprache angehören, geschriebener Manuskripte."[606]

Diese Manuskripte soll Anselmus kopieren, durch sie erfährt er schließlich von der Existenz des Zauberreiches Atlantis, in das er später in der Geschichte eintritt. Karl Konrad Koreander hat für die Handlung der *Unendlichen Geschichte* eine ähnliche Aufgabe: Bei ihm stößt Bastian auf das Buch, das ihm später als Portal nach Phantásien dient.

Die Bezugnahme auf den Goldnen Topf bzw. zumindest das Wissen um die Ähnlichkeiten zwischen den beiden Werken hat Ende auch selbst erwähnt: „Bastian macht ja reichlich Fehler, eigentlich macht er fast nur Fehler, aber gerade deshalb hat er am Schluss alles richtig gemacht. Das Motiv ist nicht neu und auch nicht von mir, sondern das gibt es schon u. a. im Goldnen Topf."[607]

Ein wesentlicher Unterschied der beiden Werke besteht in ihrem Ende. Während Bastian geläutert in die Realität zurückkehrt, bleibt Anselmus in seiner phantastischen Welt, vom Erzähler wird er darum beneidet:

> „Ach, glücklicher Anselmus, der du die Bürde des alltäglichen Lebens abgeworfen [...] und nun lebst in Wonne und Freude auf deinem Rittergut in Atlantis! – Aber ich Armer! – bald – ja in wenigen Minuten bin ich selbst aus diesem schönen Saal, der noch lange kein

605 Ludwig: Was du ererbt von deinen Vätern hast ..., S. 135–155.

606 Hoffman, Der goldne Topf, in: Schaukal (Hg.): E. T. A. Hoffmann. Märchen, S. 17.

607 Ende, zitiert nach Hocke und Hocke: Das Phantásien-Lexikon, S. 143.

> Rittergut in Atlantis ist, versetzt in mein Dachstübchen, und die Armseligkeiten des bedürftigen Lebens befangen meinen Sinn, und mein Blick ist von tausend Unheil wie von dickem Nebel umhüllt, daß ich wohl niemals die Lilie schauen werde."[608]

Sogleich wird er jedoch vom Archivarius Lindhorst besänftigt:

> „Still still, Verehrter! klagen Sie nicht so! – Waren Sie nicht soeben selbst in Atlantis, und haben Sie denn nicht auch dort wenigstens einen artigen Meierhof als poetisches Besitztum ihres innern Sinns? – Ist denn überhaupt des Anselmus Seligkeit etwas anderes als das Leben in der Poesie, der sich der heilige Einklang aller Wesen als tiefstes Geheimnis der Natur offenbaret?"[609]

Auch wenn die Aussage des Archivarius das Verbleiben von Anselmus in der phantastischen Welt insofern relativiert, dass diese gewissermaßen keine „wirkliche" Welt darstellt, zu der Anselmus ein exklusives Zutrittsrecht genießt, sondern als Welt der Poesie allen Menschen offensteht, kann dieser Gegensatz nicht genug betont werden. Die Alternative der Weltflucht steht in dieser Erzählung Hoffmanns – auch wenn in seinen anderen Erzählungen nie ein Held in der Anderswelt glücklich wird[610] – ganz klar im Raum.

3.5.4 *Heinrich von Ofterdingen*

Auch Novalis' Heinrich von Ofterdingen trägt Züge des Sonderlings – anders als Bastian und Anselmus lebt er jedoch davon unbeeinträchtigt ein zufriedenes Leben in der Realität und gerät nie in Gefahr, völlig in die Traumwelt, die ebenfalls Atlantis heißt, abzudriften.[611]

Es ist vor allem eine Szene in *Heinrich von Ofterdingen*, die in der *Unendlichen Geschichte* ganz offensichtlich wiederkehrt, und zwar jene, in der Heinrich in der Höhle des Einsiedlers ist und sich dort selbst in dessen Buch wiedererkennt. Das erste Zusammentreffen mit dem Buch erinnert deutlich an gleich zwei Passagen aus der *Unendlichen Geschichte*: einerseits an die, in der die Kindliche Kaiserin mit Atréju zum Alten vom Wandernden Berge zieht, andererseits an Bas-

608 Hoffman, Der goldne Topf, in: Schaukal (Hg.): E. T. A. Hoffmann. Märchen, S. 83.

609 Ebd.

610 Ludwig: Was du ererbt von deinen Vätern hast ..., S. 147.

611 Ebd., S. 145.

tians Aufenthalt in Koreanders Antiquariat. In allen drei Szenen gibt es einen wissenden alten Mann, der vor sich ein Buch liegen hat. In *Heinrich von Ofterdingen* wird die Szene folgendermaßen geschildert:[612]

> „Bald dünkte es ihnen, eine Hellung zu bemerken, die stärker wurde, je näher sie kamen. Es tat sich ein neues Gewölbe von größerm Umfange, als die vorherigen, auf, in dessen Hintergrunde sie bei einer Lampe eine menschliche Gestalt sitzen sahen, die vor sich auf einer steinernen Platte ein großes Buch liegen hatte, in welchem sie zu lesen schien. [...] Es war ein Mann, dessen Alter man nicht erraten konnte. Er sah weder alt noch jung aus, keine Spuren der Zeit bemerkte man an ihm, als schlichte silberne Haare [...].“[613]

In allen drei Szenen ist es dieses Buch, das im Hauptprotagonisten einen Prozess auslöst. Beide Protagonisten fühlen sich von dem Buch zunächst angezogen: Heinrich „hätte sehnlichst gewünscht, die Sprache zu kennen, denn das Buch gefiel ihm vorzüglich, ohne daß er eine Silbe davon verstand“.[614] Auch Bastian ist von dem Buch angetan: „Jetzt war ihm klar, dass er überhaupt nur wegen dieses Buches hierhergekommen war, es hatte ihn auf geheimnisvolle Weise gerufen, weil es zu ihm wollte, weil es eigentlich schon seit immer ihm gehörte.“[615] Später erkennt Heinrich, dass er auf den Bildern in dem geheimnisvollen Buch abgebildet ist:

> „Sie dünkten ihm ganz wunderbar bekannt, und wie er recht zusah, entdeckte er seine eigene Gestalt ziemlich kenntlich unter den Figuren. Er erschrak und glaubte zu träumen, aber beim wiederholten Ansehn konnte er nicht mehr an der vollkommenen Ähnlichkeit zweifeln. Er traute kaum seinen Sinnen, als er bald auf einem Bilde die Höhle, den Einsiedler und den Alten neben sich entdeckte.“[616]

Auch Bastian erkennt sich selbst in dem Buch, das er liest, und in dem Buch, das innerhalb dieses Buches, also in Phantásien beim Alten vom Wandernden Berge, dem phantásischen Gegenpart Koreanders,[617] existiert:

---

612 Ebd., S. 158–160.

613 Novalis: Heinrich von Ofterdingen, S. 80.

614 Ebd., S. 92.

615 UEG, S. 12.

616 Novalis: Heinrich von Ofterdingen, S. 92.

617 Ludwig: Was du ererbt von deinen Vätern hast ..., S. 162.

> „Was da erzählt wurde, war seine eigene Geschichte! Und die war in der Unendlichen Geschichte. Er, Bastian, kam als Person in dem Buch vor, für dessen Leser er sich bis jetzt gehalten hatte! Und wer weiß, welcher andere Leser ihn jetzt gerade las, der auch wieder nur glaubte, ein Leser zu sein – und so immer weiter bis ins Unendliche!“[618]

Mise en abîme,[619] wörtlich: in den Abgrund oder in die Unendlichkeit gestellt, so nennt etwa Jacques Derrida diese Technik,[620] die sich unter anderem auch in *Don Quichote* oder den *Geschichten aus 1001 Nacht* findet,[621] und die Raum für „ästhetische Reflexionsstrukturen“[622] schafft: Atréju ist für Bastian, was Bastian möglicherweise für einen anderen Leser oder eine andere Leserin ist, und so weiter.[623]

Einige Bilder, die in der *Unendlichen Geschichte* auftauchen, kommen auch in Novalis' Märchen vor. So wächst die blaue Blume, dieses in der Geschichte der Germanistik später, während der Studentenbewegung 1968, als Symbol für die Romantik so bedeutsam gewordene Motiv aus *Heinrich von Ofterdingen*, in Form einer blauen Riesenglockenblume in der Nähe des Elfenbeinturmes. Unter ihr befindet sich das Nest eines Phönix, das Symbol der Wiederauferstehung.[624] Im Märchen des Dichters Klingsohr findet sich folgende Passage über ein eisernes Stäbchen, die stark an die Schlangen auf Auryn erinnert: „Ginnistan nahm es auch in die Hand, bog es, drückte es, hauchte es an, und hatte ihm bald die Gestalt einer Schlange gegeben, die sich nun plötzlich in den Schwanz biß.“[625] Dieses Gebilde wird wenig später ebenso wie Auryn in der *Un-*

618 UEG, S. 209.

619 „[…] eine Form lit. Rekursivität und Selbstreferentialität, die als Einlagerung eines untergeordneten, kleineren, Textelements in ein übergeordnetes, größeres auftritt, wobei zwischen den beiden ein Ähnlichkeitsverhältnis formaler oder inhaltlicher Natur besteht und der Eindruck einer fortgesetzten Reflexion erzeugt wird. Häufig steht das eingelagerte Element in einem metatextuellen bzw. kommentierenden Verhältnis zum übergeordneten Rahmen, z.B. als Buch im Buch […].“ Mise en abyme, in: Burdorf u. a.: Metzler Lexikon Literatur, S. 505.

620 Hocke und Hocke: Das Phantásien-Lexikon, S. 57.

621 Gonzáles Dueñas: Unerwartete Spiegelungen, in: Rzseszotnik (Hg.): Zwischen Phantasie und Realität, S. 118.

622 Götze: Roman der Einbildungskraft, in: Schöll: Literatur und Ästhetik, S. 167.

623 Hocke und Hocke: Das Phantásien-Lexikon. S. 77.

624 Ebd., S. 48–49.

625 Novalis: Heinrich von Ofterdingen, S. 128.

endlichen Geschichte als „das Kleinod"[626] bezeichnet. Auch ein Phönix und eine Sphinx kommen in Klingsohrs Märchen vor,[627] außerdem eine Prinzessin, die Ähnlichkeiten zur Kindlichen Kaiserin aufweist: „Ohne sie sind auch die Gesänge nichts, als leere Worte und Blendwerk. Sie war der Zauber, der ihnen Leben und Freude, Macht und Gestalt gab."[628]

Des Weiteren erinnern einige metatextuelle Aussagen im *Heinrich* an die poetologische Idee von Endes Roman. So stellt etwa Heinrich selbst fest: „Ja Mathilde, die höhere Welt ist uns näher, als wir gewöhnlich denken. Schon hier leben wir in ihr, und wir erblicken sie auf das innigste mit der irdischen Natur verwebt."[629] Klingsohr erklärt:

> „Es ist mehr Wahrheit in ihren Märchen, als in gelehrten Chroniken. Sind auch ihre Personen und deren Schicksale erfunden: so ist doch der Sinn, in dem sie erfunden sind, wahrhaft und natürlich. Es ist für unsern Genuß und unsere Belehrung gewissermaßen einerlei, ob die Personen, in deren Schicksalen wir den unsrigen nachspüren, wirklich einmal lebten, oder nicht. Wir verlangen nach der Anschauung der großen einfachen Seele der Zeiterscheinungen, und finden wir diesen Wunsch gewährt, so kümmern wir uns nicht um die zufällige Existenz ihrer äußern Figuren."[630]

3.6 Okkultismus, Tarot und Esoterik

> „Es ist wahr, ich habe mich im Laufe meines Lebens auf meiner Suche nach Hinweisen, die uns aus der Wüste unserer gegenwärtigen Zivilisation herausführen könnten, bisweilen auch in den abenteuerlichsten Labyrinthen herumgetrieben."[631]

3.6.1 Aleister Crowley: Do what thou wilt

Sein Leben lang interessierte sich Ende für die verschiedensten philosophischen Systeme, vor allem aber für jene, deren Weltanschauung auf Magie begrün-

626 Ebd. S. 129.

627 Hocke und Hocke: Das Phantásien-Lexikon, S. 48–49.

628 Novalis: Heinrich von Ofterdingen, S. 43.

629 Ebd., S. 121.

630 Ebd., S. 86.

631 Ende: Brief an einen Welterklärer, in: Ende: Zettelkasten, S. 300.

det war. Er beschäftigte sich mit Kosmik, Esoterik, Parapsychologie, Alchemie, Christian Rosenkreutz, mit der Kabbala, Lévi, Blavatzky, Kierkegaard, Traumdeutung, Weinreb und vielen anderen,[632] er fand Gefallen an magischen Steinen, Auspendeln und an Seancen:[633] „Du wirst nicht leicht eine [...] halbwegs bedeutende Gestalt der Esoterik, der Mystik oder der Magie (was auch immer man darunter verstehen mag) finden, mit der ich mich nicht schon herumgeschlagen habe."[634] In seinen späteren Jahren näherte er sich stark dem christlichen Glauben an.[635] Fast alle diese Denkrichtungen haben in der *Unendlichen Geschichte* Spuren hinterlassen – einige mehr, andere weniger offensichtlich. Auf einige davon soll im Folgenden exemplarisch eingegangen werden.

In einem Brief beschreibt Ende seine erste Begegnung mit den Lehren von Aleister Crowley im Alter von etwa dreißig Jahren. Er lernte einen jungen Biologen kennen, der Mitglied in dem von Aleister Crowley gegründeten Geheimorden Thelemit war und der Ende an die geheime Logenliteratur heranführte. Er empfand die Lehre Crowleys jedoch als „hermetischen Kitsch"[636] und konnte ihr wenig abgewinnen. Die Behauptung, das Motiv der Suche nach dem Wahren Willen stamme von Crowley, wies er zurück:[637]

> „Wären meine Kritiker nur ein klein wenig belesener und kennten wenigstens die grundlegendsten Werke der europäischen Kultur, dann müßten sie wissen, daß dieser Satz und auch das Motiv der Suche nach dem ‚wahren Willen' (Thelema) überhaupt nicht von Crowley stammen. Er hat ihn nur, wie so vieles andere, für sich adaptiert."[638]

Crowley übernahm den Satz von Rabelais, welcher ihn wiederum vermutlich beim hl. Augustinus entdeckte.[639] Grundsätzlich muss aber dennoch festgehalten werden, dass die *Unendliche Geschichte* sich in der Bedeutung des „Tu Was

632 Hocke: Die Suche nach dem Zauberwort, in: Hocke, Kraft: Michael Ende und seine phantastische Welt, S. 73.

633 Kraft: Die Faszination des Anderen, in: Hocke, Kraft: Michael Ende und seine phantastische Welt, S. 53.

634 Ende: Brief an einen Welterklärer, in: Ende: Zettelkasten, S. 300.

635 Hocke: Die Suche nach dem Zauberwort, in: Hocke, Kraft: Michael Ende und seine phantastische Welt, S. 115.

636 Ende: Brief an einen Welterklärer, in: Ende: Zettelkasten, S. 301.

637 Ebd., S. 300–302.

638 Ebd. S. 302.

639 Ebd., S. 302–302.

Du Willst" eng an den Lehren Crowleys orientiert. Dieser postulierte, die Anweisung sei ein Auftrag an die Menschen, ihren wahren Willen zu suchen – damit meint er nicht, dass sie tun sollen, was ihnen gerade beliebt, sondern dass sie ihre innere Überzeugung und ihre tiefsten Bedürfnisse entdecken sollen:[640]

> „Es bedeutet die Handlungsweise, in der der Mensch identisch ist mit sich selber und gleichzeitig identisch mit einer Welt, von der er sich nicht mehr als Unterschiedenes begreift. Der Wahre Wille ist eine Bewußtseinsstufe, in der der Mensch seine Handlungen nicht, wie es gerade kommt, beliebig und ohne Reflexion aneinanderreiht [...] sondern die bewusste Handlung, die aus einem in sich konzentrierten und reflektierten Menschen hervorgeht."[641]

Das ähnelt doch sehr stark dem, was die *Unendliche Geschichte* in der Entwicklung Bastians in Phantásiens vorzeigt – „Tu Was Du Willst" ist keine „Aufforderung zur Willkür",[642] sondern der Weg von der situationsbezogenen Bedürfnisbefriedigung hin zu eben jenem Wahren Willen, der die „eigentliche Bewegkraft in Phantásien"[643] ist und der sich in Bastians Fall auf die zweite von Crowleys Maximen beziehen lässt, welche nämlich lautet: „Love under will."[644] Das bedeutet so viel wie „Liebe bewusst bzw. mit Bewusstsein" und genau das ist es, was Bastian am Ende der *Unendlichen Geschichte* tut – er wird sich der Liebe zu seinem Vater bewusst.

Was die *Unendliche Geschichte* jedoch grundsätzlich von Crowleys Lehre unterscheidet, ist folgendes: Bei Crowley ist das „Tu Was Du Willst" eine Lebensregel, in der *Unendlichen Geschichte* ist es eine Regel für das Verhalten im Reich der Phantasie, denn jenes ist – wie bereits erwähnt – amoralisch, Gutes und Böses dürfen gleichberechtigt nebeneinander bestehen:[645]

> „Phantásien ist sozusagen dazu da, alle, auch die schlimmen Träume zu träumen. Um aber in die äußere Wirklichkeit, in die Welt der Mitmenschen zurückzukehren, muß mein Protagonist eben gerade

640 Aleister Crowley, in: Bauer u. a.: Lexikon der Symbole, S. 552–553.

641 Ebd., S. 553.

642 Götze: Roman der Einbildungskraft, in: Schöll: Literatur und Ästhetik, S. 181.

643 Hocke und Hocke: Das Phantásien-Lexikon, S. 15.

644 Aleister Crowley, in: Bauer u. a.: Lexikon der Symbole, S. 554–554.

645 Ende: Brief an einen Welterklärer, in: Ende: Zettelkasten, S. 303.

> dieses Zeichen der Vollmacht und damit natürlich auch die Maxime, die darauf steht, ablegen."[646]

Das Finden des Wahren Willens kann somit gewissermaßen nur in Phantásien vor sich gehen, denn nur hier ist es möglich, die Fehler und Irrwege, die die Suche danach mit sich bringt, machen zu können, ohne damit anderen Menschen zu schaden: „Nur durch den freiwilligen Verzicht darauf findet er den Weg zurück, durch den Verzicht auf das ‚Tu Was Du Willst' wird Auryn zum Tor in die Welt der Mitmenschen."[647]

3.6.2 Motive von Tarotkarten

Noch etwas einte Ende und Crowley – der Bezug auf eine Tarotkarte zur Verbildlichung des eigenen Verständnisses der Welt. Crowley erhebt die 0, den Narren, zur für ihn wichtigsten Figur, da er für das steht, was nicht bzw. noch nicht festgelegt ist.[648] Ende hingegen bezog sich immer wieder auf den Pagat, den Magier und Gaukler, der in den Arkanen der geläufigen Tarotdecks die Nummer I trägt, da er in ihm das spielerische Prinzip, dem er sein Schaffen unterordnet, wiedererkennt.[649] Er steht in Endes Augen auch für die Flexibilität im Wechsel zwischen verschiedenen Denkansätzen:

> „Du weißt, wie eifrig ich mich mit Philosophie beschäftige und mit welcher staunenden Bewunderung ich vor den großen Gedankenpalästen der Menschheitslehrer stehe. Ich kann eine Weile zu Gast darin leben, aber ich kann sie nicht für immer bewohnen. [...] Ich gehöre nun einmal zum fahrenden Volk, wie alle anderen Gaukler und Künstler, die danach trachten, jeder und niemand zu sein."[650]

Bezeichnend: Der Magier hält stets einen Arm in die Höhe und zeigt mit der anderen Hand nach unten – diese Körperhaltung steht für eine „energetische Verbindung zwischen höheren und niederen Ebenen des Lebens – von der schöpferischen Kraft des Geistes erfüllt sein und sie in der Alltagsrealität einsetzen".[651]

646 Ebd.

647 Ebd.

648 Aleister Crowley, in: Bauer u. a.: Lexikon der Symbole, S. 558.

649 Kraft: Die Faszination des Anderen, in: Hocke, Kraft: Michael Ende und seine phantastische Welt, S. 11.

650 Ende: Brief an einen Welterklärer, in: Ende: Zettelkasten, S. 313–314.

651 Krefting: Einführung in den Golden Rider Tarot, S. 37.

Abb. 3: ***Der Magier*** **aus dem Golden Rider Tarot**

Über seinem Kopf steht das Zeichen für Unendlichkeit. Dies entspricht nicht nur Endes persönlicher Philosophie, sondern auch dem Grundkonzept der *Unendlichen Geschichte.*

Andere Tarotkarten wiederum spiegeln sich nicht konzeptuell, sondern sehr bildhaft in Endes Roman, so zum Beispiel der Eremit, der in der Figur des Blinden Bergmannes wiederzuerkennen ist. Er steht unter anderem für „Weisheit, die aus innerer Stille erwächst"[652] – und still ist es auch, als Yor in der *Unendlichen Geschichte* auftaucht: „Die Stille war so vollkommen, dass sein feines Ohr eines Wanderers Schritte im Schnee knirschen hörte, der noch sehr weit entfernt war."[653] Man muss leise mit ihm sprechen, da sonst seine Bilder zerfallen. Alles an ihm ist grau, ebenso wie Grau auf dem Bild der Karte dominiert. Der Mann

652 Ebd., S. 53

653 UEG, S. 443.

auf der Karte trägt eine Laterne bei sich, „die Lampe des Philosophen",[654] die für das „Licht in der Dunkelheit des Unbewussten"[655] steht.

Abb. 4: *Der Eremit* mit seiner Laterne

Yor ist im Licht blind, in seinem Bergwerk, dem Bergwerk der Bilder, kann er jedoch als einziger sehen. Auch das Bergwerk der Bilder steht – wie im Kapitel 3.8 noch näher ausgeführt wird – für das Unbewusste. Sowohl Yor als auch der Eremit aus dem Golden Rider Tarot stehen also für ein Vordringen in diesen Bereich, für eine Besinnung auf die Innerlichkeit.

Ein weiteres Bild, das in der *Unendlichen Geschichte* wiederzufinden ist, ist das der Zerstörung des Turmes. Im Tarot ist es „ein Sinnbild der Zerstörung

654 Der Weise, in: Bauer u. a.: Lexikon der Symbole, S. 356.

655 Krefting: Einführung in den Golden Rider Tarot, S. 53.

menschlicher Überheblichkeit", ein Bild dafür, „über das Ziel hinausgeschossen zu sein und ‚die Flügel gestutzt [zu] bekommen'".[656]

Abb. 5: *Der brennende Turm*

Auch in der *Unendlichen Geschichte* findet sich das Motiv des brennenden Turmes. Kurz nachdem Atréju in den Abgrund gestürzt ist (!), lodert der Elfenbeinturm „wie eine Riesenfackel".[657] Die Zerstörung des Elfenbeinturmes steht auch im Roman für das Zusammenbrechen von Bastians größenwahnsinnigem Plan, sich dort selbst zum Herrscher Phantásiens zu krönen. Ebenfalls ganz der *Unendlichen Geschichte* entspricht die folgende Deutung dieser Karte: „Jede Zerstörung einer stumpfsinnig und in ihrem Grundwesen oberflächlich und nur noch

656 Ebd., S. 67.

657 UEG, S. 397.

dem äußeren Machtgewinn dienenden Zivilisation [...] führt zu einem schöpferischen Neubeginn [...].“[658]

3.7 Rudolf Steiner

> „Wie man Bücher in unserem Zeitalter zu lesen pflegt, kann dieses nicht gelesen werden. In einer gewissen Beziehung wird von dem Leser jede Seite, ja mancher Satz erarbeitet werden müssen. Das ist mit Bewusstsein angestrebt worden. Denn nur so kann das Buch dem Leser werden, was es ihm werden soll. Wer es bloss durchliest, der wird es gar nicht gelesen haben. Seine Wahrheiten müssen erlebt werden.“[659]

3.7.1 Endes Verhältnis zu den Theorien Steiners

Fast sein ganzes Leben lang beschäftigte sich Ende intensiv mit den Lehren Rudolf Steiners. Bereits in jungen Jahren kam er damit in Kontakt – sowohl sein Vater als auch seine Mutter und sein Onkel waren an den anthroposophischen Theorien sehr interessiert. Die Familie besuchte anthroposophische Gottesdienste und trat in engeren Kontakt mit der anthroposophischen Gemeinschaft, in welcher der junge Michael 1945 ein Mädchen kennenlernte – Wiltrud. Gemeinsam besuchten die beiden nach dem Krieg die erste anthroposophische Jugend-Tagung, Michael Ende fiel hier allerdings durch allzu kritisches Nachfragen negativ auf.[660]

Wiltruds Mutter war mit der Verbindung der beiden nicht einverstanden und bot schließlich an, Michael Ende die Ausbildung an einer Waldorfschule in Stuttgart zu finanzieren, um das junge Paar zu trennen. Er nahm das Angebot an, verbrachte dort die letzten beiden Jahre als Schüler und genoss die Zeit sehr,[661] auch wenn ihm nicht alles am pädagogischen Konzept der Waldorfschule zusagte; so konnte er beispielsweise mit der vorgegebenen Lektüre und mit Eurythmie nur wenig anfangen.[662]

658 Die Zerstörung, in: Bauer u. a.: Lexikon der Symbole, S. 552–553.

659 Steiner: Theosophie, zitiert nach Ullrich: Rudolf Steiner, S. 50.

660 Kaminski: Michael Endes Rudolf Steiner Rezeption, S. 8–9.

661 Rzeszotnik: Die (un)endliche Geschichte: Lebensstationen eines Schriftstellers, in: Rzeszotnik (Hg.): Zwischen Phantasie und Realität, S. 18.

662 Kaminski: Michael Endes Rudolf Steiner Rezeption, S. 9.

Ob er alle 179 Bücher Steiners, die sich in seinem Besitz befanden, auch gelesen hat, darüber sind sich Roman Hocke und Peter Boccarius uneinig.[663] Sicher ist hingegen, dass er über eine umfassende Kenntnis von Steiners Werk verfügte und zumindest einen großen Teil von Steiners Werk auch selbst gelesen hat.

Sicher ist ebenso, dass Michael Endes Weltanschauung von Steiner beeinflusst worden ist – nicht aber einseitig geprägt. Neben Steiner beschäftigte sich Ende wie erwähnt mit den verschiedensten Denkrichtungen – aus jeder zog er für sich seine Lehren. Gemeinsam waren den beiden unter anderem der Glaube an die Existenz zweier Welten – einer Innenwelt und einer Außenwelt –, Kritik an Materialismus und Intellektualismus sowie die Vorbehalte gegen ein rein kausallogisches Denken. Nicht einverstanden war Ende hingegen mit dem Kunstverständnis Steiners.[664]

Das Verhältnis Endes zu Steiner war eine Auseinandersetzung mit Steiners Gedanken, nicht deren Übernahme.[665] Dennoch oder gerade deshalb finden sich in der *Unendlichen Geschichte* an verschiedensten Stellen Spuren von Endes Steiner-Rezeption – nicht als Versuch, den LeserInnen dessen Theorien näherzubringen, sondern als ein Moment der Inspiration unter vielen.[666] Der Vier-Viertel-Troll Temperamentnik mit seinen vier Gesichtern etwa entspricht den vier Temperamenten, die auch für Steiner eine große Rolle spielten: „Das erste hatte einen heiteren Ausdruck, das zweite einen zornigen, das dritte einen traurigen und das vierte einen schläfrigen."[667] Sanguiniker, Choleriker, Melancholiker und Phlegmatiker sind – in dieser Reihenfolge – in der Beschreibung des Trolls zu erkennen.

Auch die Beschreibung des Änderhauses könnte von der Anthroposophie inspiriert sein – Symmetrie und rechte Winkel werden in dieser vermieden.[668] Einige Aspekte der steinerschen Lehre jedoch prägen sogar das Grundkonzept von Endes Roman mit und sollen daher im Folgenden erläutert werden.

663 Ebd., S. 14.

664 Ebd., S. 31–35.

665 Ebd., S. 41.

666 Ebd., S. 74.

667 UEG, S. 329.

668 Hocke und Hocke: Das Phantásien-Lexikon, S. 32.

3.7.2 Innenwelt in Gefahr

Wie bereits erwähnt glaubten sowohl Steiner als auch Ende an die Existenz einer inneren, einer geistigen Sphäre. Mit dem folgenden Satz könnte ebenso gut Ende gemeint gewesen sein: „Die Spannung zwischen den Sphären sollte sein [...] Leben, Denken und Wirken wie das Hauptthema einer Symphonie durchziehen."[669] In der inneren Sphäre verortet Steiner die Ideenwelt: „Die *Ideenwelt* ist der Urquell und das Prinzip alles Seins."[670] Für Rudolf Steiner sind beide Welten gleichermaßen berechtigt und notwendig, „weil man durch das Nichterkennen des inneren Lebens das Äußerliche verdirbt und durch das Nichterkennen des Äußerlichen das Innere verdirbt".[671] Ein Mittelweg muss gefunden werden.[672] Auch für ihn lebt der Mensch außerdem in beiden Welten und kann sich in beiden bewegen[673] – in *der Unendlichen Geschichte* Idealfall und Happy End.

Außerdem sahen sowohl Ende als auch Steiner die innere Sphäre als bedroht an. Steiner glaubte, die Welt befinde sich in einem Zeitalter des reinen Materialismus, welches jedoch bald vom Anbrechen des michaelischen Zeitalters, dem Zeitalter des Erzengels Michaels, abgelöst werde: „Durch Michael besteht nun die Möglichkeit einer geistigen – also über das rein sinnlich Wahrnehmbare herausgehenden Naturwissenschaft."[674] Diesem Denken entspricht das Bild der Zerstörung durch das Nichts in der *Unendlichen Geschichte* – die Innenwelt ist bedroht durch eine Zeit, in der Rationalismus, Intellektualismus und Materialismus vorherrschen:[675] „Wie bei den frühen Romantikern zielt auch Steiners Modernitätskritik im tiefsten Grunde auf die (Wieder-)Versöhnung von Wissenschaft, Religion und Kunst [...]."[676]

Die Bedrohung besteht für die Theosophen, denen Steiner längere Zeit angehörte, konkret darin, dass „die Fähigkeit zur Erkenntnis der geistigen Welten"[677] vielen Menschen abhandenkommt, obwohl sie ihnen ursprünglich in die Wiege gelegt war – dieses Verschwinden ist durch den Verlust von mystischen Erfah-

669 Ullrich: Rudolf Steiner, S. 16.

670 Steiner, zitiert nach Ullrich: Rudolf Steiner, S. 23.

671 Steiner, zitiert nach Kaminski: Michael Endes Rudolf Steiner Rezeption, S. 36.

672 Kaminski: Michael Endes Rudolf Steiner Rezeption, S. 102.

673 Ullrich: Rudolf Steiner, S. 128.

674 Kaminski: Michael Endes Rudolf Steiner Rezeption, S. 26.

675 Ebd., S. 83.

676 Ullrich: Rudolf Steiner, S. 111.

677 Ebd., S. 46.

rungen bestimmt.[678] Aus diesem Grund ist eine Remythologisierung der Welt ein wesentliches Anliegen Steiners, „denn es geht ihm im Kern um die Vereinigung der inneren geistigen Welt der Person mit dem in Natur und Geschichte sich offenbarenden göttlichen All-einen inmitten eines geistvergessenen, positivistisch-materialistischen Zeitalters".[679]

Auch Steiner ist im Übrigen Anhänger der Idee, dass das aktuelle Zeitalter ein notwendiges ist, da nur durch dieses das kommende eingeleitet werden kann. Dieses epochale Denken, die Annahme, dass gegensätzliche Epochen einander ablösen und bedingen, findet sich in der *Unendlichen Geschichte* wieder – Phantásien muss zerstört werden, um neu erschaffen werden zu können. Nicht der Erzengel Michael bringt allerdings Phantásien die Neuschöpfung, sondern Bastian.[680]

3.7.3 Freier Wille und Wahrer Wille

Rudolf Steiner war der Ansicht, dass sich ein „freier Geist", wenn er eine Entscheidung trifft, nicht von gesellschaftlichen Konventionen und Moralvorstellungen prägen lässt:

> „Es kümmert ihn dabei ebensowenig, was andere in diesem Falle getan, noch was sie dafür befohlen haben. Er hat rein ideelle Gründe, die ihn bewegen, aus der Summe seiner Begriffe gerade einen bestimmten herauszuheben und ihn in Handlung umzusetzen. Seine Handlung wird aber der wahrnehmbaren Wirklichkeit angehören."[681]

Das Bindeglied zwischen einem Begriff und der Wahrnehmung desselben ist in seinen Augen die Vorstellung. Diese sei einem „unfreien Geist" bereits gegeben:[682] „Bei dem *freien Geiste*, den kein Vorbild und keine Furcht vor Strafe usw. treibt, ist diese Umsetzung des Begriffes in die Vorstellung immer notwendig."[683] Freiheit bedeutet in diesem Sinne, dass man die Vorstellungen – die Beweggründe – seines Handelns selbst bestimmen kann. Dies geschieht laut Steiner mithilfe der moralischen Phantasie. Ein freies Wesen „ist dasjenige, welches wollen

678 Ullrich: Rudolf Steiner, S. 46.

679 Ebd., S. 97.

680 Kaminski: Michael Endes Rudolf Steiner Rezeption, S. 83.

681 Steiner: Die moralischen Phantasie, in: Ende (Hg.): Mein Lesebuch, S. 12.

682 Ebd.

683 Ebd., S. 13.

kann, was es selbst für richtig hält".[684] Nur ein solcher freier Geist wiederum ist in der Lage, aus seiner Innenwelt bewusst Begriffe und Werte auszuwählen, die ihn moralisch handeln lassen. Um diese ausgewählten Begriffe und Werte in die Realität umsetzen zu können, werden die mithilfe der moralischen Phantasie entstandenen Vorstellungen benötigt.[685]

Die Idee des freien Willens ist auch eine Grundvoraussetzung der *Unendlichen Geschichte*.[686] Bastians Weg zur Erkenntnis ist sein Weg zum freien, zum Wahren Willen – es geht darum, in der Innenwelt, in der Ideenwelt, eben in Phantásien – eigene Vorstellungen zu entwickeln, um Ideen verwirklichen zu können. Steiner beschreibt, dass ein Anfänger auf dem Weg der Erkenntnis zunächst „Mit-Erkenner"[687] der geistigen, übersinnlichen Sphäre sei und erst später zu einem „selbständigen Erkenner"[688] werden könne. Im Bild Bastians, der zunächst durch seine Identifikation mit Atréju Phantásien sehen, es also mit Atréju erkennen kann, könnte dieser Gedanke Eingang gefunden haben.

Letztlich geht es für Bastian darum, ein Bewusstsein für den eigenen Willen zu entwickeln – den Wahren Willen zu finden, zu erkennen und die Vorstellung davon in der äußeren Welt Wirklichkeit werden zu lassen. In Bastians Fall ist die Vorstellung das Bild seines Vaters, das er im Bergwerk der Bilder findet und das in ihm den starken Wunsch danach entfacht, die Liebe, die er empfindet, in der Realität auszuleben.

3.7.4 Bildlichkeit und Entsprechungsdenken

Für Rudolf Steiner können Wahrheiten im Inneren niemals in Form von Begriffen, sondern stets nur in Bildern wahrgenommen werden: „Wer die Wirklichkeit bloß verstandesmäßig erfasst, der entfernt sich von ihr."[689] Aus diesem Grund unterlegte er seine Ausführungen stets mit bildhaften Wendungen und bildlichen Darstellungen, um sie anschaulicher zu gestalten.[690] Ideen sind für ihn die „kraftenden Urbilder und Gesetzgeber aller Dinge", das „Wesen der

684 Ebd., S. 20.

685 Kaminski: Michael Endes Rudolf Steiner Rezeption, S. 39.

686 Ebd., S. 91.

687 Steiner, zitiert nach Ullrich: Rudolf Steiner, S. 114.

688 Steiner, ebd.

689 Ebd., S. 109.

690 Kaminski: Michael Endes Rudolf Steiner Rezeption, S. 36–37.

Welt".[691] Diese „Urbilder" sieht Steiner als Spiegelungen von Dingen der äußeren Welt an, die wiederum ein Spiegel der Innenwelt ist:[692]

> „Anstatt wie die neuzeitliche Subjektphilosophie das Selbstbewusstsein des Ich als einzige unmittelbare Gewissheit anzusehen und die Trennung der Wirklichkeit in eine Welt des Bewusstseins und in eine Welt der Erscheinungen als Ausgangspunkt systematischer Reflexion anzunehmen, fasst Steiner das Ich als einen ‚Spiegel' auf, worin sich das Höchste, das Geistige in den aus ihm ausgeströmten Ideen selbst anzuschauen vermag."[693]

Steiner dachte in Analogien – diese Art zu denken war auch für Endes künstlerisches Konzept zentral; für die Idee, Innenbilder und Außenbilder in Relation zu setzen und Innenbilder als Außenbilder darzustellen:[694] „Eben diese Idee, Bilder und Begriffe in Beziehung zu setzen, um die Begriffe erlebbar zu machen, hängt mit dem Steinerschen Denken in Analogien zusammen."[695] Deutlich ist dies etwa an jener Szene zu erkennen, in welcher Artax in den Sümpfen der Traurigkeit versinkt. Ein Gefühl – der Innenwelt zugehörig – nämlich jenes der Traurigkeit, wird als ein Bild aus der Außenwelt dargestellt, nämlich durch jenes des Versinkens in einem Sumpf.[696] Ende dazu:

> „Zum Beispiel kann ich in einer Geschichte einfach nur sagen: ‚Ich war traurig und mutlos.' Ich kann aber auch beschreiben, wie ich in eine unheimliche, nebelbedeckte Sumpfgegend komme und fühle, daß ich bei jedem Schritt, den ich hineingehe, schwerer und schwerer werde. Ich glaube, daß man damit das Erlebnis der Hoffnungslosigkeit viel deutlicher und besser schildert, als wenn man bloß sagt: ‚Ich war traurig und deprimiert."[697]

691 Steiner, zitiert nach Ullrich: Rudolf Steiner, S. 100.

692 Kaminski: Michael Endes Rudolf Steiner Rezeption, S. 35.

693 Ullrich: Rudolf Steiner, S. 105.

694 Kaminski: Michael Endes Rudolf Steiner Rezeption, S. 64.

695 Ebd., S. 68.

696 Ebd., S. 90.

697 Ende: Wenn Kinder fragen, in: Ende: Zettelkasten, S. 293.

3.8 Siegmund Freud und C.G. Jung – Tiefenpsychologie im Bergwerk der Bilder

„Eine allgemeine Unbewusstheit ist unleugbar
das gemeinsame Erbe der ganzen Menschheit.“[698]

3.8.1 Bastians Reise – ein Individuationsprozess

Bastians Reise, Odyssee, Queste und Aventiure kann auch als Individuationsprozess gelesen werden. Darunter versteht die Tiefenpsychologie „die bewusste Auseinandersetzung mit dem grösseren inneren Menschen oder dem eigenen Seelenzentrum“.[699] Jung sieht im Individuationsprozess einen Vorgang, während dem das Unbewusste ins Bewusste eingegliedert wird und durch welchen der Mensch zur Selbstverwirklichung gelangt.[700] Auch in Bastians Fall geht es um das In-Beziehung-Setzen der Innenwelt mit der Außenwelt, durch die der Protagonist zur Selbsterkenntnis und dadurch schließlich auch zur Individuation, zur Selbstverwirklichung gelangt.

Am Beginn eines solchen Individuationsprozesses steht stets eine Krise, eine Verwundung oder ein Zustand des Leidens,[701] wie sie auch am Beginn von Bastians Suche steht. Hervorgerufen wird die Krise bei Bastian durch den Verlust des Verhältnisses zu seiner Innenwelt: „Und nun erlebt er in dieser Krise, in dieser existentiellen Krise, wie diese innere Welt langsam zugrundegeht.“[702] Sie geht zugrunde, da Bastian den Dingen keine Bedeutung geben kann – in seiner Lebensrealität werden ihm keine Bedeutungen angeboten.[703] Symptom des Zustandes, der seine Seele ergriffen hat, ist das Bild vom Nichts, welches Phantásien zu verschlingen droht – das Nichts, das aussieht, „als ob man blind wäre“, steht für Bastians Nichtwahrnehmen der Vorgänge in seiner Innenwelt:[704]

698 Jung: Zugang zum Unbewussten, in: Jung: Der Mensch und seine Symbole, S. 23.

699 Franz: Der Individuationsprozess, in: Jung: Der Mensch und seine Symbole, S. 166.

700 Gronemann: Phantásien, S. 9.

701 Franz: Der Individuationsprozess, in: Jung: Der Mensch und seine Symbole, S. 166.

702 Ende, zitiert nach Ester: Gespräch mit Michael Ende, in: Deutsche Bücher, Heft 3 (1993), S. 181.

703 Ende, ebd.

704 Gronemann: Phantásien, S. 18.

„‚Wie sieht denn das aus – huhu – dieses Nichts?' fragte der Nachtalb. ‚Das ist es ja gerade, was so schwer zu beschreiben ist', versicherte das Irrlicht unglücklich. ‚Es sieht eigentlich gar nicht aus. Es ist – es ist wie – ach, es gibt kein Wort dafür!'
‚Es ist', fiel der Winzling ein, ‚als ob man blind wäre, wenn man auf die Stelle schaut, nicht wahr?'
Das Irrlicht starrte ihn mit offenem Mund an.
‚Das ist genau der richtige Ausdruck!', rief es."[705]

Um diesen Zustand der Nichtwahrnehmung zu durchbrechen, bricht er – ohne es zu wissen – auf, um sein Selbst zu finden, welches, in Abgrenzung zum Ich, die Ganzheit der menschlichen Psyche bezeichnet, die auch deren unbewussten Teil einschließt:[706] „Das Selbst nämlich enthält den Wahren Willen, bzw. der Wahre Wille führt zum Selbst."[707]

Zentral für die Individuation ist die Auseinandersetzung mit dem Schatten, der normalerweise düstere und verdrängte Aspekte des Unbewussten verkörpert. In Bastians Fall ist der Schatten in der Figur Atréju ins Positive verkehrt und verkörpert die verdrängte, „bessere" Version Bastians:[708] „Manchmal, wenn auch nicht oft, fühlt sich ein Mensch gedrängt, [...] sein besseres Ich zu verdrängen. Dann erscheint der Schatten in Träumen als positive Figur."[709] Den Schatten zu erkennen und anzunehmen, ist eine Grundvoraussetzung auf dem Weg zur Selbsterkenntnis. Das Sich-selbst-Sehen, beschrieben etwa in Lacans „Spiegelstadium", ist hierzu ein erster und essentieller Schritt.[710] Dieser wird in der *Unendlichen Geschichte* bildhaft in jener Episode dargestellt, in der Atréju Bastian im Zauber-Spiegel-Tor erblickt. „Wer da durch will, der muss – um es mal so auszudrücken – in sich selbst hineingehen",[711] so erklärt es der Zweisiedler Engywuck. Atréju erblickt jedoch nicht sich selbst im Spiegel, sondern Bastian: „Er sah einen dicken Jungen mit blassem Gesicht – etwa ebenso alt wie er selbst –, der mit untergeschlagenen Beinen auf einem Mattenlager saß und ein

705 UEG, S. 26.

706 Franz: Der Individuationsprozess, in: Jung u. a.: Der Mensch und seine Symbole, S. 161.

707 Gronemann: Phantásien, S. 102.

708 Henderson: Der moderne Mensch und die Mythen, in: Jung: Der Mensch und seine Symbole, S. 120–121.

709 Franz: Der Individuationsprozess, in: Jung: Der Mensch und seine Symbole, S. 172–173.

710 Neuhaus, Märchen, S. 301.

711 UEG, S. 108.

Buch las.“[712] Hier wird, entsprechend dem Kôan vom „Spiegel im Spiegel“, das Spiegelstadium gespiegelt – nicht Bastian erblickt seinen Schatten, sondern der Schatten erblickt Bastian.

Bastians Selbst präsentiert ihm Bilder, es wird aktiv, um Bastian zu verdeutlichen, dass er Gefahr läuft, einen Teil von sich abzuspalten.[713] Auf seiner Reise durch Phantásien begegnet er Figuren, die für Stationen des Individuationsprozesses stehen, beispielsweise der Anima-Figur, die in der *Unendlichen Geschichte* durch Xayíde dargestellt wird:

> „Die Anima kann als gute Fee wie als Hexe, als Mädchen oder als alte Frau auftreten. Sie kann verführen und ins Unglück stürzen oder im Gegenteil zu lichten Höhen führen. Für einen Individuationsprozess ist es notwendig, sich mit ihr auseinanderzusetzen.“[714]

Bastian wird von der Anima nur beinahe ins Unglück gestürzt – er droht, die Fähigkeit zu verlieren, zwischen Unbewusstem und Bewusstem zu unterscheiden, er verliert seine Erinnerung, tauscht sie aus gegen Bilder und Vorstellungen.[715] Bastian ist nicht weit davon entfernt, völlig in den Bereich des Unbewussten abzudriften: „Die Irrwege durch weitverzweigte Welten sind Gratwanderungen an der Grenze zur Auflösung individueller Identität.“[716] All diese Gratwanderungen sind jedoch notwendig, um Bastian ausreichend Kenntnis seines Selbst zu verschaffen, damit er letztlich erkennen kann, dass es der Wunsch dieses Selbst ist, andere Menschen zu lieben.[717]

In der Szene, in der Bastian Phantásien verlässt, spricht Atréju für Bastian. Der Schatten, sein „unbewusstes Gegenbild“,[718] ist damit ein Teil von Bastians Psyche geworden.[719] Als die Wasser des Lebens nach Bastians Namen fragen, hat der Junge ohne Namen, der er mittlerweile geworden ist, keine Antwort: „Atré-

712 UEG, S. 113.

713 Gronemann: Phantásien, S. 147.

714 Ebd., S. 113.

715 Ebd., S. 102.

716 Kraft: Die Faszination des Anderen, in: Hocke, Kraft: Michael Ende und seine phantastische Welt, S. 30.

717 Gronemann: Phantásien, S. 150.

718 Ebd., S. 160.

719 Ebd., S. 152.

ju sah ihn an, dann nahm er ihn bei der Hand und rief: ‚Er ist Bastian Balthasar Bux.‘“[720]

Nach seiner Rückkehr hat diese Integration des Unbewussten Auswirkungen auf Bastians Leben: „Und weil er nun das alles erlebt hat dort, weil er diese ganzen Erfahrungen mit sich selbst auch dort machen konnte, kann er nun seiner äußeren Welt plötzlich Bedeutungen geben.“[721] Bastian steht sich selbst und seiner Umwelt stärker und positiver gegenüber. Er hat durch das Finden seines Selbst Kraft gefunden, auch in Krisenzeiten zu bestehen:[722] „Denn durch den zurückgelegten Weg der inneren Erfahrung ist er ein anderer geworden, er zeigt sich verwandelt in jemanden, der gelernt hat, ja zu sich zu sagen.“[723] Was ihm vorher nicht möglich gewesen wäre, wagt er jetzt, er geht sogar selbst ins Antiquariat, um den Diebstahl des Buches zu gestehen:[724] „Er dachte daran, wie er Graógramán in der Farbenwüste Goab entgegengetreten war. Entschlossen drückte er auf die Klinke.“[725]

3.8.2 Phantásien als (kollektives) Unbewusstes

Ebenso wie Ende und Steiner war C.G. Jung der Ansicht, dass zu großer Rationalismus bzw. die Konzentration auf denselben dem Menschen schadet:

> „Der moderne Mensch versteht nicht, wie sehr sein ‚Rationalismus‘ (der seine Fähigkeit zerstört hat, auf numinose Symbole und Ideen zu reagieren) ihn der psychischen ‚Unterwelt‘ preisgegeben hat. Er hat sich selbst vom ‚Aberglauben‘ befreit (wenigstens glaubt er das), aber bei diesem Vorgang hat er seine geistigen Werte in einem erschreckend hohen Mass verloren. Seine moralische und geistig-seelische Tradition ist zerfallen, und er zahlt nun den Preis für diese Auflösung mit weltweiter Desorientierung und Zersetzung.“[726]

Diesen Zustand der Gespaltenheit möchte sich der Mensch nach Jung nicht eingestehen, er trennt stattdessen weiterhin Bezirke des inneren Lebens von de-

720 UEG, S. 460.

721 Ende, zitiert nach Ester: Gespräch mit Michael Ende, in: Deutsche Bücher, Heft 3 (1993), S. 181–182.

722 Gronemann: Phantásien, S. 153.

723 Kuckartz: Michael Ende. Die unendliche Geschichte, S. 82.

724 Gronemann: Phantásien. S. 159.

725 UEG, S. 471.

726 Jung: Zugang zum Unbewussten, in: Jung: Der Mensch und seine Symbole, S. 94.

nen des äußeren und ist bestrebt, sie nicht miteinander in Verbindung zu setzen.[727] Auch den unbewussten Aspekt der Wirklichkeitswahrnehmung versucht der moderne Mensch laut Jung zu negieren.[728] Er hat „inzwischen die tieferen Ebenen seiner Persönlichkeit aus den Augen verloren, die Rolle der Intuition verkannt, die Botschaft der archaischen Mythen, die ja die wichtigste Weisheitsquelle sind, ignoriert und die Fähigkeit, sich zu wundern, verlernt".[729]

Dies deckt sich wiederum mit der Problematik Bastians in der *Unendlichen Geschichte.* Dass ein Zustand der Ganzheit, also der Vereinigung der bewussten und der unbewussten Sphäre, das Ideal darstellt, zeigt *Die unendliche Geschichte* an verschiedenen Figuren – so zum Beispiel an Caíron. Das Mischwesen aus Mensch und Tier wird als der klügste aller Ärzte dargestellt, er bringt sowohl tierische als auch menschliche Eigenschaften und Fähigkeiten mit. Damit ist er ein Bild des Selbst, also der Gesamtheit der Psyche, von Bewusstem und Unbewusstem: „Das Selbst ist ja nicht nur Kern des Unbewussten (und damit der Kern der Psyche) sondern gleichzeitig die Ganzheit der Psyche."[730]

Sieht man den rationalen, forschenden Engywuck als Personifikation des Bewussten, seine intuitive und naturheilkundlich bewanderte Frau Urgl als Allegorie des Unbewussten, stellen die beiden ebenfalls eine Einheit dar, die als Symbol für das Selbst betrachtet werden kann.[731] Dass die beiden nur gemeinsam existieren können, unterstreicht neben dem hohen Maß an Vertrautheit, das die beiden vermitteln, die Bezeichnung „Zweisiedler". Im Gegensatz zum „Einsiedler", der einsam und für sich selbst lebt, können diese beiden Figuren nur zu zweit existieren.

Die Kindliche Kaiserin wiederum steht für das Selbst in seiner Funktion als Zentrum des Unbewussten. Der Akt ihrer Neubenennung symbolisiert ein Akzeptieren der Tatsache, dass dieser Teil existiert:[732]

727 Ebd., S. 83.

728 Ebd., S. 21.

729 Ługowska: Bastian Balthasar Bux' Eintritt ins Märchen, in: Rzeszotnik (Hg.): Zwischen Phantasie und Realität, S. 131.

730 Gronemann: Phantásien, S. 23.

731 Ebd., S. 34.

732 Ebd., S. 29.

> „Die Tatsache, dass die Menschen in symbolischer Sprache, deren sich Michael Ende bedient, der Kindlichen Kaiserin Namen schenken, bestätigt das Bestehen einer Verbindung zwischen dem bewussten und dem unbewussten Teil der menschlichen Persönlichkeit, die Öffnung des Menschen gegenüber archetypischen Inhalten sowie die richtige Einschätzung der Rolle der Intuition, der Phantasie, des selbstlos geschaffenen Schönen.“[733]

Bastian wagt dies lange nicht. Zu fest ist er im Bewusstsein verwurzelt,[734] wie es ihm von seiner Umgebung beigebracht wurde, die alles Unbewusste als Lüge abwertet.[735] Dann jedoch erblickt er in einer visionsartigen Erfahrung für einen kurzen Moment das Gesicht der Kindlichen Kaiserin. Tiefenpsychologisch sieht man solche Visionen als Durchbruch des Unbewussten, die auftreten, wenn dieses das Bewusstsein auf etwas essentiell Wichtiges aufmerksam machen möchte:[736] „Das Unbewusste wählt Bilder, um uns etwas mitzuteilen.“[737]

Innerhalb von Phantásien steht für das Unbewusste das Bergwerk der Bilder,[738] in welches Bastian hinabsteigen muss, um unter vielen vergessenen und verdrängten Bildern jenes zu finden, das ihm die Rückkehr in die Realität ermöglicht. Auf Bastians Frage hin, welcher Art diese Bilder seien, entgegnet Yor:

> „Es sind die vergessenen Träume aus der Menschenwelt. [...] Ein Traum kann nicht zu nichts werden, wenn er einmal geträumt wurde. Aber wenn der Mensch, der ihn geträumt hat, ihn nicht behält – wo bleibt er dann? Hier bei uns in Phantásien, dort unten in der Tiefe unserer Erde. Dort lagern sich die vergessenen Träume ab in feinen, feinen Schichten, eine über der anderen. Je tiefer man hinuntergräbt, desto dichter liegen sie. Ganz Phantásien steht auf Grundfesten aus vergessenen Träumen.“[739]

733 Ługowska: Bastian Balthasar Bux' Eintritt ins Märchen, in: Rzeszotnik (Hg.): Zwischen Phantasie und Realität, S. 132.

734 Gronemann: Phantásien, S. 69.

735 Ebd., S. 58.

736 Ebd., S. 66.

737 Jung: Zugang zum Unbewussten, in: Jung: Der Mensch und seine Symbole, S. 28–29.

738 Hocke und Hocke: Das Phantásien-Lexikon, S. 50–51.

739 UEG, S. 445–446.

Die Bilder, die Bastian anfangs aus dem Bergwerk zutage fördert – absurde Szenerien, aber auch aus Märchen, Mythen und aus dem Alltag bekannte Bilder[740] – erinnern stark an Freuds Traumdeutungen. Dass Freuds Ausführungen Ende vertraut waren, beweist unter anderem die bereits in Kapitel 1.3.1 erwähnte Bleistiftzeichnung Endes von der Dreiteilung in Es, Ich und Über-Ich.

Die Tatsache jedoch, dass Phantásien nicht auf den Grundfesten der vergessenen Träume Bastians, sondern auf denen der vergessenen Träume aller Menschen steht, erinnert wiederum an einen Gedanken, der vor allem durch C.G. Jung bekannt wurde. Jung machte die Beobachtung, dass sich etwa Heldenmythen in den verschiedensten Kulturen überraschend gleichen:

> „Das heisst, sie haben ein universelles Muster, obgleich sie von Gruppen oder Individuen entwickelt wurden, die keinen direkten kulturellen Kontakt miteinander hatten. [...] Man hört immer wieder Geschichten, die die wunderbare, wenn auch armselige Geburt eines Helden beschreiben, die frühen Anzeichen seiner übermenschlichen Stärke, seinen raschen Aufstieg zu Ansehen oder Macht, seinen siegreichen Kampf mit den Mächten des Bösen, seine Anfälligkeit für die Sünde des Stolzes (Hybris) und seinen Sturz durch Verrat oder durch ein ‚heldenhaftes' Opfer, das mit seinem Tod endet."[741]

Den Bezirk, aus dem diese Strukturen und Symbole kommen, nennt Jung das „kollektive Unbewusste", es ist jener Teil der Psyche, in dem das „psychische Erbe" des Menschen gespeichert ist und von dem aus es weitergegeben wird:[742] „Es gibt [...] viele Symbole (zum Teil sehr wichtige), die ihrem Charakter und Ursprung nach nicht individuell, sondern kollektiv sind."[743]

Gerade in literarischen Texten und in Träumen kommen für Jung wie Ende die Bilder aus jener unbewussten Tiefenschicht vor, die Menschen aller Zeitalter und aller Kulturen eint.[744] Darauf deutet unter anderem die Unendlichkeit Phantásiens hin.[745]

740 Hocke und Hocke: Das Phantásien-Lexikon, S. 44.

741 Henderson: Der moderne Mensch und die Mythen, in: Jung: Der Mensch und seine Symbole, S. 110.

742 Ebd., S. 107.

743 Jung: Zugang zum Unbewussten, in: Jung: Der Mensch und seine Symbole, S. 55.

744 Gronemann: Phantásien, S. 14.

745 Ebd., S. 50.

3.8.3 Traumbilder und Archetypen

Bereits Freud ging davon aus, dass Träume und Traumbilder nicht zufällig entstehen, sondern in Beziehung zu bewussten Erlebnissen und Gedanken stehen.[746] Carl Gustav Jung stellte später die These auf, dass gewisse Impulse aus der Außenwelt, die durch die Sinne wahrgenommen werden, auch im Inneren repräsentiert sind, sie „verraten ihre Gegenwart oft durch symbolische Bilder. Diese ‚inneren' Erscheinungen sind es, die ich als Archetypen bezeichne. Ihren Ursprung kennt man nicht; sie tauchen jederzeit auf, überall in der Welt."[747] Der Archetyp bezeichnet hierbei weniger das Bild selbst, sondern eher die dem Menschen in Jungs Augen angeborene Tendenz, Bilder dieser Art, „solche bewussten Motivbilder",[748] zu formen. Hierbei ist zentral, dass den Bildern stets dieselbe Struktur zugrunde liegt, auch wenn sie sich im Detail stark unterscheiden können.[749] In einem engen Zusammenhang mit den Archetypen stehen für Jung Symbole: „Das, was wir Symbol nennen, ist ein Ausdruck, ein Name oder auch ein Bild, das uns im täglichen Leben vertraut sein kann, das aber zusätzlich zu seinem konventionellen Sinn noch besondere Nebenbedeutungen hat."[750]

Ende war mit dem Werk Jungs vertraut – dies spiegelt sich auch in der *Unendlichen Geschichte* wieder. Viele der Figuren Phantásiens erinnern stark an Jungs Archetypen, etwa der Held, der sein Volk vor dem Untergang bewahren muss, die bereits erwähnte Anima, die Figur des weisen Alten und auch das Bergwerk als Symbol für das Unbewusste:[751]

> „Michael Endes Texte sind nämlich in der Unbeweglichkeit der schwarzen Zeichen auf weißem Papier eingefrorene archetypische Bilder, die im Akt des Lebens auftauchen, zum bunten und pulsierenden, sensible Menschen einnehmenden Leben erweckt werden und durch einen emotiven Rekurs auf ihre Lebenserfahrungen Konkretisation erfahren."[752]

746 Jung: Zugang zum Unbewussten, in: Jung: Der Mensch und seine Symbole, S. 25.

747 Ebd., S. 69.

748 Ebd., S. 67.

749 Ebd.

750 Ebd., S. 20.

751 Hocke und Hocke: Das Phantásien-Lexikon, S. 34–35.

752 Rzeszotnik: Vorwort zu Zwischen Phantasie und Realität, S. 9.

Wenn man Phantásien als Reich des kollektiven Unbewussten betrachtet, ist die Konsequenz daraus, dass der „Archetyp als Urquelle der allgemeinmenschlichen Erfahrung"[753] ebenfalls dort zu finden ist.

In *Der Mensch und seine Symbole* nennt Jung als archetypisches Symbol etwa die Schlange, die sich selbst in den Schwanz beißt.[754] Bereits das Leitsymbol der *Unendlichen Geschichte* korrespondiert also mit den jungschen Archetypen. Laut Jung steht das Symbol der Schlange außerdem für Transzendenz, die Schlange gilt als ein Geschöpf, das zwischen zwei Welten wechseln und somit vermitteln kann.[755] Dies trifft im übertragenen Sinn auch für Endes Roman zu, denn erst als die Kindliche Kaiserin – der Anfang – auf den Alten vom Wandernden Berge – das Ende – trifft, als sich also die Schlange in den Schwanz beißt, wagt Bastian den Eintritt ins Unbewusste.[756]

Auch das Motiv des rettenden Helden erwähnt Jung:

> „Niemand weiß, woher dieses Motiv ursprünglich kommt und wann es aufgetaucht ist. [...] Gewiß ist nur, daß jede Generation es offenbar als Überlieferung aus alten Zeiten kennt. Wahrscheinlich kommt es aus einer Zeit, als der Mensch noch nicht wußte, daß er einen Heldenmythos besaß, das heißt, einem Zeitalter, als er noch nicht bewußt über das nachdachte, was er sagte. Die Heldenfigur ist ein Archetyp, der seit unvordenklichen Zeiten existiert."[757]

Der Held rettet sein Volk, indem er Ungeheuer bekämpft – in der *Unendlichen Geschichte* nimmt das Nichts die Rolle des Ungeheuers ein –, seine Kraft wird häufig durch magische Gegenstände oder Mittel gemehrt. Dass auch Bastian und Atréju solche zur Verfügung stehen, wurde in den vorherigen Kapiteln bereits dargelegt.[758]

753 Ługowska: Bastian Balthasar Bux' Eintritt ins Märchen, in: Rzeszotnik (Hg.): Zwischen Phantasie und Realität, S. 130.

754 Jung: Zugang zum Unbewussten, in: Jung: Der Mensch und seine Symbole, S. 38.

755 Henderson: Der moderne Mensch und die Mythen, in: Jung: Der Mensch und seine Symbole, S. 154.

756 Gronemann: Phantásien, S. 70–76.

757 Jung, zitiert nach Henderson: Der moderne Mensch und die Mythen, in: Jung: Der Mensch und seine Symbole, S. 120–122.

758 Ludwig: Was du ererbt von deinen Vätern hast ..., S. 47–48.

Auch wenn die Figuren, denen Bastian begegnet, erst durch seine Neuschöpfung Phantásiens entstanden sind, haben sie alle schon immer existiert – wie etwa die Dame Aiuóla, die Bastian mitteilt, sie habe „schon seit langer Zeit“[759] auf ihn gewartet. Das spricht ebenfalls dafür, dass die Bewohner Phantásiens als Manifestationen der Archetypen gesehen werden müssen, die ebenso seit Urzeiten existieren, aber im Unbewussten des Einzelnen zu immer wieder neuen Bildern geformt werden.[760]

Der Elfenbeinturm und das Labyrinth, das ihn umgibt, haben, wie bereits in Kapitel 3.2.2 erwähnt, die Form eines Mandalas. Auch mit diesen beschäftigte sich Jung – er fand heraus, dass Formen dieser Art in Träumen erscheinen, selbst wenn der Träumende sie noch nie erblickt hat, und ordnete sie deshalb als archetypisch ein. Die Konzentration auf das Zentrum steht hierbei für eine Besinnung auf das Selbst als Zentrum der Seele.[761] Im Mittelpunkt des phantásischen Mandalas ist der Magnolienpavillon, in welchem sich die Kindliche Kaiserin aufhält – eine Personifikation des Selbst. Die Tiefenpsychologie spricht bei Darstellungen wie der der Kindlichen Kaiserin vom Archetyp des göttlichen Kindes, welches stets als Symbol für das Selbst ausgelegt wird.[762] Typisch ist auch die Darstellung des Kindes in einer Blüte:[763] „Öfters erscheint das Kind (der Archetyp des Kindes) in Blumenkelchen oder aus einem goldenen Ei oder als Mittelpunkt eines Mandala.“[764]

Zu dieser Lesart passt auch, dass die Kindliche Kaiserin gewissermaßen der Ursprung aller Wesen Phantásiens ist, ebenso wie Jung das Selbst, den Kern des Unbewussten, als Urheber aller Archetypen ansieht.[765]

Aufgrund der Tatsache, dass Ende die Theorien Freuds und Jungs kannte und aufgrund der Deutlichkeit der Parallelen zwischen deren Thesen und Endes literarischem Werk ist stark anzunehmen, dass die Bezüge darauf nicht zufällig entstanden sind. Sie entstanden also nicht dadurch, dass Ende die Symbole einfach häufig in anderen literarischen Werken fand, sich durch sie angesprochen

759 UEG, S. 426.

760 Gronemann: Phantásien, S. 86.

761 Ebd., S. 18–19.

762 Ebd., S. 63.

763 Ebd.

764 Jung: Zur Psychologie des Kinderarchetypus, zitiert nach Gronemann: Phantásien, S. 19.

765 Gronemann: Phantásien, S. 63.

fühlte und sie übernahm, sondern dadurch, dass er durchaus bewusst mit ihnen spielte.

3.9 Rezeptionsästhetik, Metafiktionalität und die Notwendigkeit der LeserInnen

„Was tun die Personen in einem Buch,
wenn es gerade niemand liest?"[766]

Im postmodernen Diskurs über Literatur sind zwei Begriffe von Bedeutung, die, wie im bisherigen Verlauf der Arbeit verdeutlicht, auch für Michael Ende von großer Wichtigkeit waren – das Spiel und die Freiheit. Zunehmend versteht man Kunst als etwas, das nicht die Wirklichkeit abbilden, sondern frei sein und Spielcharakter haben soll, das den RezipientInnen Angebote der Orientierung macht, ohne von ihnen zu verlangen, diese auch anzunehmen. Texte eröffnen Spielräume, in deren Rahmen verschiedene Interpretationen möglich sind.[767] Besonders geeignet für das Anbieten von verschiedenen Interpretationsmöglichkeiten sind phantastische Texte, da sie sich nicht an der Realität überprüfen lassen.[768]

In literarischen Texten sind Leerstellen angelegt, die durch den Leser oder die Leserin befüllt werden. Die Rezeptionsästhetik der Konstanzer Schule und ihre beiden wichtigsten Vertreter Jauß und Iser gehen daher von einer Interaktion zwischen Leser und Text aus. Sie fassen den Leser als textuelle Kategorie und als Instrument für die Interpretation auf.[769] Texte entstehen für sie nicht nur durch das Element der Produktion, sondern auch durch das Element der Rezeption; das Element der Rezeption ist somit ein produktives. Jeder Leser bzw. jede Leserin bringt die eigenen (Lese-)Erfahrungen in den Lektüreprozess ein und erschließt den Text somit auf seine/ihre Weise.[770] Dieser Gedanke ist auch in der *Unendlichen Geschichte* zentral: „,Jede wirkliche Geschichte ist eine Unendliche Geschichte.'[771] Denn sie bedarf der Ergänzung durch den Leser, der beim Lesen seine eigene Geschichte (er-)findet und seine eigenen Schlüsse daraus zieht."[772]

766 Ende: Vierundvierzig Fragen an den geneigten Leser, in: Ende: Zettelkasten, S. 43.

767 Pirchmoser: Parallelwelten, S. 39.

768 Jahraus: Literaturtheorie, S. 292–293.

769 Pirchmoser: Parallelwelten, S, 39–40.

770 Hocke und Hocke: Das Phantásien-Lexikon, S. 135.

771 UEG, S. 474.

772 Neuhaus: Märchen, S. 303.

Die Rezeptionsweise des Protagonisten Bastian ist eine mimetische, die Distanz zwischen ihm und dem Gelesenen verringert sich rapide.[773] Bastian „versenkt sich ins gelesene Buch" und „erlebt die Lektüre tief".[774] Er identifiziert sich mit Atréju und tritt schließlich ganz in die fiktionale Welt ein. Doch immer wieder weist der Roman darauf hin, dass Bastians Weg, das Buch zu lesen, nicht der einzig mögliche ist: „Es gibt eine Menge Türen nach Phantásien [...]."[775] Dass der Leser bzw. die Leserin für das literarische Werk eine notwendige Größe darstellt, zeigt sich darin, dass ein Menschenkind benötigt wird, um Phantásien zu retten. Die Figuren Phantásiens sind sich teilweise sogar ihres fiktionalen Charakters bewusst. Es kommt immer wieder zu metafiktionalen Äußerungen, also zu Äußerungen, die die Fiktionalität der Figuren thematisieren.[776] Besonders Atréjus Begegnung mit dem Südlichen Orakel tritt in diesem Kontext hervor:

> „... doch keiner erlöst uns alle vom Fluch,
> durch keinen wird sie gesunden.
> Wir sind nur Figuren in einem Buch,
> und vollziehen, wozu wir erfunden.
> Nur Träume und Bilder in einer Geschicht',
> so müssen wir sein, wie wir sind,
> und Neues schaffen – wir können es nicht,
> kein Weiser, kein König, kein Kind.
> Doch jenseits Phantásiens gibt es ein Reich,
> das heißt die äußere Welt,
> und die dort wohnen – ja, sie sind reich,
> um sie ist es anders bestellt!"[777]

Das erfährt Atréju von der Stimme der Stille. Auch Gmork konfrontiert ihn mit seiner Fiktionalität: „Was seid ihr denn, ihr Wesen Phantásiens? Traumbilder seid ihr, Erfindungen im Reich der Poesie, Figuren in einer unendlichen Geschichte!"[778] Ohne die RezipientInnen sind die Wesen Phantásiens nur „Figuren in einem Buch", erst durch die Rezeption werden sie greifbar und erhalten neue Komponenten und Möglichkeiten. Die literarische Figur ist stets ab-

773 Ługowska: Bastian Balthasar Bux' Eintritt ins Märchen, in: Rzeszotnik (Hg.): Zwischen Phantasie und Realität, S. 128.

774 Schröder: Hingabe, Distanz oder Desinteresse, in: Der Deutschunterricht 40, Heft 4 (1988), S. 15.

775 UEG, S. 474.

776 Götze: Roman der Einbildungskraft, in: Schöll: Literatur und Ästhetik, S. 171.

777 UEG, S. 123.

778 UEG, S. 159

hängig von der individuellen Vorstellung dessen, der sie sich vorstellt.[779] Auch Michael Ende, der das Lesen als etwas ungemein Persönliches ansah,[780] vertrat diesen Standpunkt: „Um Schönheit zu erleben, bedarf es immer eines Menschen, der fähig ist, diese Schönheit zu erleben.“[781] Den individuellen Zugang zu einem Text muss in seinen Augen jeder Leser bzw. jede Leserin selbst finden. Aus diesem Grund verweigerte er InterviewpartnerInnen stets eine Ausdeutung seines Romans: „Seiner Überzeugung nach gibt es keinen ‚richtigen‘ Schlüssel, den man billig vom Autor erhalten könne.“[782] Mit dieser Ansicht stehen Ende und sein Konzept der Autorschaft etwa in der Tradition von Roland Barthes, der in seiner Abhandlung *Der Tod des Autors* die These vertritt, dass es die LeserInnen sind, die einem Text seinen Sinn geben, nicht jedoch der Autor oder die Autorin:

> „Ein Text ist aus vielfältigen Schriften zusammengesetzt, die verschiedenen Kulturen entstammen und miteinander in Dialog treten, sich parodieren, einander in Frage stellen. Es gibt aber einen Ort, an dem diese Vielfalt zusammentrifft, und dieser Ort ist nicht der Autor (wie man bislang gesagt hat), sondern der Leser. Der Leser ist der Raum, in dem sich alle Zitate, aus denen sich eine Schrift zusammensetzt, einschreiben, ohne dass ein einziges verloren ginge. Die Einheit des Textes liegt nicht in seinem Ursprung, sondern in seinem Zielpunkt […].“[783]

Dass Ende Schriften wie diese kannte, ist aufgrund seiner differenzierten Äußerungen zur Bedeutung der Rezeption für ein literarisches Werk und auch aufgrund seiner Konzeption der *Unendlichen Geschichte* stark anzunehmen.

Die Tatsache, dass Bastian und das Buch, das er liest, in ebenjenem Buch vorkommen, kann ebenfalls als „Rekurs auf die entscheidende rezeptionsästhetische Bedingung der Erzählung“,[784] das Aufeinandertreffen „des leidenschaftlichen

779 Götze: Roman der Einbildungskraft, in: Schöll: Literatur und Ästhetik, S. 170.

780 Hocke und Hocke: Das Phantásien-Lexikon, S. 13.

781 Ende, zitiert nach Ester: Gespräch mit Michael Ende, in: Deutsche Bücher, Heft 3 (1993), S. 184.

782 Hocke: Die Suche nach dem Zauberwort, in: Hocke, Kraft: Michael Ende und seine phantastische Welt, S. 112.

783 Barthes: Der Tod des Autors, in : Jannidis u. a. (Hg.): Texte zur Theorie der Autorschaft, S. 192.

784 Götze: Roman der Einbildungskraft, in: Schöll: Literatur und Ästhetik, S. 175.

und phantasiebegabten Lesers mit dem Objekt seiner Obsession"[785] betrachtet werden. Dafür entwickelt Bastian in seiner Rolle als Leser nach und nach ein Bewusstsein und in seiner Rolle als literarische Figur hat er zumindest eine Ahnung davon, dass er möglicherweise Protagonist eines Buches ist: „Und wer weiß, welcher andere Leser ihn jetzt gerade las."[786] Das Verhältnis, in dem Bastian zu Atréju steht, ist somit eine Doppelung des Verhältnisses, in welchem der reale Leser bzw. die reale Leserin zu Bastian steht.[787] Diesen Kunstgriff verwendete Ende bewusst, dazu äußert er sich in einem Dokument aus seinem Nachlass. Er versuchte, „die Aufmerksamkeit des Lesers auf diesen geheimnisvollen Vorgang zu lenken",[788] auf den Vorgang der Rezeption:

> „Wo findet denn statt, was zwischen dem Leser und seinem Buch (dem Menschen und der Welt) vorgeht? Im Buch allein ja nicht, denn es besteht nur aus schwarzen Zeichen auf weißem Papier. Es bedarf des Lesers. Im Leser allein aber auch nicht, denn ohne das Buch würde der ganze Vorgang ja nicht zustande kommen."[789]

Darin zeigt sich einmal mehr: Im Konzept der *Unendlichen Geschichte* fungiert das Buch als Spiegel, in welchem sich der Leser oder die Leserin spiegelt, ebenso wie sich das Buch in ihm oder ihr spiegelt.[790] Daraus folgt, dass nicht nur das Buch seine RezipientInnen verändern kann, sondern dass auch das Buch durch den kreativen Prozess der Lektüre Veränderungen erfährt.[791] Aus diesem Grund ist der Spiegel ein zentrales Motiv in Endes Roman. Bereits die allerersten Buchstaben deuten darauf hin – in Spiegelschrift.

785 Ebd.

786 UEG, S. 209.

787 Götze: Roman der Einbildungskraft, in: Schöll: Literatur und Ästhetik, S. 175.

788 Ende, zitiert nach Hocke und Hocke: Das Phantásien-Lexikon, S. 193.

789 Ende, ebd.

790 Ebd., S. 135.

791 Ebd., S. 124.

3.10 Klassische Kinderliteratur des 20. Jahrhunderts

„Gewiss glaubt ein erwachsener Leser – sogar ich –, dass Mio voller Sehnsucht auf der Bank in Tegnèrlunden sitzt, ebenso einsam wie jemals zuvor. Jedoch wissen alle Kinder, auch das ‚Kind in mir': Mio ist im Land der Ferne und hat es gut, so gut bei seinem Vater, dem König."[792]

3.10.1 Bastian und Mio

Astrid Lindgrens Buch *Mio, mein Mio* erschien 1955 erstmals in Deutschland und gewann kurz darauf den Deutschen Jugendliteraturpreis. Es ist nicht nachweisbar, dass Michael Ende das Buch kannte. Wie die folgenden Ausführungen zeigen werden, ist es jedoch zumindest sehr wahrscheinlich. Ob zwischen den beiden Werken tatsächlich ein intertextuelles Verhältnis besteht, kann auch deshalb nicht zweifelsfrei festgemacht werden, da sie sich auf gleiche und ähnliche Primärtexte beziehen. Selbst wenn die Gemeinsamkeiten der beiden Werke zufällig entstanden sein sollten, ist ein Vergleich zwischen dem Buch, das 1956, also 24 Jahre bevor *Die Unendliche Geschichte* auf der Auswahlliste des Preises stand und nur fünf Jahre bevor *Jim Knopf und Lukas der Lokomotivführer* damit ausgezeichnet wurde, den Deutschen Jugendliteraturpreis erhielt, für die Einschätzung der *Unendlichen Geschichte* aufschlussreich.

Gemeinsamkeiten gibt es vor allem im Schicksal und der Charakterisierung der Hauptfiguren Bastian Balthasar Bux und Bo Vilhelm Olsson. Bo ist Waise – nach einiger Zeit im Kinderheim kommt er in eine Pflegefamilie. Doch Tante Edla und Onkel Sixten bringen ihm keine Zuwendung entgegen:[793] „Tante Edla sagte immer, der Tag, an dem ich ins Haus gekommen bin, sei ein Unglückstag gewesen."[794] Ebenso wie Bastian hat er seine Mutter verloren (wer Bos Vater ist, ist unbekannt) und lebt nun in einer gefühlskalten Atmosphäre, in der er sich nicht willkommen fühlt.

Die Konstellation des elternlosen Kindes ist an sich eine Ausgangsposition, die vor allem in Abenteuererzählungen für Kinder häufig zu finden ist[795] – auch in aktuell erscheinenden Kinderbüchern zeigt sich „die Tendenz, dass die Entwick-

792 Lindgren, zitiert nach Nickel-Bacon: Fantastische Literatur, in: Wild (Hg.): Geschichte der deutschen Kinder- und Jugendliteratur, S. 394.

793 Ludwig: Was du ererbt von deinen Vätern hast ..., S. 71.

794 UEG, S. 8.

795 Ludwig: Was du ererbt von deinen Vätern hast ..., S. 71.

lung der Protagonistin/des Protagonisten bzw. deren Selbst- und Identitätsfindungsprozess nur ohne die Eltern möglich ist".[796] Von Momos Eltern ist nie die Rede, Kästners Emil hat keinen Vater mehr, der kleine Prinz ist sprichwörtlich vom Himmel gefallen. Pippi Langstrumpfs Vater ist zwar am Leben, lebt aber als schiffbrüchiger Pirat weit weg auf einer Südseeinsel und taucht nur selten auf, während ihre Mutter im Himmel ist.[797]

Anders als Pippi, Emil und Momo leiden Bastian und Bo unter der (emotionalen) Abwesenheit ihrer Eltern und fühlen sich nicht geliebt.[798] Beide Jungen sind außerdem Außenseiter unter Gleichaltrigen, Bo deshalb, weil seine Pflegeeltern ihm nicht erlauben, Freunde mit nach Hause zu bringen, Bastian deshalb, weil er Schwierigkeiten damit hat, soziale Kontakte zu knüpfen. Beide Bücher machen somit mittels der Darstellung eines vereinsamten Kindes „auf gravierende soziale Defizite in der Gesellschaft aufmerksam".[799]

Soviel zu den Ausgangssituationen der Bücher, doch auch weiter gleichen sich ihre Handlungsstränge stark. Bastian flieht in das Antiquariat und stiehlt dort von Karl Konrad Koreander ein Buch, das ihm später den Eintritt nach Phantásien möglich macht, Bo erhält im Obstladen von Tante Lundin einen Apfel und eine Postkarte, die ebenfalls die ersten Elemente der Verbindung mit der Parallelwelt darstellen. Koreander und Tante Lundin sind also eine Art „Fluchthelfer".[800] Diesen benötigen beide Jungen, weil sie sich in einer schweren Krise befinden. Bei Bo äußert sich diese so:

> „Beinah hätte ich geweint. Ich tat es nicht, aber beinah. Ich fühlte mich so einsam. Ich ging in den Tegnérpark und setzte mich auf eine Bank. […] Alle waren nach Hause gegangen, um zu essen. […] Ich stellte mir vor, daß überall dort, überall, wo Licht war, Kinder mit ihren Vätern und Müttern beisammen waren. Nur ich, ich saß hier draußen im Dunkeln. Allein."[801]

796 Pirchmoser: Parallelwelten, S. 54

797 Ludwig: Was du ererbt von deinen Vätern hast …, S. 70.

798 Ebd., S. 75.

799 Neuhaus: Märchen, S. 290.

800 Ludwig: Was du ererbt von deinen Vätern hast …,, S. 76–77.

801 Lindgren: Mio, mein Mio, S. 12.

Die Krise ist jedoch – ebenso wie bei Bastian – Voraussetzung für das Erdenken einer Phantasiewelt,[802] in die Bo bald aufbricht – wie Bastian hat er eine sehr ausgeprägte Fähigkeit zur Imagination.[803] Er trifft auf einen Flaschengeist, der ihn ins „Land der Ferne" bringt. Darum bittet Bo ihn, nachdem er entdeckt hat, was auf der Postkarte steht, die er bekommen hat:

> „An den
> *KÖNIG*
> *LAND DER FERNE*
> Er ist auf dem Weg, er, den Du so lange gesucht hast. Er reist durch Tag und Nacht, und er hält in seiner Hand das Zeichen, den goldenen Apfel."[804]

Dort angekommen, erfährt Bo schnell den Sinn dieser Zeilen: Der König im Land der Ferne ist sein schmerzlich vermisster Vater, er ist überglücklich, seinen Sohn endlich in die Arme schließen zu können. Er nennt Bo bei seinem wirklichen Namen – Mio: „Ich muß doch wohl wissen, daß du so heißt."[805] Wie Bastian reist er also in eine Traumwelt, in der er bereits erwartet wird und in der zunächst alles, was er sich gewünscht hat, in Erfüllung geht, sodass er all seine Defizite auffüllen kann.[806] Das Pendant zu Mios Vater, dem König, ist in der *Unendlichen Geschichte* die Dame Aiuóla. Beide Figuren stehen für einen vermissten Elternteil, beide tragen Züge einer Figur aus der fiktiven Realität – Mios Vater ähnelt dem Vater seines besten Freundes, der für ihn das Ideal darstellt: „Er hatte Ähnlichkeit mit Benkas Vater, aber er war schöner."[807] Bastian fühlt sich, wie bereits erwähnt, durch die Dame Aiuóla an seine verstorbene Mutter erinnert: „Diese Frau hatte [...] dasselbe liebe Lächeln und dieselbe vertrauenerweckende Art, einen anzusehen [...]."[808] Beide Jungen werden von den Elternfiguren bereits sehnlichst erwartet: „[...] schon meine Großmutter und die Großmutter meiner Großmutter hat auf dich gewartet",[809] erklärt die Dame Aiuóla Bastian. Mios Vater lässt vor Freude darüber, seinen Sohn wiedergefunden zu haben, sogar einen Boten durchs Land schicken, um die frohe Botschaft zu verkünden.

802 Ludwig: Was du ererbt von deinen Vätern hast ..., S. 72.

803 Ebd., S. 73.

804 Lindgren: Mio, mein Mio, S. 10.

805 Ebd., S. 18.

806 Ludwig: Was du ererbt von deinen Vätern hast ..., S. 78.

807 Lindgren: Mio, mein Mio, S. 17.

808 UEG, S. 426.

809 UEG, S. 429.

Auch Atréju hat sein Pendant in Lindgrens Buch: Mios Freund Jum-Jum, der ihm in allen Dingen zur Seite steht. Auch dieser ist ein „Einheimischer" der phantastischen Welt und lässt den Hauptprotagonisten von seinem Wissen über die Anderswelt profitieren: „Jum-Jum hatte schon recht, wenn er sagte: ‚Du weißt so wenig, Mio.'"[810] Fuchur als fliegendes Reittier lässt sich ebenfalls mit einer Figur aus *Mio, mein Mio* vergleichen, nämlich mit Miramis, Mios Pferd, welches auf den Wolken galoppieren kann:[811]

> „Niemand hat ein solches Pferd wie ich. Und niemand kann nachfühlen, wie es ist, auf seinem Rücken sitzend gleichsam durch die Luft zu fließen und das Land auf der anderen Seite des Wassers unten, weit unten im Sonnenschein liegen zu sehen."[812]

Deutlich ist die Ähnlichkeit mit einem Ritt Atréjus auf Fuchur zu erkennen:

> „Hoch durch die Lüfte ritt Atréju dahin. Sein roter Mantel wehte in mächtigen Schwüngen hinter ihm drein. [...] Fuchur, der weiße Glücksdrache, glitt in langsamen, gleichmäßigen Wellenbewegungen durch die Nebel und Wolkenfetzen des Himmels."[813]

Sowohl auf der fiktiv-realen als auch auf der phantastischen Erzählebene haben die beiden Romane vieles gemeinsam – nicht zuletzt auch die Dialektik der beiden Ebenen, die bei beiden Romanen auf das Wirklichkeitsmärchen zurückgeht. Es gäbe noch zahlreiche weitere Parallelen zwischen den beiden Büchern zu beschreiben – die Bewährungsprobe der beiden Protagonisten, der Faktor der Vorherbestimmtheit ihrer Reise,[814] die Ähnlichkeiten in der Darstellung von Katos Spähern und Xayídes Soldaten,[815] das magische Schwert – doch die bereits angeführten sollen an dieser Stelle genügen, um exemplarisch aufzuzeigen, dass die Gemeinsamkeiten deutlich zu erkennen sind.

In anderen Dingen jedoch unterscheiden sich *Mio, mein Mio* und *Die unendliche Geschichte* grundsätzlich. So ist die Anderswelt bei Astrid Lindgren in einen „guten" Teil, das Land der Ferne, und in einen „schlechten", das Land Außer-

---

810 Lindgren: Mio, mein Mio, S. 78

811 Ludwig: Was du ererbt von deinen Vätern hast ..., S. 79–80.

812 Mio mein Mio, S. 59.

813 UEG, S. 135.

814 Ludwig: Was du ererbt von deinen Vätern hast ..., S. 81.

815 Ebd., S. 82.

halb, unterteilt,[816] während in Phantásien Gegensätzlichkeiten dieser Art vermieden werden.

Der größte Unterschied – ein fundamentaler – ist jedoch der Umstand, dass Mio, als er ins Land der Ferne reist, zu seinem Vater „heimkehrt“: „Unser Herr, der König, hat [...] allen verkünden lassen: Mio ist heimgekommen.“[817] Dementsprechend bleibt er am Ende auch dort:

> „Es sitzt kein Bosse auf irgendeiner Bank im Tegnérpark. Denn er ist im Land der Ferne. [...] Er ist dort, wo die Silberpappeln rauschen, wo die Feuer in der Nacht leuchten und wärmen, wo es Brot gibt, das Hunger stillt, und wo er seinen Vater, den König hat, den er sehr liebt und der ihn auch sehr liebt.“[818]

Im Roman bleibt offen, ob Bos Reise ins Land der Ferne wirklich geschehen ist oder ob er sich seine Flucht nur ausdenkt, als er in jenem verzweifelten Moment auf der Parkbank sitzt.[819] Dennoch unterscheidet sich das Ende grundlegend von jenem der *Unendlichen Geschichte*, in welcher zwar auch Bastian zu seinem Vater heimkehrt, diese Heimat aber in der Realität, nicht in der Anderswelt liegt. Bo fühlt sich im Land der Ferne heimisch, unabhängig davon, ob es nur in seiner Phantasie existiert oder nicht. Bastian behält dagegen die Fähigkeit, sich zwischen den Welten hin- und herzubewegen und sich in beiden zuhause zu fühlen.

3.10.2 *Der kleine Prinz*

Bereits in *Momo* finden sich mehrere Parallelen zu de Saint-Exupérys *Kleinem Prinzen*, so eint Momo und den kleinen Prinzen zum Beispiel die Fähigkeit, mit dem Herzen wahrnehmen zu können. Auch *Die unendliche Geschichte* zeigt Ähnlichkeiten zu Antoine de Saint-Exupérys Buch. Wenn der Einfluss des *Kleinen Prinzen* auf *Die unendliche Geschichte* auch vergleichsweise klein ist, soll er hier im Folgenden doch kurz dargelegt werden, da es ein Ziel der vorliegenden Arbeit ist, ein möglichst umfassendes Bild der Bezugnahmen auf die Primärtexte des Romans zu zeichnen.

816 Ebd., S. 73.

817 Mio, mein Mio, S. 24.

818 Ebd., S. 186–187.

819 Neuhaus: Märchen, S. 290.

In beiden Büchern wird (ebenso wie in *Momo*) aus der Perspektive des Kindes bzw. der Kinder Kritik an der Welt und am Blickwinkel der Erwachsenen ausgedrückt: „Die großen Leute verstehen nie etwas von selbst, und für die Kinder ist es zu anstrengend, ihnen immer und immer wieder erklären zu müssen."[820] Das Kindliche ist stark positiv besetzt und dem Erwachsenen in vielen Dingen sogar überlegen.[821] Mittels der Figur des Geographen wird, ähnlich wie durch die Figur Engywuck, Wissenschaftskritik geübt, konkret Kritik an einer rein beschreibenden Wissenschaft ohne Praxisbezug. Auch der Geograph wartet auf Forscher, die ihm ihre Entdeckungen berichten, statt sich von seinem Schreibtisch zu entfernen und Nachforschungen anzustellen. Beide Werke sind außerdem ein Plädoyer für die Besinnung auf das Wesentliche, das „für die Augen unsichtbar"[822] ist, und gegen die Konzentration auf das Nur-Beweisbare und die reine Kausallogik.[823]

Auch einige Motive aus dem *Kleinen Prinzen* finden sich in der *Unendlichen Geschichte* wieder – zum Beispiel das Reisen mittels Gifttod. Genau ein Jahr nach seiner Ankunft lässt sich der kleine Prinz von einer Schlange beißen, um auf seinen Planeten zurückkehren zu können. Er bespricht sich vorher mit ihr: „Du hast gutes Gift? Bist du sicher, daß du mich nicht lange leiden lässt?"[824] Die Schlange, eigentlich ein gefährliches Wesen, bietet ihre Hilfe selbst an, weil die Unschuld des kleinen Prinzen sie rührt: „Ich kann dir eines Tages helfen, wenn du dich zu sehr nach deinem Planeten sehnst."[825]

Auch Ygramul ist gefährlich – sie hat den Glücksdrachen in ihrer Gewalt und ist dabei, ihn zu töten, als Atréju auf sie trifft. Ihm jedoch verrät sie ihr Geheimnis, das sie bisher noch nie preisgegeben hat: „Ygramuls Gift [...] tötet innerhalb einer Stunde, aber es verleiht dem, der es in sich trägt, zugleich die Macht, sich an jeden Ort Phantásiens zu versetzen, den er wünscht."[826] Atréju entscheidet sich schließlich freiwillig dafür, sich vergiften zu lassen – ebenso wie der kleine Prinz. Der Biss wird in beiden Werken als eine Art Blitz beschrieben:[827]

820 Saint-Exupéry: Der kleine Prinz, S. 6.

821 Ludwig: Was du ererbt von deinen Vätern hast ..., S. 94.

822 Saint-Exupéry: Der kleine Prinz, S. 52.

823 Hocke und Hocke: Das Phantásien-Lexikon, S. 127.

824 Saint-Exupéry: Der kleine Prinz, S. 52.

825 Ebd., S. 45.

826 UEG, S. 81–82.

827 Ludwig: Was du ererbt von deinen Vätern hast ..., S. 96–97.

> „Blitzschnell fiel die stahlblaue Wolke über ihn her und umhüllte ihn von allen Seiten. Er fühlte einen rasenden Schmerz in der linken Schulter und dachte nur noch: Zum Südlichen Orakel!
>
> Dann wurde ihm schwarz vor den Augen.“[828]

Auch der kleine Prinz muss nicht lange leiden:

> „Es war nichts als ein gelber Blitz bei seinem Knöchel. Er blieb einen Augenblick reglos. Er schrie nicht. Er fiel sachte, wie ein Baum fällt. Ohne das leiseste Geräusch fiel er in den Sand.“[829]

Der Tod oder vielmehr der Moment des Sterbens wird in Kauf genommen, um eine ansonsten zu große Distanz überwinden zu können.[830] Das Sterben oder das, was wie das Sterben aussieht, ist somit nicht sinnlos, sondern hat eine Bedeutung und damit eine Berechtigung. „Es wird aussehen, als wäre ich tot, und das wird nicht wahr sein ...“,[831] beruhigt der kleine Prinz den Erzähler. Auch der Löwe Graógramán muss jeden Abend in einen todesähnlichen Zustand übergehen, um dem Nachtwald Perelín Platz zu machen.[832] Sie alle wissen jedoch, dass ihr Tod einen bestimmten Zweck verfolgt und dass sie an einem anderen Ort bzw. in Graógramáns Fall zu einer anderen Zeit zurückkehren werden. Der Tod ist nicht endgültig, er steht für einen neuen Anfang. Dieser Gedanke findet sich nicht nur im *Kleinen Prinzen*, sondern auch in zahlreichen Religionen; im zyklischen Zeitverständnis des asiatischen Kulturkreises – dargestellt in Kapitel 3.2.4 – im Sinne der Wiedergeburt.

Nicht nur zu *Der kleine Prinz* und *Mio, mein Mio* weist *Die unendliche Geschichte* eindeutige Parallelen auf. Die Figurenzeichnung Atréjus zum Beispiel erinnert stark an die Darstellung der Indianer in den Abenteuerromanen von Karl May.[833] Selbstverständlich gehören nämlich die Phantasiebilder, die in kindlichen Köpfen entstehen, ebenso zur Kulisse Phantásiens wie die Träume und Vorstellungen der Erwachsenen.

828 UEG, S. 82.

829 Saint-Exupéry: Der kleine Prinz, S. 66.

830 Ludwig: Was du ererbt von deinen Vätern hast ..., S. 97.

831 Saint-Exupéry: Der kleine Prinz, S. 65.

832 Vgl. hierzu Kapitel 3.2.4.

833 Ludwig: Was du ererbt von deinen Vätern hast ..., S. 47.

3.11 Zeitgenössische Fantasy-Literatur

„Ist der Mond, den Goethe duzte (‚Füllest wieder Busch und Tal ...‘) und der Klumpen aus Schlacke und Staub, auf dem die beiden Astronauten herumtaumelten, ein und derselbe Himmelskörper?“[834]

3.11.1 Fantasy, Phantasie und Phantásien – Spiegelungen der Realität

Unter phantastischer Literatur versteht man gemeinhin:

> „ein der Erzählliteratur zugehöriges Genre [...], das einerseits hinsichtlich der erzählten Welt auf die Normen der außertextuellen Wirklichkeit rekurriert, welche als Bezugsystem der intertextuell konzipierten Wirklichkeit zugrunde liegt und durch den Text entsprechend nachgebildet wird, und das andererseits zugleich eine Komponente integriert, die mit den Bedingungen der Normwirklichkeit nicht vereinbar ist“.[835]

Phantastische Literatur ist also Literatur, die sich durch eine „geschehnisbestimmende strukturelle und bildliche Heterogenität, die der Logik normaler Alltagserfahrungen widerspricht“,[836] auszeichnet. Anders formuliert: „Allen fantastischen Texten gemeinsam ist – auf der Handlungsebene – die Schilderung einer Realität, die in ihren Gesetzmäßigkeiten und ihrer konkreten Ausgestaltung von der Alltagsrealität der Leser abweicht.“[837] Anhand dieser Definitionen ist *Die unendliche Geschichte* eindeutig der fantastischen Literatur zuzuordnen. Lange Zeit war diese Art von Literatur in Deutschland wenig populär und wurde als eskapistisch abgewertet, damit beschäftigen sich ausführlicher die Kapitel 1.1 und 2.4.2. Endes Erfolg trug mit dazu bei, dass dem Genre auch im deutschsprachigen Literaturbetrieb ein Raum eröffnet wurde. Er regte Autorinnen und Autoren dazu an, phantastische Literatur zu schreiben,[838] machte es außerdem

834 Ende: Vierundvierzig Fragen an den geneigten Leser, in: Ende: Zettelkasten, S. 40.

835 Antonsen: Phantastik, in: Metzler Lexikon Literatur, S. 581.

836 Haas: Michael Ende und die phantastische Jugendliteratur der achtziger und neunziger Jahre in Deutschland, in: Henner u. a. (Hg.): Aus „Wundertüte“ und „Zauberkasten“, S. 337.

837 Neuhaus: Märchen, S. 16.

838 Haas: Michael Ende und die phantastische Jugendliteratur der achtziger und neunziger Jahre in Deutschland, In: Henner u. a. (Hg.): Aus „Wundertüte“ und „Zauberkasten“, S. 333.

„zeitgenössischen Autorinnen/Autoren phantastischer Texte leichter […], Phantastik als genuines Stück Literatur und im speziellen einer ernstzunehmenden Kinder- und Jugendliteratur ins öffentliche Bewusstsein zu rücken".[839]

Michael Ende vertrat ein weiteres Konzept von Phantastik: In seinen Augen ist Literatur aufgrund ihres fiktionalen Charakters *immer* phantastisch. Da es in seinen Augen unmöglich ist, die Wirklichkeit realitätsgetreu abzubilden, ist auch sogenannte realistische Literatur phantastisch: „Mithin ist der Realismus nichts anderes als ein relativ junger Teil der phantastischen Literatur – der allerdings, im Gegensatz zu dieser, seine eigenen Voraussetzungen nicht durchschaut."[840] Den Versuch zu unternehmen, die Realität abzubilden, ist sinnlos, dementsprechend ist für Ende „ein Schriftsteller, der allen Ernstes behauptet, die Wirklichkeit zu beschreiben, ‚so wie sie ist', […] entweder ein Dummkopf oder ein Betrüger. Er gibt vor, einen Globus der Erde im Maßstab 1 zu 1 zu machen. Einmal davon abgesehen, daß dies wohl kaum möglich ist – wozu sollte es gut sein? Den Globus gibt es ja schon."[841]

„Wozu denn diesen Spiegel, der die Welt nur verdoppelt?",[842] fragte sich Michael Ende. Für ihn ist Literatur, die ihre eigenen Voraussetzungen nutzt, ihren fiktionalen Charakter annimmt und – im Falle der *Unendlichen Geschichte* – auch zelebriert, deutlich besser in der Lage, Wirklichkeit zu konstruieren: „Dichtung gibt sich als unwirklich aus und schafft darum Wirklichkeit. Lüge gibt sich als wirklich aus und schafft darum Unwirklichkeit."[843] Dennoch macht er auch immer wieder deutlich – nicht zuletzt entspricht auch die *Unendliche Geschichte* diesem Konzept –, dass phantastische Literatur stets in einem Verhältnis zur Realität steht. Auch phantastische Literatur, die diesen Bezug ablehnt, in der sich das freie Spiel der Phantasie völlig verselbständigt, entspricht nicht der von Ende angestrebten Idee von Phantastik.[844]

Fantasy ist für Ende in Bildern codierte Realität: „Ich rechne natürlich auch Dante zur fantastischen Literatur. Was steckt nicht in der ‚Göttlichen Komö-

839 Ebd., S. 338.

840 Ende: Realismus als Konvention, in: Ende: Zettelkasten, S. 222.

841 Ende: Von der Flaschepost des Poeten, in: Ende: Zettelkasten, S. 205.

842 Ende: Realismus als Konvention, in: Ende: Zettelkasten, S. 221.

843 Ende: Von der Flaschepost des Poeten, in: Ende: Zettelkasten, S. 203.

844 Haas: Michael Ende und die phantastische Jugendliteratur der achtziger und neunziger Jahre in Deutschland, In: Henner u. a. (Hg.): Aus „Wundertüte" und „Zauberkasten", S. 335.

die' alles an Lebensrealität."[845] Viele Texte aus der „klassischen" Fantasy-Literatur, auch sehr triviale, boten ihm Inspiration für die *Unendliche Geschichte.* So gleicht etwa die Aneinanderreihung von Abenteuern, die Bastian und Atréju zu bestehen haben, stark dem konventionellen Schema der Literatur dieses Genres.[846] Auch die Darstellung mancher Figuren erinnert stellenweise an in phantastischer Literatur häufig vorkommende Figuren: Die Beschreibung der Kindlichen Kaiserin als vollkommen reines Wesen bringt sie etwa in die Nähe des Typus der weißen Frau, einer Lichtgestalt, die in phantastischen Romanen häufig zu finden ist.[847] Im Folgenden werden zwei der phantastischen Texte, die für Ende als Inspirationsquelle bedeutsam waren, auf ihre Gemeinsamkeiten mit der *Unendlichen Geschichte* hin überprüft.

3.11.2 *Das letzte Einhorn*

Ein Werk, das für Ende besonders prägend war, ist *Das letzte Einhorn* von Peter S. Beagle. Er hat es, bereits bevor die deutsche Übersetzung erschien, im Original auf Englisch gelesen. Die englischsprachige Version des Buches war seit 1968 erhältlich.[848] Später nahm er einen Ausschnitt daraus in sein *Lesebuch* auf.

Gemeinsam haben Endes Buch und das von Peter S. Beagle unter anderem das Leitmotiv der Großen Suche. Sowohl Atréju als auch das Einhorn begeben sich am Beginn des Textes auf die Suche nach etwas – beide wissen allerdings gar nicht genau, was das Ziel ihrer Suche ist.[849] In beiden Werken gibt es ein Unheil, welches die Protagonisten veranlasst, auf die Suche zu gehen: In der *Unendlichen Geschichte* breitet sich das Nichts aus, im Wald des letzten Einhorns ist das Tier der Frage auf der Spur, was mit den anderen Einhörnern passiert ist. Das letzte Einhorn ist schockiert, als es bemerkt, dass die Menschen es nicht mehr erkennen:

> „,Ich könnte ja noch verstehen, dass die Menschen uns Einhörner vergessen haben [...]. Aber sie erkennen mich ja nicht einmal, sie se-

845 Ende, zitiert nach Vogdt: Wie Shakespeare über die Rampe gekommen, in: Börsenblatt, Heft 25 (1985), S. 931.

846 Kraft: Die Faszination des Anderen, In: Hocke, Kraft: Michael Ende und seine phantastische Welt, S. 35.

847 Ludwig: Was du ererbt von deinen Vätern hast ..., S. 115–117.

848 Ebd., S. 105.

849 Vgl. hierzu auch die Ausführungen zur Großen Suche als Queste und Aventiure in Kapitel 3.1.1 und 3.4.1.

> hen mich an und sehen etwas ganz anderes! Wie mögen sie da erst für einander aussehen? [...]'
>
> [...] Doch es wusste, mit schmerzlicher Gewissheit, dass sich die Menschen verändert hatten, und mit ihnen die Welt."[850]

Das Verschwinden der Einhörner steht ebenso wie das Nichts bildhaft für den Verlust der Poesie und der Phantasie.[851] Der Raum der Phantasie – der Lebensraum der Einhörner – ist wie Phantásien dadurch bedroht, dass die Menschen das Phantastische ablehnen.

Während seiner Suche nimmt das Einhorn die Gestalt einer jungen Frau an. Je länger es in dieser Gestalt bleibt, desto mehr vergisst es seine vorherige – und damit auch den Grund seiner Suche. Ebenso wie Bastian, der mit jedem Wunsch eine Erinnerung verliert, wird es von seinen Gefährten an seine vorherige Existenz erinnert. Auch wenn das Einhorn im Gegensatz zu Bastian die Gefahr des fortschreitenden Gedächtnisverlusts begreift, kann es ihn nicht aufhalten. Genau wie Bastian ist es aber in seiner neuen Rolle glücklich – sie bietet Zuflucht vor den Problemen des „realen" Lebens, des eigentlichen Daseins. In Bastians Fall verursacht diese Schwierigkeiten sein familiärer und schulischer Alltag, im Fall des Einhorns die Auseinandersetzung mit dem roten Stier.[852] Trotzdem ist es keine Option, in der neuen Rolle zu bleiben: Bastian wird in der Alte-Kaiser-Stadt eindringlich vor Augen geführt, was das für ihn bedeuten würde. Das letzte Einhorn kann es in Menschengestalt nicht mit dem roten Stier aufnehmen, als es von ihm attackiert wird. Es braucht seine wahre Gestalt für diesen Kampf. Beide kehren zurück in ihre vorherige, eigentliche Rolle und Gestalt, sind allerdings um wichtige Erfahrungen reicher geworden.

Ein Element, in dem Endes Buch dem Beagles außerdem gleicht, ist das der Parodie des Minnesangs. Als im *Letzten Einhorn* der Held Lír um Lady Amalthea wirbt, versucht er, sie durch Drachentötungen zu beeindrucken. Sie zeigt sich allerdings wenig begeistert davon. Während er sich beim Kartoffelschälen recht ungeschickt anstellt, klagt er der Räuberbraut Molly sein Leid:

> „Ich habe ihr den Kopf gebracht. Sie war in ihrem Zimmer, wie gewöhnlich. [...] Doch als sie ihn ansah, war es plötzlich nur noch ein kläglicher Mischmasch aus Hörnern und Schuppen [...]. Ich fühlte

850 Beagle: Das letzte Einhorn, S. 13.

851 Ludwig: Was du ererbt von deinen Vätern hast ..., S. 121–122.

852 Ebd., S. 123–124.

> mich wie ein Bauernmetzger, der seinem Schatz einen netten Klumpen frisches Fleisch als Liebesbeweis bringt."[853]

„Meine Heldentaten bedeuten ihr nichts",[854] berichtet er. Auch Molly ist jedoch wenig beeindruckt von seinem Bericht: „Schäl von dir weg, nicht zu dir her."[855] Prinzessin Oglamár in Phantásien hingegen lassen alle anderen Heldentaten Hynrecks kalt, erst, nachdem er einen Drachen getötet hat, willigt sie ein, ihm ihre Hand zu reichen. Ende bricht das Bild des drachentötenden Helden auf andere Weise: Hynreck wendet sich von Prinzessin Oglamár ab, weil sie ihm zu unselbständig ist.[856]

Vermutlich sind auch Endes Schlamuffen von Beagle inspiriert. Im *Letzten Einhorn* gibt es einen Falter, der ebenso wie diese Wesen zumindest auf den ersten Blick völlig wirres Zeug redet:

> „Lirumlarum Löffelstiel, schöne Frauen kosten viel! Frohsinn, führ mir ein Heer von grimmigen Grillen her. Der Kuckuck und der Kolibri, das sind die Herren Musici."[857]

Dabei ist der Falter klug, er erkennt das Einhorn als solches, was die meisten anderen Geschöpfe nicht tun, da ihnen die Imaginationsfähigkeit fehlt:

> „[...] und dann sagte er laut und klar: ‚Einhorn. Lateinisch *unicornis*, altfranzösisch *Licorne.* Wörtlich: einhörnig, *unus* für eins und *cornu* das Horn. [...]'"[858]

Beagles letztes Einhorn hat „keine Ähnlichkeit mit einem gehörnten Pferd, wie Einhörner gewöhnlich dargestellt werden".[859] Man braucht deshalb Phantasie, um es als Einhorn erkennen zu können. Der Falter verfügt darüber und deshalb auch als einer der wenigen über die Fähigkeit, es zweifelsfrei als das zu identifizieren, was es ist. Auch die Schlamuffen können durchaus sinnvolle Schlüsse zie-

853 Beagle, Das letzte Einhorn, S. 150.

854 Ebd., S. 151.

855 Ebd., S. 150.

856 Vgl. Kapitel 3.4.3 dieser Arbeit.

857 Beagle, Das letzte Einhorn, S. 15.

858 Ebd., S. 15.

859 Ebd., S. 5.

hen, sie erkennen schnell, dass Bastian ihnen mit ihrer gut gemeinten Verwandlung keinen Gefallen getan hat.[860]

Das letzte Einhorn ist ein typischer Fantasy-Roman, enthält aber dennoch Elemente einer Gesellschaftskritik, sogar einer ähnlichen, wie sie sich in der *Unendlichen Geschichte* findet. Auch dieser Roman zeigt die Kälte einer Welt ohne Phantasie auf, stellt Menschen dar, die die Fähigkeit zur Imagination verloren haben und zeichnet einen Gegenentwurf zu dieser Entzauberung. Die Wichtigkeit des Erinnerns und des Sammelns von Erfahrungen zur Ausbildung einer gefestigten Identität wird in beiden Werken deutlich – und nur diese ist in Wirklichkeit das Ziel der Großen Suche.

3.11.3 *Der Herr der Ringe* und *Der kleine Hobbit*

Als Atréju sich auf die Große Suche begibt, folgt ihm Gmork, das Schattenwesen, entstanden aus der Finsternis. Auch Frodo in *Herr der Ringe* hat düstere Verfolger – die Nazgûl, Reiter in schwarzen Mänteln, „schwarze Schatten"[861] auf schwarzen Pferden, welche sich – ebenso wie der Werwolf Gmork – an Geruch und Witterung orientieren, um die Spur des Helden nicht zu verlieren. Gemeinsam mit Gmork ist ihnen auch der Zweck der Verfolgung: Sie wollen den Helden am Erfolg seiner Suche bzw. Reise hindern und um keinen Preis zulassen, dass dieser sein Ziel erreicht.[862]

Sowohl Bastian als auch Frodo und der Vorbesitzer des Ringes, Bilbo, Hauptfigur des *Kleinen Hobbits*, tragen auf ihrer Reise ein Schmuckstück mit magischen Kräften bei sich – Bastian ein magisches Amulett, Bilbo und Frodo einen Ring. Wie groß die Bedeutung der beiden Schmuckstücke für die Texte ist, zeigt sich bereits in der Erwähnung im Titel *Herr der Ringe* und an der Abbildung Auryns am Cover der *Unendlichen Geschichte.* Sowohl Ring als auch Amulett haben für ihre Träger zunächst eine positive und schützende Funktion, können aber schnell zur Gefahr werden, wenn ihre Fähigkeiten zu exzessiv genutzt werden – davor werden die Helden auch rechtzeitig gewarnt.

Trotzdem erliegen alle drei mehr und mehr der Verlockung und geraten in den Bann des magischen Gegenstands. Auch die Warnungen ihrer Gefährten können sie nicht davor bewahren: In Frodos Fall ist es Gandalf, der ihn eindringlich warnt, bei Bastian ist es Atréju, der ihn überzeugen möchte, von Auryn zu

860 Ludwig: Was du ererbt von deinen Vätern hast ..., S. 124–126.

861 Tolkien: Der Herr der Ringe, Band 1, S. 112.

862 Ludwig: Was du ererbt von deinen Vätern hast ..., S. 130–132.

lassen.[863] Bilbo lässt sich schließlich durch Gandalf davon überzeugen, auf den Ring zu verzichten, Bastian lässt letztendlich freiwillig von Auryn ab. Auch Frodo kämpft gegen die Macht des Ringes an, als er ihn jedoch endgültig der Vernichtung preisgeben soll, unterliegt er seiner Anziehungskraft – er war dem Einfluss des Ringes zu lange ausgesetzt: „Ich bin gekommen [...]. Doch jetzt ziehe ich vor, nicht zu tun, wozu ich gekommen bin. Ich will diese Tat nicht tun. Der Ring ist mein."[864] Erst dadurch, dass Gollum Frodo einen Finger abbeißt und damit ins Feuer stürzt, können Frodo und mit ihm Tolkiens phantastische Welt – Mittelerde – von ihm und dem dunklen Herrscher Sauron befreit werden.

Die Gemeinsamkeiten zwischen den beiden Werken liegen sicherlich teilweise darin begründet, dass sowohl Ende als auch Tolkien in ihrem Schaffen stark von der Artus-Epik und von den Sagen des germanischen Altertums beeinflusst waren.[865] Ende kannte Tolkiens Werk, er wurde in Zeitungsberichten häufig mit ihm verglichen. Den Vergleich wies er – wenngleich er Tolkiens Werk durchaus schätzte und sogar einen Text von ihm in sein *Lesebuch* aufnahm – stets zurück:

> „Tolkien hatte im Grunde eine ganz andere literarische Absicht als ich, und sicher hatte er alles andere im Sinn als ein Kultbuch zu schreiben. Tolkiens Bücher sind zweifellos sehr wichtig für die moderne *Phantasy*-Literatur. Was ihn interessierte, war die Erfindung eines totalen Parallelkosmos, einer in sich möglichen Welt mit funktionierenden Sprachen, eigener Geschichte, eigener Metaphysik."[866]

Tolkien bestritt im Gegensatz zu Ende niemals eine eskapistische Absicht in seinen Werken,[867] seine Parallelwelt hat mit der Wirklichkeit nichts zu tun, bietet eine Alternative zu ihr an. Ende jedoch verstand die Anderswelt nicht als Alternative, sondern als Bestandteil oder Ergänzung der realen Welt. Phantásien existiert nicht unabhängig von der Wirklichkeit, sondern es spiegelt diese wieder. In der Ausbreitung des Nichts bezieht sich der Roman sehr konkret auf die Zustände der realen Welt, übt Gesellschaftskritik.[868] Auch den in der Fantasy-Literatur

863 Ebd., S. 132–135.

864 Tolkien: Der Herr der Ringe, Band 3, S. 267.

865 Ludwig: Was du ererbt von deinen Vätern hast ..., S. 135–136.

866 Ende, zitiert nach Bondy u. a.: Gespräch mit Michael Ende, in: SZ vom 14. März 1981, S. 137.

867 Ludwig: Was du ererbt von deinen Vätern hast ..., S. 137.

868 Ebd., S. 136.

typischen Kampf zwischen Gut und Böse demonstriert die *Unendliche Geschichte* nicht – wie bereits erörtert ist das Böse im Roman notwendig und wichtig.[869]

Doch auch wenn sich Konzept und Zielsetzung der beiden Bücher grundlegend unterscheiden, gibt es neben den oben beschriebenen weitere eindeutige Bezüge der *Unendlichen Geschichte* auf *Herr der Ringe.* Eine hervorstechende Gemeinsamkeit liegt in dem Motiv des Selbstgespräches in völliger Einsamkeit. In *Herr der Ringe* führt dieses Gollum. In einer dunklen, feuchten Schlucht beobachten die Hobbits ein Wesen, das sich angeregt mit sich selbst unterhält: „Sachte, mein Schatz! Ssschneller geht's, ohne Hassst. Müssen uns ja nicht den Hals brechen, was, müssen wir nicht, mein Schatz?"[870] Auch im Dialog mit den Hobbits spricht Gollum beständig im Plural von sich selbst: „Die lieben Hobbits! Wir werden sie begleiten. Sichere Wege im Dunkeln für sie finden, ja, machen wir!"[871] Gollum nennt sich selbst „mein Schatz", die Uralte Morla spricht sich mit „Alte" an:[872] „‚Ist uns gleich, nicht wahr, Alte?', erwiderte die Morla. Sie schien auf diese eigentümliche Art mit sich selbst zu reden, vielleicht, weil sie keinen anderen Gesprächspartner hatte, wer weiß, seit wie langer Zeit schon." Ähnlich verhält es sich mit Gollum, „der immer nur zu sich selbst sprach, da er niemals jemanden hatte, zu dem er hätte sprechen können".[873]

Deutlich sind auch die morphologischen Gemeinsamkeiten in der Benennung von Orten und Figuren in den beiden Werken, so heißt beispielsweise der Drache im *Kleinen Hobbit* Smaug, der von Bastian erdachte Drache in der *Unendlichen Geschichte* trägt den Namen Smärg.[874] Smärg wohnt im schrecklichen Land Morgul – in *Herr der Ringe* gibt es einen Ort des Schreckens, der sich Minas Morgul nennt.

Es gibt also neben grundsätzlichen Unterschieden zwischen Endes Werk und Tolkiens Büchern auch eindeutige Bezugnahmen und Gemeinsamkeiten – nicht zuletzt jene, dass die Werke beider Autoren gleichermaßen von Kindern, Jugendlichen und Erwachsenen rezipiert werden, und jene, dass beide als Weg-

869 Hocke und Hocke: Das Phantásien-Lexikon, S. 166.

870 Tolkien, der Herr der Ringe, Band 2, S. 272.

871 Ebd., S. 275.

872 Ludwig: Was du ererbt von deinen Vätern hast ..., S. 92–94.

873 Tolkien: Der kleine Hobbit, S. 85.

874 Ludwig: Was du ererbt von deinen Vätern hast ..., S. 90.

bereiter für die Funktion der Parallelwelt in der zeitgenössischen Kinder- und Jugendliteratur gesehen werden können.[875]

3.12 Bildende Kunst

> „Wir wissen, dass Kunst nicht Wahrheit ist. Kunst ist eine Lüge, die es uns ermöglicht, die Wahrheit zu erkennen, zumindest die Wahrheit, die zu verstehen uns gegeben ist. Der Künstler muß die Art und Weise kennen, mittels der er andre von der Wahrhaftigkeit seiner Lügen überzeugen kann."[876]

Das letzte Kapitel dieser Arbeit bewegt sich – in Anlehnung an die Bedeutung des sprachlichen Bildes für *Die unendliche Geschichte* – weg vom geschriebenen Wort hin zum Bild. Einige der Bilder, die in der *Unendlichen Geschichte* auftauchen, existieren in der wirklichen Welt nämlich ganz konkret als Gemälde bekannter Künstler. Ende sprach dies offen aus:

> „Was je Menschen erfunden, erdichtet und erträumt haben, das ist Phantásien. Deswegen steht Phantásien auf den Fundamenten der vergessenen Träume der Menschen. Es kommen Bilder von Max Ernst, von Dalí, von Brueghel, von Klee, auch von Edgar Ende, meinem Vater darin vor."[877]

Einige Beispiele für solche Übernahmen aus der bildenden Kunst werden in diesem Kapitel genauer betrachtet.

„‚Wachstum der Nachtpflanzen' ist ein Bild von Paul Klee",[878] und dieses inspirierte Ende zur Beschreibung des Nachtwaldes Perelín. In Klees Bild sprießen leuchtende Nachtpflanzen in der Dunkelheit in die Höhe.

---

875 Rottensteiner: Einige Bemerkungen zu Michael Ende, in: Rzeszotnik (Hg.): Zwischen Phantasie und Realität, S. 236.

876 Picasso: Ein Interview, in: Ende (Hg.): Mein Lesebuch, S. 143.

877 Ende, zitiert nach Ester: Gespräch mit Michael Ende, in: Deutsche Bücher, Heft 3 (1993), S. 180.

878 Ende, ebd.

Abb. 6: Paul Klees *Wachstum der Nachtpflanzen*

Ähnlich ist, was im Nachtwald geschieht: „Er entfaltete Blätter und Stängel, trieb Knospen hervor, die zu wunderbaren, vielfältig glimmenden und phosphoreszierenden Blüten aufsprangen."[879]

Auch die Darstellung des Elfenbeinturmes ist von einem Bild inspiriert; sie erinnert an Pieter Bruegels *Turmbau zu Babel*:[880]

> „Das Wort ‚Turm' könnte bei einem, der diesen Ort nie gesehen hat, vielleicht eine falsche Vorstellung erwecken, etwa die eines Kirchturms oder eines Burgturms. Der Elfenbeinturm war groß wie eine ganze Stadt. Er sah von fern aus wie ein spitzer, hoher Bergkegel, der in sich wie ein Schneckenhaus gedreht war und dessen höchster Punkt in den Wolken lag."[881]

879 UEG, S. 218.

880 Hocke und Hocke: Das Phantásien-Lexikon, S. 73.

881 UEG, S. 30.

Auch Bruegels Gemälde zeigt eine kegelförmige Stadt, die einem Turm gleicht und nach oben hin spiralförmig gewunden schmäler wird – sogar das Detail der Wolke an der Spitze des Turmes stimmt.

Abb. 7: Pieter Bruegels *Turmbau zu Babel*

Endes Verhältnis zur bildenden Kunst wurde maßgeblich von seinem Vater beeinflusst: „Ich habe durch meinen Vater sehr früh die ganze Malerei kennengelernt, vor allem natürlich die fantastische und surrealistische. Das hat mich zweifellos sehr stark geprägt."[882] Es ist demnach klar, dass auch die Werke Edgar Endes in der *Unendlichen Geschichte* wiederzufinden sind. Die Episode, in der Atréjus Pferd Artax in den Sümpfen der Traurigkeit versinkt, erinnert an eine Bleistiftzeichnung Edgar Endes. Sie zeigt einen jungen Mann, der bereits bis zur Taille in einem Sumpf oder etwas Ähnlichem steht. Er hält sich am Hals eines Pferdes fest, das – obwohl unmittelbar neben ihm – auf sicherem Grund zu stehen scheint.

882 Ende, zitiert nach Vogdt: Wie Shakespeare über die Rampe gekommen, in: Börsenblatt, Heft 25 (1985), S. 930.

Abb. 8: *Das Pferd* von Edgar Ende

Wie so vieles spiegelt Ende auch dieses Gemälde; in der *Unendlichen Geschichte* ist es das Pferd, das versinkt, und der junge Mann, der durch Auryn geschützt vor dem Versinken sicher ist.[883]

Die Dame Aiuóla wird in der *Unendlichen Geschichte* wie folgt beschrieben:

> „Sie trug einen breiten Hut, der über und über voller Blumen und Früchte war, und auch ihr Kleid war aus einem farbenprächtigen geblümten Stoff. Erst nachdem er es eine Weile betrachtet hatte, bemerkte er, dass es in Wirklichkeit ebenfalls aus Blättern, Blüten und Früchten war."[884]

Die Idee, die Dame Aiuóla so darzustellen, entspringt der Kunst des Malers Arcimboldo. Ende dazu: „Diese früchtebehangene Dame Aiuóla ist [...] inspiriert von den Bildern Arcimboldos, des Hofmalers von Rudolf II.: der hat eine Menge Porträts gemalt, die aus Gemüse, Früchten, Blättern zusammengesetzt sind."[885] Tatsächlich ist bei der Betrachtung von Arcimboldos Werken eine Ähnlichkeit zur Darstellung der Dame nicht zu übersehen. Es existiert beispielsweise ein Porträt von Kaiser Rudolf II., in welchem dieser den Eindruck macht, nicht nur von Früchten behangen, sondern überhaupt aus solchen zusammengesetzt zu sein.

883 Kraft: Die Faszination des Anderen, in: Hocke, Kraft: Michael Ende und seine phantastische Welt, S. 26.

884 UEG, S. 426.

885 Ende, zitiert nach Bondy u. a.: Gespräch mit Michael Ende, in: SZ vom 14. März 1981, S. 137.

Abb. 9: Arcimboldos *Verumnus*

Das Änderhaus, in dem es keine rechten Winkel gibt – „alles irgendwie schief und krumm“[886] –, könnte wiederum von der Architektur Hundertwassers inspiriert sein.[887]

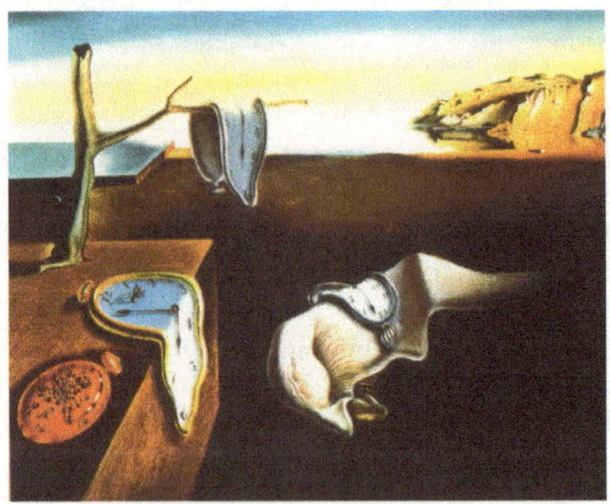

Abb. 10: *Die Beständigkeit der Erinnerung* von Salvador Dalí

886 UEG, S. 425.

887 Hocke und Hocke: Das Phantásien-Lexikon, S. 32.

Eine besondere Rolle spielen die Bilder natürlich im nach ihnen benannten Bergwerk. Im Schnee erblickt Bastian verschiedenste Abbildungen, die Yor zutage gefördert hat: „Was die Bilder darstellten, war rätselhaft."[888] Unter anderem gibt es auf den Bildern „Uhren, die wie weicher Käse zerflossen"[889] – solche finden sich auch auf einem Bild von Salvador Dalí,[890] welches bezeichnenderweise den Titel *Die Beständigkeit der Erinnerung* trägt.

Auf den Bildern aus dem Bergwerk der Bilder sind auch „Gliederpuppen, die auf grell beleuchteten menschenleeren Plätzen standen",[891] zu sehen. Solche finden sich häufig auf den Werken von Giorgio de Chirico,[892] etwa auf seinem Gemälde *Hector and Andromache.*

Abb. 11: *Hector and Andromache* von Giorgio de Chirico

888 UEG, S. 445.

889 UEG, S. 445.

890 Hocke und Hocke: Das Phantásien-Lexikon, S. 43–44.

891 UEG, S. 445.

892 Hocke und Hocke: Das Phantásien-Lexikon, S. 43–44.

Das Verwenden von Motiven aus der Malerei entspricht einem weiteren Grundprinzip der *Unendlichen Geschichte*, nämlich jenem, dass nicht nur Bücher Türen nach Phantásien darstellen – „es gibt noch andere Möglichkeiten, nach Phantásien und wieder zurück zu kommen“.[893]

Das freie Spiel der Phantasie ist für Ende also nicht nur Prinzip des Arbeitens mit dem geschriebenen Wort, es ist das Prinzip jeder Schöpfung und jeder kreativen Tätigkeit. Jeder Kreative ist für Ende ein Phantásienreisender und – so die Quintessenz der *Unendlichen Geschichte* – nur diese können dafür sorgen, dass sowohl die Innenwelt als auch die Außenwelt gesunden. Diese Fähigkeit gilt es zu bewahren:

> „Zu Mondenkind kannst du kein zweites Mal kommen, das ist richtig – solang sie Mondenkind ist. Aber wenn du ihr einen neuen Namen geben kannst, wirst du sie wiedersehen. Und sooft dir das gelingt, wird es jedes Mal wieder das erste und einzige Mal sein.“[894]

893 UEG, S. 474.

894 UEG, s. 474.

4 Fazit: Phantásien – Sehnsuchts-, nicht aber Fluchtort

„Es gibt tröstliche Geschichten und es gibt untröstliche Geschichten. Beide müssen erzählt werden. Wenn man nur eine Seite erzählt, nur die untröstlichen, dann lügt man. Und wenn man nur die tröstlichen erzählt, lügt man auch.“[895]

In Interviews berichtete Michael Ende häufig von einem Schlüsselerlebnis: Im Alter von etwa fünfundzwanzig Jahren traf er auf einer Piazza in Palermo auf einen Märchenerzähler, der Geschichten aus großen literarischen Werken in seinen eigenen Worten und abgewandelt erzählte:

> „In diesem Augenblick habe ich mich gefragt, was wünschst du dir eigentlich, daß in hundert Jahren ein paar Germanistikprofessoren oder arme Germanistikstudenten Strukturanalysen deiner Geschichten schreiben müssen, oder möchtest du lieber, daß ein Märchenerzähler irgendwo auf der Welt eine deiner Geschichten mit eigenen Ausschmückungen weitererzählt? Da habe ich mir gesagt, das Letztere möchte ich.“[896]

Dass sich mit dieser Arbeit nun dennoch eine Germanistin an eine Analyse der *Unendlichen Geschichte* gewagt hat, hätte Michael Ende ihr hoffentlich verziehen.

Was kann die vorliegende Arbeit zur Ende-Rezeption beitragen? Endes Andenken wird heute in einer Art hochgehalten, die er sich zu Lebzeiten häufig wünschte. 1995 fand im Staatstheater in München ihm zu Ehren eine Gedenkveranstaltung statt, an der viele seiner Freunde und Kollegen mitarbeiteten, darunter etwa Wilfried Hiller und Herbert Rosendorfer. Noch postum erhält er Auszeichnungen, etwa 1996 den Kurt-Laßwitz-Preis. 1997 eröffnete im Literaturhaus München die Ausstellung *Michael Ende und seine phantastische Welt*, welche den Zuschauern mehrere Monate lang Einblicke in die Arbeit Endes gewährte. Ebenfalls 1997 öffnete das Michael-Ende-Museum in der Internatio-

895 Ende, zitiert nach Ester: Gespräch mit Michael Ende, in: Deutsche Bücher, Heft 3 (1993), S. 188–189.

896 Ende, zitiert nach Unger: Hüter der Hoffnung, in: Treffpunkt (TLZ) vom 29. Juni 1991.

nalen Jugendbibliothek im Schloss Blutenburg seine Pforten.[897] Sein Grab am Münchner Waldfriedhof wurde zur Pilgerstätte von LeserInnen und Fans, es zeigt ein aufgeschlagenes Buch, aus welchem von ihm erfundene Figuren lebendig wirkend hervortreten.[898] Dass Michael Ende ein höchst bewusster und sorgfältig arbeitender Autor war, dass seine Werke einen literarischen Anspruch haben, daran besteht in den Augen der aktuellen Literaturwissenschaft gegenwärtig selten Zweifel. Die vorliegende Arbeit schlägt verschiedene Begründungen für diese Anerkennung und ihr verspätetes Aufkommen vor.

Dazu wurde in den vorherigen Kapiteln zunächst die Rezeption von Endes Werk genauer untersucht, um deutlich zu machen, wie schwer der Vorwurf des Eskapismus vor allem vor dem Erscheinen der *Unendlichen Geschichte* wog. Hierbei ist deutlich geworden, dass die Rezeption nach dem Erscheinen des Romans deutlich weniger negativ war, als es häufig dargestellt wird. Die Rezeptionsanalyse sollte außerdem eine Basis für die späteren Ausführungen darüber bieten, dass sich der Eskapismus-Vorwurf und die Realismus-Forderung an die Kinder- und Jugendliteratur auf Michael Ende und die Konzeption der *Unendlichen Geschichte* ausgewirkt haben.

Im Folgenden wurden einige Aspekte von Michael Endes Leben und Schaffen näher betrachtet, die für eine umfassende Betrachtung der *Unendlichen Geschichte* von Bedeutung waren. Es handelt sich hierbei unter anderem um ausgewählte biografische Episoden, Endes Umgang mit der Kritik, sein Verständnis von Literatur und Autorschaft, sein Verhältnis zur Kinder- und Jugendliteratur und seine spezifische Arbeitsweise.

Der zweite Teil der Arbeit widmete sich Bezügen zur Lebenswirklichkeit zur Zeit des Autors, die in Endes Roman zu finden sind. In der Analyse zeigte sich, dass sich sowohl auf der fiktiv-realen als auch auf der phantastischen Erzählebene des Romans Bezugnahmen auf die Realität finden. Auf der fiktiv-realen Ebene sind diese sehr direkt und leicht zu erkennen – beispielsweise in der negativen Darstellung des Schulbetriebs. Auf der phantastischen Ebene finden sich Anspielungen auf die Realität bildhaft, etwa in der Bedrohung durch das Nichts als Bild für die Bedrohung der Welt durch die totale Rationalisierung. Damit kann der Eskapismus-Vorwurf vollständig entkräftet werden – wobei im Rahmen dieser Arbeit nicht näher auf die Frage eingegangen wird, ob Literatur, die

897 http://www.michaelende.de/autor/biographie/die-erinnerung-lebt-fort, 3. Februar 2013, 18:41.

898 http://www.michaelende.de/autor/biographie/krankheit-und-tod, 1. Februar 2013, 11:02.

keinen direkten Bezug zur Realität aufweist, wirklich Anlass für Vorwürfe und Debatten sein sollte, ob sie tatsächlich einen negativen Einfluss auf die Entwicklung der Gesellschaft und auf jene von Kindern hat.

Der dritte Teil dieser Arbeit beschäftigte sich mit literarischen und ideengeschichtlichen Quellen, auf die sich die *Unendliche Geschichte* bezieht. Hierbei wurde deutlich: Michael Ende war ein literarisch und philosophisch gebildeter Mensch und verarbeitete als solcher verschiedenste Einflüsse in seinem literarischen Werk. Das Herausarbeiten dieser Einflüsse hat gezeigt, dass *Die unendliche Geschichte* auch an Erwachsene adressiert ist – Kinder verfügen noch nicht über den notwendigen literarischen und historischen Horizont, um Anspielungen dieser Art zu verstehen.[899] Endes Roman ist also kein Roman für Kinder, der auch von vielen Erwachsenen rezipiert wurde, sondern er bietet Kindern und Erwachsenen zwei unterschiedliche Arten der Lektüre an. Besonders als erwachsener Mensch kann man den Roman aus sehr verschiedenen Perspektiven lesen, etwa aus anthroposophischer oder aus psychoanalytischer. Auch einige dieser Lesarten stellte die vorliegende Arbeit im zweiten Teil heraus.

Die Frage nach dem Grund für Endes großen Erfolg kann damit jedoch nur teilweise beantwortet werden. Einen wichtigen Teil des Erfolges macht vermutlich aus, dass Endes Romane mit den Anforderungen, die zu jener Zeit an Literatur gestellt wurden, brachen und den LeserInnen offensichtlich etwas gaben, das diese vermisst hatten – eine Art von Literatur, die zunächst vor allem einen Lustgewinn bringen soll und die den RezipientInnen die Welt der Phantasie wieder näherbringen kann: „Denn danach suchen wir letzten Endes nur, die Poesie ins Leben zu verweben, im Leben selbst die Poesie zu finden.[900] Dabei dient die Phantastik nicht als Mittel zur Evasion, sondern als ein geschützter Raum, in welchem RezipientInnen die Möglichkeit haben, ihre Wünsche probeweise zu erfüllen. Dadurch wird eine persönliche Entwicklung auf der phantastischen Ebene möglich, die die RezipientInnen mit in die alltägliche Wirklichkeit nehmen können – somit erhebt das phantastische Geschehen Anspruch auf Realität.[901] Ende selbst formulierte bescheiden:

899 Seibert: Themen, Stoffe und Motive in der Literatur für Kinder und Jugendliche, S. 39.

900 Ende: Brief an Peter Boccarius vom 24. Juni 1949, zitiert nach Hocke und Hocke: Das Phantásien-Lexikon, S. 167.

901 Nickel-Bacon: Fantastische Literatur, in: Wild (Hg.): Geschichte der deutschen Kinder- und Jugendliteratur, S. 399.

> „Ich betrachte meine geringen Möglichkeiten, die man als Bücherschreiber hat, unter anderem darin, daß ich meine, man muß versuchen, Vorstellungen zu entwickeln, die eben anders sind als das bisherige Denken. Vorstellungen, mit denen Menschen dann möglicherweise auch in schwierigen Situationen, äußerlich schwierigen Situationen leben können.“[902]

Tatsächlich scheinen seine Werke eine Art neue und „annehmbare Mythen“[903] zu bieten, die auf ihre große Leserschaft enorme Anziehungskraft ausüben. Offensichtlich gibt es auch ein starkes „Bedürfnis nach positiven Weltentwürfen“,[904] das die Menschen in der zum Zeitpunkt des Erscheinens von *Momo* und der *Unendlichen Geschichte* aktuellen, dem Realismus verpflichteten und spürbar gesellschaftskritisch motivierten Literatur nicht mehr zu stillen vermochten. Bei Ende wird Kritik an Missständen – wo vorhanden – weniger auf intellektueller Ebene erklärt, als auf bildhafter Ebene nachvollziehbar und spürbar gemacht:[905] „Ende ist nicht der Typ, der intellektuelle Geschwätzigkeiten von sich gibt; er gibt Beispiele. Und wie kaum einem anderen Autor gelingt es ihm, Anspruch und Wirklichkeit miteinander zu vereinbaren.“[906]

Die Unendliche Geschichte literarisch einzuordnen ist schwierig, da sie, wie die vorliegende Arbeit zeigt, sich verschiedensten Kategorien und doch keiner eindeutig zuordnen lässt – man kann sie etwa ebenso gut in der Nachfolge der Romantik als auch als Vorläufer der kinderliterarischen Postmoderne betrachten. Dies ist wohl mit ein Grund, weshalb sie in all den Jahren nicht an Aktualität eingebüßt hat. Dass Phantasie mindestens ebenso wichtig ist wie Wissen, wusste bereits Albert Einstein, und auch die Idee, dass Fiktion, die sich als Realität präsentiert, nichts weiter ist als Lüge, wird in Zeiten des boomenden Reality-TVs wieder deutlich vor Augen geführt.

Die anhaltende Aktualität von Endes Werk besteht auch darin, dass es großen Einfluss auf nachfolgende Bücher hatte, es ist ein „Wegbereiter der gegenwär-

902 Ende, zitiert nach Ester: Gespräch mit Michael Ende, in: Deutsche Bücher, Heft 3 (1993), S. 185–186.

903 Rzeszotnik: Die (un)endliche Geschichte: Lebensstationen eines Schriftstellers, in: Rzeszotnik: Zwischen Phantasie und Realität, S. 25.

904 Ebd., S. 24.

905 Staesche: Momo, in: Rzseszotnik (Hg.): Zwischen Phantasie und Realität, S. 248.

906 Aulbach: Die Geschichte von der Schüssel und vom Löffel, in: Rzeszotnik: Zwischen Phantasie und Realität, S. 258.

tigen Fantasyliteratur",[907] leitete eine Hinwendung zur Phantastik nicht nur in der Kinder- und Jugendliteratur ein. Nachdem in der vorliegenden Arbeit unter anderem die Bezüge von Endes Werk zu älteren Werken untersucht wurden, wäre ein weiteres Forschungsfeld die Analyse der Spuren, die *Die unendliche Geschichte* in später erschienenen Werken anderer AutorInnen hinterlassen hat. Ein Nachweis solcher Spuren wäre eine Aufgabe, die auf der vorliegenden Arbeit aufbauen könnte – doch das ist eine andere Geschichte, die ein andermal erzählt werden soll.

907 Pirchmoser: Parallelwelten, S. 225.

Dank

„‚Kannst du das denn?', fragt das Kind.

‚Ich hab's noch nicht versucht', antwortet der Pagad, ‚aber wenn du mir dabei hilfst ...'"[908]

Ich bedanke mich bei meinem Betreuer Stefan Neuhaus, der mir während meines Studiums und beim Verfassen dieser Arbeit stets mit Rat, Wissen, Kompetenz, Vertrauen in meine Fähigkeiten und mit viel Freundlichkeit zur Seite gestanden ist und dessen Engagement mich beeindruckt.

Danke an meine Eltern, die meinen Hunger nach Literatur seit jeher genährt und gestillt haben, an meine Großmütter und an meine ganze Familie.

Danke an Carina, Daniela, Alex und Stefan, die mir zugehört und mir somit geholfen haben, den einen oder anderen Gedanken in die richtige Bahn zu lenken.

Danke an Steve – für alles.

Danke an Andrea und Andrea für die schöne gemeinsame Studienzeit.

Danke an die Stern-WG für die notwendige Ablenkung zwischendurch.

Danke an die Mitarbeiterinnen und Mitarbeiter im Innsbrucker Zeitungsarchiv, in der Internationalen Kinder- und Jugendbibliothek in München und im Deutschen Literaturarchiv Marbach, die mich bei meinen Recherchearbeiten unterstützt haben.

Danke an Markus Hatzer und an meine Kolleginnen und Kollegen im Haymon Verlag, die so viel Geduld mit mir gehabt haben.

908 Ende: Unter einem schwarzen Himmel liegt ein unbewohntes Land, in: Ende: Der Spiegel im Spiegel, S. 165

Quellenverzeichnis

Primärliteratur

Barthes, Roland: Der Tod des Autors. In: Fotis Jannidis, Gerhard Lauer, Matias Martinez und Simone Winko (Hg.): Texte zur Theorie der Autorschaft. Stuttgart: Reclam 2000, S. 185–197.

Beagle, Peter S.: Das letzte Einhorn. In: Peter S. Beagle: Das letzte Einhorn und Zwei Herzen. Sonderausgabe, Stuttgart: Klett-Cotta 2012, S. 5–248.

Bischöfe Deutschlands u. a. (Hg.): Das Alte Testament. Einheitsübersetzung der Heiligen Schrift. Stuttgart: Katholische Bibelanstalt 1980.

Bischöfe Deutschlands u. a. (Hg.): Das Neue Testament. Einheitsübersetzung der Heiligen Schrift. Stuttgart: Katholische Bibelanstalt 1979.

Boor, Helmut de (Hg.): Das Nibelungenlied. Nach der Ausgabe von Karl Bartsch. 17. Aufl., Wiesbaden: Brockhaus 1963 (Deutsche Klassiker des Mittelalters).

Ende, Michael (Hg.): Mein Lesebuch. Stuttgart: Fischer Taschenbuch Verlag 1983, S. 22–37.

Ende, Michael: Auch ein Grund. In: Michael Ende: Zettelkasten. Skizzen und Notizen. München: Piper Verlag 2011, S. 50.

Ende, Michael: Brief an einen Welterklärer. In: Michael Ende: Zettelkasten. Skizzen und Notizen. München: Piper Verlag 2011, S. 300–314.

Ende, Michael: Das Bild des Bösen. In: Michael Ende: Zettelkasten. Skizzen und Notizen. München: Piper Verlag 2011, S. 92–93.

Ende, Michael: Das Gauklermärchen. Ein Spiel in sieben Bildern sowie einem Vor- und Nachspiel. Stuttgart: Edition Weitbrecht 1982.

Ende, Michael: Der satanarchäolügenialkohöllische Wunschpunsch. 5. Aufl., Stuttgart/Wien: Thienemann 2011.

Ende, Michael: Der Spiegel im Spiegel. Ein Labyrinth. 3. Aufl., München: Deutscher Taschenbuch Verlag 2010.

Ende, Michael: Der wahre Name. In: Michael Ende: Zettelkasten. Skizzen und Notizen. München: Piper Verlag 2011, S. 131.

Ende, Michael: Die unendliche Geschichte. 9. Aufl. der Neuausgabe von 2004, Stuttgart/Wien: Thienemann Verlag 2011.

Ende, Michael: Erziehung zum kritischen Bewusstsein? In: Michael Ende: Zettelkasten. Skizzen und Notizen. München: Piper Verlag 2011, S. 150–156.

Ende, Michael: Gedanken eines Zentraleuropäischen Eingeborenen. In: Michael Ende: Zettelkasten. Skizzen und Notizen. München: Piper Verlag 2011, S. 55–69.

Ende, Michael: Großmutter sitzt im Chinesischen Garten und weint. Wie ich das Kriegsende erlebte. In: Michael Ende: Zettelkasten. Skizzen und Notizen. München: Piper Verlag 2011, S. 228–246.

Ende, Michael: Jim Knopf und Lukas der Lokomotivführer. München: Omnibus 1995.

Ende, Michael: Momo oder Die seltsame Geschichte von den Zeit-Dieben und von dem Kind, das den Menschen die gestohlene Zeit zurückbrachte. Ein Märchen-Roman. München: Deutscher Taschenbuch Verlag 1988.

Ende, Michael: Phantasie und Anarchie. In: Michael Ende: Zettelkasten. Skizzen und Notizen. München: Piper Verlag 2011, S. 200.

Ende, Michael: Realismus als Konvention. In: Michael Ende: Zettelkasten. Skizzen und Notizen. München: Piper Verlag 2011, S. 221.

Ende, Michael: Typisch deutsch. In: Michael Ende: Zettelkasten. Skizzen und Notizen. München: Piper Verlag 2011, S. 266–269.

Ende, Michael: Über das Ewig-Kindliche. Vortrag vor der J.B.B.Y. in Tokyo. In: Michael Ende: Zettelkasten. Skizzen und Notizen. München: Piper Verlag 2011, S. 177–198.

Ende, Michael: Unter einem schwarzen Himmel liegt ein unbewohnbares Land. In: Michael Ende: Der Spiegel im Spiegel. Ein Labyrinth. 3. Aufl., München: Deutscher Taschenbuch Verlag 2010, S. 161–166.

Ende, Michael: Vierundvierzig Fragen an den geneigten Leser. In: Michael Ende: Zettelkasten. Skizzen und Notizen. München: Piper Verlag 2011, S. 40– 44.

Ende, Michael: Von der Flaschenpost des Poeten. Ein Interview von José-Luis Merino. In: Michael Ende: Zettelkasten. Skizzen und Notizen. München: Piper Verlag 2011, S. 203–207.

Ende, Michael: Warnung an alle Zauberlehrlinge. In: Michael Ende: Zettelkasten. Skizzen und Notizen. München: Piper Verlag 2011, S. 166.

Ende, Michael: Wenn Kinder fragen. In: Michael Ende: Zettelkasten. Skizzen und Notizen. München: Piper Verlag 2011, S. 293–297.

Ende, Michael: Wovon Märchen erzählen. In: Michael Ende: Zettelkasten. Skizzen und Notizen. München: Piper Verlag 2011, S. 160–161.

Ende, Michael: Zettelkasten. Skizzen und Notizen. München: Piper Verlag 2011.

Eschenbach, Wolfram von: Parzival. In Prosa übertragen von Wilhelm Stapel. München: Albert Langen Georg Müller Verlag 1950.

Franz, M.-L. von: Der Individuationsprozess. In: C.G. Jung: Der Mensch und seine Symbole. 14. Aufl., Olten und Freiburg: Walter-Verlag 1995, S. 158–229.

Goethe, Johann Wolfgang von: Faust. Der Tragödie erster und zweiter Teil. Jubiläumsausgabe. München: C.H.Beck 2007.

Henderson, Joseph L.: Der moderne Mensch und die Mythen. In: C.G. Jung: Der Mensch und seine Symbole. 14. Aufl., Olten und Freiburg: Walter-Verlag 1995, S. 104–157.

Herrigel, Eugen: Zen in der Kunst des Bogenschießens. 42. Aufl. Bern, München, Wien: Otto Wilhelm Barth Verlag 2002.

Hoffmann, E. T. A.: Der Goldne Topf. Ein Märchen aus der neuen Zeit. In: Richard Schaukal (Hg.): E. T. A. Hoffmann. Ausgewählte Dichtungen. Märchen. Erster Teil. Berlin: Wegweiser-Verlag G.m.b.h. 1920, S. 7–83.

Homer: Die Odyssee. Deutsch von Wolfgang Schadewaldt, hg. von Ernesto Grassi. Hamburg: Rowohlt 1986 (Rowohlts Klassiker der Literatur und der Wissenschaft, Griechische Literatur, Bd. 2).

Jung, C.G.: Der Mensch und seine Symbole. 14. Aufl., Olten und Freiburg: Walter-Verlag 1995.

Jung, C.G.: Zugang zum Unbewussten. In: C.G. Jung: Der Mensch und seine Symbole. 14. Aufl., Olten und Freiburg: Walter-Verlag 1995, S. 18–103.

Lindgren, Astrid: Mio, mein Mio. Deutsch von Karl Kurt Peters. Hamburg: Oetinger 1955.

Novalis: Die Christenheit oder Europa. In: Michael Ende (Hg.): Mein Lesebuch. Stuttgart: Fischer Taschenbuch Verlag 1983, S. 106–115.

Novalis: Heinrich von Ofterdingen. Ein Roman. Stuttgart: Reclam 1965.

Ovid: Metamorphosen. Übersetzt von Reinhart Succhier. München: Wilhelm Goldmann Verlag 1959 (Goldmanns Gelbe Taschenbücher, Bd. 583, 584).

Picasso, Pablo: Ein Interview. In: Michael Ende (Hg.): Mein Lesebuch. Stuttgart: Fischer Taschenbuch Verlag 1983, S. 143–146.

Rüegg, Walter (Hg.): Griechische Sagen. Apollodoros, Parthenios, Antoninus Liberalis, Hyginus. Zürich: Artemis Verlags-Ag 1963 (Die Bibliothek der Alten Welt).

Saint-Exupéry, Antoine de: Der Kleine Prinz. Neuauflage, Düsseldorf: Karl Rauch Verlag 1964.

Schiller, Friedrich: Die ästhetische Erziehung des Menschen. In: Michael Ende (Hg.): Mein Lesebuch. Stuttgart: Fischer Taschenbuch Verlag 1983, S. 22–37.

Schiller, Friedrich: Pegasus in der Dienstbarkeit (Pegasus im Joche). In: Goedeke, Karl (Hg.): Schillers sämmtliche Schriften. Historisch-kritische Ausgabe. Erster Theil. Gedichte. Stuttgart: Verlag der Cotta'schen Buchhandlung 1871, S. 19–22.

Simon, Rainald (Hg.): Laozi. Daodejing. Das Buch vom Weg und seiner Wirkung. Stuttgart: Reclam 2009.

Steiner, Rudolf: Die moralische Phantasie (Darwinismus und Sinnlichkeit). In: Michael Ende (Hg.): Mein Lesebuch. Stuttgart: Fischer Taschenbuch Verlag 1983, S. 12–21.

Tolkien, John R. R.: Der Herr der Ringe. Gesamtausgabe im Schuber. 7. Aufl., Stuttgart: Klett-Cotta 2001.

Tolkien, John R. R.: Der kleine Hobbit. 17. Aufl., München: Deutscher Taschenbuch Verlag 2011.

Sekundärliteratur

Assmann, Jan: Kollektives Gedächtnis und kulturelle Identität. In: Jan Assmann und Tonio Hölscher (Hg.): Kultur und Gedächtnis. Frankfurt: Suhrkamp 1988 (Suhrkamp-Taschenbuch Wissenschaft 724), S. 9–20.

Aulbach, Karl E.: Die Geschichte von der Schüssel und vom Löffel. In: Jacek Rzeszotnik (Hg.): Zwischen Phantasie und Realität. Michael Ende Gedächtnisband 2000. Passau: Erster Deutscher Fantasy Club e. V. 2000 (Fantasia 136/137 Schriftenreihe, Bd. 35), S. 257–258.

Bach, Maurizio: Die charismatischen Führerdiktaturen. Drittes Reich und italienischer Faschismus im Vergleich ihrer Herrschaftsstrukturen. Baden-Baden: Nomos 1990 (Nomos Universitätsschriften, Politik, Bd. 9).

Baumgärtner, Alfred Clemens: Phantásien, Atlantis und die Wirklichkeit der Bilder. Notizen beim Lesen und Wiederlesen von Michael Endes Buch „Die unendliche Geschichte". In: Hansjörg Weitbrecht: Michael Ende zum 50. Geburtstag. Stuttgart: Thienemann Verlag 1979, S. 36–43.

Bilden, Helga: Das Individuum – ein dynamisches System vielfältiger Teil-Selbste. Zur Pluralität in Individuum und Gesellschaft. In: Heiner Keupp und Renate Höfer (Hg.): Identitätsarbeit heute. 2. Aufl., Frankfurt: Suhrkamp 1998 (Suhrkamp-Taschenbuch Wissenschaft 1299), S. 227–250.

Boccarius, Peter: Michael Ende. Der Anfang der Geschichte. München: nymphenburger 1990.

Broich, Ulrich: Formen der Markierung von Intertextualität. In: Ulrich Broich und Manfred Pfister (Hg.): Intertextualität. Formen, Funktionen, anglistische Fallstudien. Tübingen: Niemeyer 1985 (Konzepte der Sprach- und Literaturwissenschaft, Bd. 35), S. 31–47.

Broich, Ulrich: Zur Einzeltextreferenz. In: Ulrich Broich und Manfred Pfister (Hg.): Intertextualität. Formen, Funktionen, anglistische Fallstudien. Tübingen: Niemeyer 1985 (Konzepte der Sprach- und Literaturwissenschaft, Bd. 35), S. 48–51.

Dilling, u. a./Weltgesundheitsorganisation (Hg.): Internationale Klassifikation psychischer Störungen. ICD-10 Kapitel V (F). Klinisch diagnostische Leitlinien. 6. Aufl., Bern: Hans Huber 2008.

Ewers, Hans-Heino: Literatur für Kinder und Jugendliche. Eine Einführung in grundlegende Aspekte des Handlungs- und Symbolsystems Kinder- und Jugendliteratur. 2. Aufl., München: Fink 2012.

Frenschkowski, Marco: Michael Endes „Das Traumfresserchen“: eine Amplifikation. In: Jacek Rzeszotnik (Hg.): Zwischen Phantasie und Realität. Michael Ende Gedächtnisband 2000. Passau: Erster Deutscher Fantasy Club e. V. 2000 (Fantasia 136/137 Schriftenreihe, Bd. 35), S. 99–111.

Gonzáles Dueñas, Daniel: Unerwartete Spiegelungen: Betrachtungen zur „Unendlichen Geschichte“ von Michael Ende. In: Jacek Rzeszotnik (Hg.): Zwischen Phantasie und Realität. Michael Ende Gedächtnisband 2000. Passau: Erster Deutscher Fantasy Club e. V. 2000 (Fantasia 136/137 Schriftenreihe, Bd. 35), S. 113–124.

Götze, Martin: Roman der Einbildungskraft. Zu Michael Endes *Unendlicher Geschichte.* In: Julia Schöll (Hg.): Literatur und Ästhetik. Texte von und für Heinz Gockel. Würzburg: Köngshausen & Neumann 2008, S. 165–185.

Gronemann, Helmut: Phantásien – Das Reich des Unbewussten. „Die unendliche Geschichte“ von Michael Ende aus der Sicht der Tiefenpsychologie. Zürich: Schweizer Spiegel Verlag 1985.

Haas, Gerhard: Michael Ende und die phantastische Jugendliteratur der achtziger und neunziger Jahre in Deutschland. In: Henner Barthel, Jürgen Beckmann u. a. (Hg.): Aus „Wundertüte“ und „Zauberkasten“. Über die Kunst des Umgangs mit Kinder- und Jugendliteratur. Festschrift zum 65. Geburtstag von Heinz-Jürgen Kliewer. Frankfurt: Peter Lang 2000 (Kinder- und Jugendkultur -literatur und -medien, Bd. 9) S. 331–348.

Hirota, Yasuyuki: Michael Endes Sicht der Ökonomie. Ein Essay auf der Basis der in Japan verfügbaren Werke Michael Endes. In: Jacek Rzeszotnik (Hg.): Zwischen Phantasie und Realität. Michael Ende Gedächtnisband 2000. Passau: Erster Deutscher Fantasy Club e. V. 2000 (Fantasia 136/137 Schriftenreihe, Bd. 35), S. 209–226.

Hocke, Roman und Patrick: Michael Ende. Die unendliche Geschichte. Das Phantásien-Lexikon. Stuttgart, Wien: Thienemann Verlag 2009.

Hocke, Roman und Thomas Kraft: Michael Ende und seine phantastische Welt. Die Suche nach dem Zauberwort. Stuttgart u. a.: Weitbrecht 1997.

Hocke, Roman: Die Suche nach dem Zauberwort. Das Leben von Michael Ende. In: Roman Hocke und Thomas Kraft: Michael Ende und seine phantastische Welt. Die Suche nach dem Zauberwort. Stuttgart u. a.: Weitbrecht 1997, S. 57–142.

Hölters, Jana: Michael Endes Kinderliteratur unter dem Einfluss Rudolf Steiners. Am Beispiel von „Momo", „Die unendliche Geschichte" und „Jim Knopf". Studienarbeit. München: GRIN 2011.

Jahraus, Oliver: Literaturtheorie. Theoretische und methodische Grundlagen der Literaturwissenschaft. Tübingen und Basel: A. Francke 2004.

Kaminski, Kristina: Michael Endes Rudolf Steiner Rezeption. Am Beispiel der Darstellung von Innenwelt in der *Unendlichen Geschichte.* Saarbrücken: VDM Verlag Dr. Müller 2009.

Kraft, Thomas: Die Faszination des Anderen. Eine Werkbetrachtung. In: Roman Hocke und Thomas Kraft: Michael Ende und seine phantastische Welt. Die Suche nach dem Zauberwort. Stuttgart u. a.: Weitbrecht 1997, S. 7–56.

Krefting, Miki: Einführung in den Golden Rider Tarot. Die Bedeutung der Karten und wie man sie legt. 2. Aufl., Neuhausen: Urania 1994.

Kuckartz, Wilfried: Michael Ende. „Die unendliche Geschichte". Ein Bildungsmärchen. Essen: Die blaue Eule 1984 (Pädagogik des Vorbilds, Band 1).

Ludwig, Claudia: Was du ererbt von deinen Vätern hast ... Michael Endes Phantásien – Symbolik und literarische Quellen. Frankfurt a. M., Bern, u. a.: Peter Lang 1988 (Europäische Hochschulschriften, Reihe 1: Deutsche Sprache und Literatur, Bd. 1071).

Ługowska, Jolanta: Bastian Balthasar Bux' Eintritt ins Märchen. In: Jacek Rzeszotnik (Hg.): Zwischen Phantasie und Realität. Michael Ende Gedächtnisband 2000. Passau: Erster Deutscher Fantasy Club e. V. 2000 (Fantasia 136/137 Schriftenreihe, Bd. 35), S. 125–142.

Mittelstaedt, Robert: Michael Endes letzte Worte an die Japaner. In: Jacek Rzeszotnik (Hg.): Zwischen Phantasie und Realität. Michael Ende Gedächtnisband 2000. Passau: Erster Deutscher Fantasy Club e. V. 2000 (Fantasia 136/137 Schriftenreihe, Bd. 35), S. 199–226.

Murauer, Caroline: Das Buch „Momo" von Michael Ende – Kannte er die aktuelle Debatte über die Zeit? Unveröffentlichte Diplomarbeit, Universität Innsbruck: 2006.

Neuhaus, Stefan: Märchen. Tübingen und Basel: Francke 2005 (UTB 2693).

Neuhaus, Stefan: Wie man Skandale macht. Akteure, Profiteure und Verlierer im Literaturbetrieb. In: Matthias Freise, Claudia Stockinger (Hg.): Wertung und Kanon. Heidelberg: Winter, 2010 (Neues Forum für Allgemeine und Vergleichende Literaturwissenschaft, Bd. 44), S. 29–41.

Nickel-Bacon, Irmgard: Fantastische Literatur. In: Reiner Wild (Hg.): Geschichte der deutschen Kinder- und Jugendliteratur. 3. Aufl., Stuttgart: Metzler 2008, S. 343–346.

Pfister, Manfred: Konzepte der Intertextualität. In: Ulrich Broich und Manfred Pfister (Hg.): Intertextualität. Formen, Funktionen, anglistische Fallstudien. Tübingen: Niemeyer 1985 (Konzepte der Sprach- und Literaturwissenschaft, Bd. 35), S. 1–30.

Pirchmoser, Daniela: Parallelwelten. Raumkonzepte in der fantastischen Kinderliteratur der Gegenwart. Unveröffentlichte Dissertation. Geisteswissenschaftliche Fakultät der Leopold-Franzens-Universität Innsbruck, 2012.

Pratelidis, Konstantin: Tafelrunde und Gral. Die Artuswelt und ihr Verhältnis zur Gralswelt im „Parzival" Wolframs von Eschenbach. Würzburg: Königshausen und Neumann 1994 (Würzburger Beiträge zur Deutschen Philologie, Bd. 12).

Rottensteiner, Franz: Einige Bemerkungen zu Michael Ende. In: Jacek Rzeszotnik (Hg.): Zwischen Phantasie und Realität. Michael Ende Gedächtnisband 2000. Passau: Erster Deutscher Fantasy Club e. V. 2000 (Fantasia 136/137 Schriftenreihe, Bd. 35), S. 235–240.

Rzeszotnik, Jacek (Hg.): Zwischen Phantasie und Realität. Michael Ende Gedächtnisband 2000. Passau: Erster Deutscher Fantasy Club e. V. 2000 (Fantasia 136/137 Schriftenreihe, Bd. 35).

Rzeszotnik, Jacek: Die (un)endliche Geschichte: Lebensstationen eines Schriftstellers. In: Jacek Rzeszotnik (Hg.): Zwischen Phantasie und Realität. Michael Ende Gedächtnisband 2000. Passau: Erster Deutscher Fantasy Club e. V. 2000 (Fantasia 136/137 Schriftenreihe, Bd. 35), S. 13–25.

Scherf, Walter: Zwiesprache mit dem einsamen Kind in sich. In: Hansjörg Weitbrecht: Michael Ende zum 50. Geburtstag. Stuttgart: Thienemann Verlag 1979, S. 44–48.

Schmitz-Emans, Monika: Alte Mythen – Neue Mythen. Lovecraft, Tolkien, Ende, Rowling. In: Corina Caduff und Ulrike Vedder (Hg.): Chiffre 2000 – Neue Paradigmen der Gegenwartsliteratur. München: Wilhelm Fink 2005, S. 203–220.

Schultheis, Ulrike: o. T. In: Hansjörg Weitbrecht: Michael Ende zum 50. Geburtstag. Stuttgart: Thienemann Verlag 1979, S. 49–62.

Seibert, Ernst: Themen, Stoffe und Motive in der Literatur für Kinder und Jugendliche. Wien: Facultas 2008 (UTB 3073).

Shigematsu, Sōiku: MOMO erzählt Zen. 2. Aufl., Berlin: Theseus Verlag 1995.

Staesche, Monika: Die unendliche Geschichte. In: Jacek Rzeszotnik (Hg.): Zwischen Phantasie und Realität. Michael Ende Gedächtnisband 2000. Passau: Erster Deutscher Fantasy Club e. V. 2000 (Fantasia 136/137 Schriftenreihe, Bd. 35), S. 249–252.

Staesche, Monika: Momo. In: Jacek Rzeszotnik (Hg.): Zwischen Phantasie und Realität. Michael Ende Gedächtnisband 2000. Passau: Erster Deutscher Fantasy Club e. V. 2000 (Fantasia 136/137 Schriftenreihe, Bd. 35), S. 245–248.

Steinlein, Rüdiger: Neubeginn, Restauration, antiautoritäre Wende. In: Reiner Wild (Hg.): Geschichte der deutschen Kinder- und Jugendliteratur. 3. Aufl., Stuttgart: Metzler 2008, S. 312–342.

Straus, Florian und Renate Höfer: Entwicklungslinien alltäglicher Identitätsarbeit. In: Heiner Keupp und Renate Höfer (Hg.): Identitätsarbeit heute. 2. Aufl., Frankfurt: Suhrkamp 1998 (Suhrkamp-Taschenbuch Wissenschaft 1299), S. 270–307.

Tremblay, Pascal: Die Phantasie und Phantásien. In: Jacek Rzeszotnik (Hg.): Zwischen Phantasie und Realität. Michael Ende Gedächtnisband 2000. Passau: Erster Deutscher Fantasy Club e. V. 2000 (Fantasia 136/137 Schriftenreihe, Bd. 35), S. 143–160.

Ullrich, Heiner: Rudolf Steiner. Leben und Lehre. München: C.H.Beck 2011.

Voss, Julia: Darwins Jim Knopf. Frankfurt: S. Fischer 2009.

Weitbrecht, Hansjörg: Für M. E. In: Hansjörg Weitbrecht: Michael Ende zum 50. Geburtstag. Stuttgart: Thienemann Verlag 1979, S. 5–12.

Wernsdorff, Christian von: Bilder gegen das Nichts. Zur Wiederkehr der Romantik bei Michael Ende und Peter Handke. 2. Aufl., Neuss: schampel und kleine 1983.

Wild, Reiner (Hg.): Geschichte der deutschen Kinder- und Jugendliteratur. 3. Aufl., Stuttgart: Metzler 2008.

Wild, Reiner: Von den 70er Jahren bis zur Gegenwart (Vorbemerkung). In: Reiner Wild (Hg.): Geschichte der deutschen Kinder- und Jugendliteratur. 3. Aufl., Stuttgart: Metzler 2008, S. 343–346.

Wildt, Michael: Geschichte des Nationalsozialismus. Göttingen, Vandenhoeck & Ruprecht 2008 (Grundkurs Neue Geschichte).

Nachschlagewerke und Lexika

Bauer, Wolfgang, Irmtraud Dümotz und Sergius Golowin: Lexikon der Symbole. 20. Aufl., Wiesbaden: Marix 2004.

Burdorf, Dieter, Christoph Fasbender, Burkhard Moennighoff (Hg.): Metzler Lexikon Literatur. 3. Aufl., Stuttgart: Metzler 2007.

Butzer, Günter und Joachim Jacob (Hg.): Metzler Lexikon literarischer Symbole. 2. Aufl., Stuttgart, Weimar: Metzler 2012.

Jordan, Stefan und Gunna Wendt (Hg.): Lexikon Psychologie. Hundert Grundbegriffe. Stuttgart: Reclam 2005, 2010.

Lurker, Manfred: Wörterbuch biblischer Bilder und Symbole. München: Kösel 1973.

Nünning, Ansgar (Hg.): Metzler Lexikon Literatur- und Kulturtheorie. Ansätze – Personen – Grundbegriffe. Stuttgart, Weimar: Metzler 1998.

Wiswede, Günther Univ. Prof. Dr.: Sozialpsychologie-Lexikon. München, Wien: R. Oldenbourg Verlag 2004.

Rezensionen und Artikel in Printmedien[909]

Arnu, Titus: Lebendige Geschöpfe der Phantasie. Zum Tod des Schriftstellers Michael Ende. In: Süddeutsche Zeitung vom 30. August 1995.

Auch, Joachim: Der Freund aus Lummerland. Weltruhm dank „Jim Knopf", „Momo" und „Die Unendliche Geschichte". In: Stuttgarter Zeitung vom 30. August 1995.

Becker, Thomas: Blutenburg wird Phantásien. Das erste Michael-Ende-Museum – ein Schatz für Momo-Fans. In: Süddeutsche Zeitung vom 12. Februar 1998.

Binder, Alwin: Michael Endes „Unendliche Geschichte" als ‚Schule der Phantasie'? In: Diskussion Deutsch 16, Heft 81 (1985), S. 585–598.

Bittorf, Willhelm. Fabel für eine bedrohte Welt. In: DER SPIEGEL Nr. 33 vom 15. Juli 1983, S. 130.

Bondy, Barbara, Barbara von Wulffen und Hans Heigert: Gespräch mit Michael Ende. Versuch, den Verfasser der „Unendlichen Geschichte" zum Erzählen zu bringen. In: Süddeutsche Zeitung vom 4. März 1981, S. 137.

Cerha, M.: Das weise Lächeln der Schildkröten. Der deutsche Schriftsteller Michael Ende ist am Montag in Stuttgart gestorben. In: Der Standard vom 30. August 1995.

Danler, K.-R.: Jagd nach dem Schlarg im Prinzregentheater mit absurder Poesie und bisweilen hart am Klamauk vorbei. In: Tiroler Tageszeitung vom 27. Jänner 1988.

Deggerich, Markus: Es ist furchtbar still geworden ... In: Leipziger Volkszeitung vom 16. März 1994.

Dultz, Sabine: Autor möchte Lieder schreiben. Michael Endes neues Buch „Wunschpunsch" nicht nur für Kinder. In: Münchner Merkur Nr. 236 vom 13. Oktober 1989.

Eggl, Tina: In ihm wachsen die Worte. Bestseller-Autor Michael Ende hält Audienz für seine österreichischen Freunde. In: Die Presse vom 16. April 1986.

909 Wie bereits eingangs angemerkt kann für die Printreaktionen auf Endes Werk kein Anspruch auf Vollständigkeit gestellt werden. Für die vorliegenden kann häufig kein vollständiger bibliographischer Nachweis erbracht werden. Die Verfasserin bittet hierfür um Nachsicht.

Ehret, Inga: Raus aus Kummerland. Julia Voss zeigt, wie Michael Endes Jim Knopf gegen die Pervertierung von Darwins Evolutionstheorie streitet. In: Süddeutsche Zeitung Nr. 249 vom 29. Oktober 2009, S. 15.

Ester, Hans: Gespräch mit Michael Ende. In: Deutsche Bücher 23, Heft 3 (1993), S. 175–189.

Freund, Wieland: Von Kummerland nach Phantásien. Er schuf „Jim Knopf" und „Momo": Morgen wäre Michael Ende 80 Jahre alt geworden. In: Die Welt Nr. 263 vom 11. November 2009, S. 24.

Fussenegger, Gertrud: Heiterkeit hinter einer seltsamen Geschichte. In: Salzburger Nachrichten vom 7. Juli 1973.

Gehringer, Thomas: Geburtstag auf Lummerland. Jim Knopf wird heute 40 Jahre alt. In: TSP Nr. 17136 vom 9. August 2000.

Grimm, Gunter: Keine Königskinder in Mutlangen. Zu den Gedichten von Biermann und Ende. Stuttgarter Zeitung vom 1. Oktober 1986.

Gutschke, Irmtraud: Phantastische Reise durch die Realität. In: Neues Deutschland vom 22./23. Oktober 1988.

Gutschke, Irmtraud: Verwandlungen. Michael Endes „Zettelkasten". In: Neues Deutschland (Beilage zur Leipziger Buchmesse 1994) vom 17.3.1994.

Hage, Volker: Ein völlig ungefährliches Labyrinth. Michael Endes Prosazyklus „Der Spiegel im Spiegel". In: Frankfurter Allgemeine Zeitung vom 17. April 1984.

Hage, Volker: Vom märchenhaften Erfolg des Michael Ende. In: Frankfurter Allgemeine Zeitung vom 31. Oktober 1981.

Haider, Hans: Bastian vor der Kindlichen Kaiserin. Michael Ende, der Autor des Erfolgsbuchs „Die unendliche Geschichte", im Gespräch. In: Die Presse vom 30./31. Mai 1981.

Hanck, Frauke: Wer sagt uns denn, daß es wirklich keine Gespenster gibt? In: DIE WELT Nr. 253 vom 26. Jänner 1990.

Heitz, Dominik: Kinderbuchklassiker. Jim Knopfs Abenteuer mit Lukas dem Lokomotivführer und der wilden 13. In: BZ Nr. 169 vom 22./23. Juli 2000.

Hocke, Gustav René: Märchen von der geraubten Zeit. In: DIE WELT vom 11. Oktober 1973.

Hofer-Mangold, Lisette u. a.: „Ein rassistisches Buch? Ich glaube nicht." Eine Auswahl von Leser(innen)briefen zum Artikel „Jim Knopf und antirassistische Erziehung" im TA vom 9. August. In: Tages-Anzeiger vom 18. August 1994.

Hoffmann, Christian: Reise nach Phantásien. Michael Endes „Unendliche Geschichte". In: Arbeiter-Zeitung vom 8. Jänner 1988.

Hoppe, Felicitas: Im geheimen Garten. Über den schwierigen Pinocchio, die einsame Pippi Langstrumpf und die Notwendigkeit, Kinderbücher zu lesen. In: Süddeutsche Zeitung Nr. 287 vom 12. Dezember 2009, S. 19.

Hugendubel, Stefanie: Spielregeln für die Phantasie. Der Autor Michael Ende sucht den Anschluß an seinen früheren Erfolg. In: Süddeutsche Zeitung vom 12./13. November 1994.

Hugendubel, Steffi: „Ich bin ein Nachfahre der Romantiker." In: DIE ZEIT (ZEITmagazin) Nr. 47 vom 18. November 1994.

Hugendubel, Steffi: Das Lächeln der Schildkröte. In: Tages-Anzeiger (Magazin) Nr. 49 vom 10. Dezember 1994, S. 12, 15–18.

Hürlimann, Brigitte: Jim Knopf und antirassistische Erziehung. Michael Endes Buch als Unterrichtsmittel im Kindergarten? Eine schwarze Mutter wehrte sich – ohne Erfolg. In: Tages-Anzeiger vom 9. August 1994.

Klein, Georg: Michael Ende, Schundautor. Aus einem kleinen Kanon schlechter Bücher (15). In: Frankfurter Rundschau Nr. 156 vom 8. Juli 2000.

Kopp, Eduard: Böse Träume schmecken gut. Michael Endes Kinderbuch „Das Traumfresserchen" ist jetzt bei dtv neu erschienen. Es enthält die Zauberformel, die allen Kindern einen ruhigen Schlaf beschert. In: DAS vom 2. August 1991.

Kuby, Erich: Deutsches Kultbuch für Flippies und Aussteiger. In: konkret vom September 1981.

Lachat, Pierre: Die Labyrinthe des Michael Ende. In: Tages-Anzeiger (Magazin) Nr. 18 vom 4. Mai 1985, S. 28–36.

Lehnartz, Sascha: Von Lummerland lernen. Griff in die Geschichte. In: DIE WELT Nr. 184 vom 9. August 2000.

Linder, Christian: „Auch in mir ist niemand". Gespräch mit dem Schriftsteller Michael Ende. In: Süddeutsche Zeitung vom 12. Juli 1985.

Lodemann, Jürgen: Träume vom Nachtwald Perelin. In: DIE ZEIT vom 16.6.1979.

Löffler, Sigrid: Phantasien tour-retour. In: profil vom 6. Juli 1981.

Löw, Reinhard: Drache und Pirat. Michael Ende wird sechzig. In: Frankfurter Allgemeine Zeitung Nr. 263 vom 11. November 1989.

Lutz, Sigrun: Die unendliche Lust am Fabulieren. Autor zwischen Traum und Wirklichkeit: Michael Ende zum fünfundsechzigsten Geburtstag. In: Stuttgarter Zeitung Nr. 262 vom 12. November 1994.

Malkowski, Rainer: Mit den Schatten, mit den Träumen leben. Drei ungewöhnliche Bilderbücher für Vier- bis Achtjährige. In: Süddeutsche Zeitung Nr. 133 vom 11./12. Juni 1988.

Modick, Klaus: Raunen in der Nacht. In: DIE ZEIT vom 12. Februar 1988.

Mogge, Birgitta: In jedem steckt ein Held oder auch ein Feigling. In: RM vom 11. November 1994.

Müske, Eberhard: Michael Ende „Unendliche Geschichte". Eine Reise nach Phantásien als Flucht nach innen? In: Deutschunterricht 45, Heft 5 (1992), S. 259–266.

o.V.: „... schrieb es zum eigenen Vergnügen". Am Sonntag liest Michael Ende vor Wolfsburger Kindern. 18. Oktober 1962.

o.V.: „Jim Knopf" in der Jugendbücherei. In: Rheinische Post Nr. 283 vom 6 Dezember 1969.

o.V.: „Jim Knopf" wird 40. In: Vorarlberger Nachrichten vom 5. August 2000.

o.V.: „Poesie ist so wichtig wie Essen und Trinken". Der Schriftsteller Michael Ende und seine Gemeinde. In: DER SPIEGEL vom 15. August 1983.

o.V.: Das Mädchen und die Grauen Herren. Zur Verfilmung des Romans „Momo" von Michael Ende. In: Neue Zürcher Zeitung vom 25. Juli 1986.

o.V.: Dickhäuter auf Sinnsuche. In: DIE ZEIT Nr. 2 vom 4. Jänner 1985, S. 35.

o.V.: Jim Knopf feiert Geburtstag. Runder Geburtstag auf Lummerland – Michael Endes Kinderbuchklassiker „Jim Knopf" wurde 40. In: Tiroler Tageszeitung Nr. 186 vom 12./13. August 2000.

o.V.: Krankes Mondenkind. In: DER SPIEGEL Nr. 80 vom 23. Juni 1980.

o.V.: Lese-Magie. In: profil vom 15. Dezember 1980.

o.V.: Michael Ende zum 65. Geburtstag. In: Fantasia, Heft 91/92 (1994), S. 290–314.

o.V.: Michael Ende, 59, Erfolgsschriftsteller. In: DER SPIEGEL Nr. 45 vom 6. November 1989, S. 326.

o.V.: Michael Ende. In: Neue Zürcher Zeitung vom 11. Juli 1986.

o.V.: Mondenkind Lucifer. In: DER SPIEGEL Nr. 14 vom 2. April 1984.

o.V.: Raiffeisen-Kulturpreis an Michael Ende. In: Süddeutsche Zeitung Nr. 250 vom 28. Oktober 1988.

o.V.: Schriftsteller Michael Ende wird 60. In: Dolomiten vom 11./12. Juni 1989.

Peters, Jürgen: Mit Peter Glotz durch die Hitliste. Die Belletristik-Sellerliste am Vorabend der Buchmesse. In: Frankfurter Rundschau vom 6. Oktober 1984.

Rehlinger, Oliver: Im Kettenhemd der Phantasie. Zu einigen Bildern Michael Endes. In: Kürbiskern, Heft 4 (1987), S. 114–123.

Rosenbladt, Maja von: Er träumt zuviel. Endes jüngstes Kinderbuch. In: Süddeutsche Zeitung vom 26. März 1992.

Ruggle, Walter: „Wir alle können graue Herren werden“. In: Tages-Anzeiger vom 25. Juli 1986, S. 5.

Schleider, Tim: Lokomotivenplage in Jimballa In: Stuttgarter Zeitung Nr. 182 vom 9. August 2000.

Schröder, Wolfgang: Hingabe, Distanz oder Desinteresse. Entwurf eines Lesertypenmodells aus Beispielen dargestellten Lesens bei Michael Ende, Alfred Andersch und anderen. In: Der Deutschunterricht 40, Heft 4 (1988), S. 9–20.

Schüle, Christian und Karl F. Rommel: Von Müdigkeit absolut keine Spur. Der berühmte deutsche Märchenonkel Michael Ende wurde sechzig Jahre alt. In: Vorarlberger Nachrichten vom 2./3. Dezember 1989.

Schwarzkopf, Margarete von: Dreißig düstere Legenden. In: DIE WELT vom 21. Juni 1984.

Schwieren-Höger, Ulrike: Nieselprim, Stups & Co. Michael Endes „Zettelkasten“ oder Der Durst nach dem Wunderbaren hält an. In: DIE WELT vom 4. Juni 1994.

Spengler, Tilman: Stammtischlein deck dich. Erhard Eppler und Michael Ende im Gespräch. In: Süddeutsche Zeitung vom 1. Juli 1982.

Stadelmaier, Gerhard: Der Drachenvergolder. Blaue-Blume-Reisen: Zum Tode des Traumstellers Michael Ende. In: Frankfurter Allgemeine Zeitung vom 30. August 1995.

Steiger, Christine: Der Stoff, mit dem man Schüler quält. Michael Ende: Das Rätsel wird zum Selbstzweck. In: Weltwoche vom 12. April 1984.

Steiger, Christine: Der Zauberlehrling. In: Weltwoche Nr. 25 (Magazin) vom 23. Juni 1982.

Steinert, Hajo: Von der Gegenkraft der Phantasie. Zum Tod von Michael Ende, dem Autor von „Jim Knopf“ & „Momo“ & „Die unendliche Geschichte“. In: BZ vom 30. August 1995.

Sternburg, Judith von: Times Mager Nr. 7. In: Frankfurter Rundschau Nr. 199 vom 28. August 2010, S. 33.

Stössinger, Verena: Spass am absichtslosen Spiel der Phantasie. Mit dem Kinderbuchautor Michael Ende ist eine Kult- und Identifikationsfigur gestorben. In: Tages-Anzeiger vom 30. August 1995.

Teuffenbach, Ingeborg: Der Vater von Jim Knopf und Momo. Der Jugendbuchautor und Kinderweltverzauberer Michael Ende ist 60. In: Tiroler Tageszeitung Nr. 261 vom 11./12. November 1989.

Thiel, Thomas: Des Philologen Kinderstube. Marbach gewährt Einblick in Michael Endes Nachlaß. In: Frankfurter Allgemeine Zeitung Nr. 201 vom 30. August 2005, S. 36.

Thiele, Jens: Erzengel im Cyberspace. Zur bibliophilen Neuauflage von Michael Endes „Vollmondlegende“. In: DIE ZEIT Nr. 12 vom 18. März 1994.

Thomann, Felix: Michael Ende: „Jedes Buch ist ein Abenteuer“. In: Basler Zeitung vom 26.11.1984.

Tschapke, Reinhard: In den Lüften der Phantasie. Michael Ende wird 60. In: DIE WELT vom 10.11.1989.

Tschapke, Reinhard: Wunderbare Welten, unendliche Geschichten. Zum Tode von Michael Ende, der Kinderbücher für Erwachsene schrieb. In: DIE WELT vom 30. August 1995.

Unger, Torsten: Hüter der Hoffnung. Poesie von der Straße – Michael Ende las in Weimar. In: Treffpunkt vom 29. Juni 1991.

Vogdt, Herbert: Wie Shakespeare über die Rampe gekommen. Interview mit Michael Ende über sein Leben, seine Arbeit. In: Börsenblatt für den Deutschen Buchhandel 41, Heft 25 (1985), S. 920–933.

Voss, Julia: Im Inneren des Michael-Ende-Effekts. In: Frankfurter Allgemeine Zeitung Nr. 289 vom 12. Dezember 2009, S. Z1–Z2.

Voss, Julia: Lang lebe der König von Jimballa. In: Frankfurter Allgemeine Zeitung Nr. 182 vom 9. August 2010, S. 25.

Winder, Christian J.: „Meine Geschichten sind nicht Botschaft". Michael Ende las aus neuen Erzählungen. In: Tiroler Tageszeitung vom 3. April 1986.

Wintersteiner, Werner: Optimist Ende: Alles spricht für Verzweiflung. Der Autor der „Unendlichen Geschichte" las in Wien. In: Der Standard vom 17./18. März 1990.

Winz, Hari Gustav: Wer alle Märchen kennt .... In: Die Wahrheit vom 24. Dezember 1970.

Wochele, Rainer: Ein höllisches Schlückchen Wunschpunsch. Erfolgsautor Michael Ende hat im Stuttgarter Wilhelms-Palais aus seinem neuen Buch gelesen. In: Stuttgarter Zeitung vom 10. März 1990.

Wolf, Kim: Die Hoffnung heißt Phantasie. In: tele vom 29. März 1984.

Zimmer, Dieter E.: Der Mann, der unserer Zeit die Mythen schreibt. In: DIE ZEIT (ZEITmagazin) Nr. 24 vom 5. Juni 1981, S. 44–45.

World Wide Web

http://kath-zdw.ch/maria/sakramente.html#Die%20Taufe, zugegriffen am 4. Februar 2013, 17:30.

http://www.faz.net/themenarchiv/2.1151/wirkung/darwin-jahr-2009-jim-knopf-rettet-die-evolutionstheorie-1741253.html, zugegriffen am 16. November 2011, 20:01.

http://www.gustav-rene-hocke.de/stimmen.php, zugegriffen am 28. November 2012, 19:11.

http://www.michaelende.de/autor/biographie/das-kriegsende, zugegriffen am 8. November 2012, 19:28.

http://www.michaelende.de/autor/biographie/die-erinnerung-lebt-fort, zugegriffen am 3. Februar 2013, 18:41.

http://www.michaelende.de/autor/biographie/die-eskapismus-debatte-in-deutschland, zugegriffen am 11. November 2012, 13:11.

http://www.michaelende.de/autor/biographie/die-schulzeit, zugegriffen am 8. November 2012, 18:13.

http://www.michaelende.de/autor/biographie/edgar-ende-und-seine-kunst, zugegriffen am 14. November 2012, 10:09.

http://www.michaelende.de/autor/biographie/hamburger-bombennacht-und-das-erste-gedicht, zugegriffen am 8. November 2012, 19:00.

http://www.michaelende.de/autor/biographie/krankheit-und-tod, zugegriffen am 1. Februar 2013, 11:02.

http://www.michaelende.de/buch/die-unendliche-geschichte, zugegriffen am 31. August 2012, 17:24.

http://www.psychotherapiepraxis.at/artikel/icd-10/gf30.phtml, zugegriffen am 19. Jänner 2013, 11.17.

http://www.waldorf.at/hauptseiten/schule.htm, zugegriffen am 5. Februar 2013, 17:26.

http://www.youtube.com/watch?v=wh2aR_Rs_zk, zugegriffen am 7. November 2012, 11:20.

Abbildungen

Abb. 1: Ende, Michael: Der satanarchäolügenialkohöllische Wunschpunsch. 5. Aufl., Stuttgart/Wien: Thienemann 2011, S. 194. Zeichnung von Regina Kehn, Reproduktion durch die Verfasserin.

Abb. 2: http://upload.wikimedia.org/wikipedia/commons/d/db/Chrysopoea_of_Cleopatra_1.gif, 14. März 2013, 17:03.

Abb. 3: Krefting, Miki: Golden Rider. Tarot Set. Neuhausen: Urania 1994. Karte I, Der Magier. Reproduktion durch die Verfasserin.

Abb. 4: Krefting, Miki: Golden Rider. Tarot Set. Neuhausen: Urania 1994. Karte IX, Der Eremit. Reproduktion durch die Verfasserin.

Abb. 5: Krefting, Miki: Golden Rider. Tarot Set. Neuhausen: Urania 1994. Karte XVI, Der Turm. Reproduktion durch die Verfasserin.

Abb. 6: http://www.uni-regensburg.de/philosophie-kunst-geschichte-gesellschaft/kunstgeschichte/medien/alben/2012-11-29-austellung-kosmos-farbe/klee._wachstum_der_nachtpflanzen_1922.jpeg, 12. März 2013, 16:04.

Abb. 7: http://upload.wikimedia.org/wikipedia/commons/thumb/f/fc/Pieter_Bruegel_the_Elder_-_The_Tower_of_Babel_%28Vienna%29_-_Google_Art_Project_-_edited.jpg/1280px-Pieter_Bruegel_the_Elder_-_The_Tower_of_Babel_%28Vienna%29_-_Google_Art_Project_-_edited.jpg, 13. März 2013, 11:54.

Abb. 8: Hocke, Roman und Thomas Kraft: Michael Ende und seine phantastische Welt. Die Suche nach dem Zauberwort. Stuttgart u. a.: Weitbrecht 1997, S. 26. Zeichnung von Edgar Ende. Reproduktion durch die Verfasserin.

Abb. 9: http://4.bp.blogspot.com/--n7k4rsITSY/UHNhfyxycfI/AAAAAAAA-Di4/GjrZEfuPhDw/s1600/Giuseppe+Arcimboldo+40.jpg, 10. März 2013, 08:17.

Abb. 10: http://xgfk11pbd.files.wordpress.com/2011/09/dali1.gif, 11. März 2013, 17:31.

Abb. 11: http://uploads6.wikipaintings.org/images/giorgio-de-chirico/hector-and-andromache-1912.jpg, 12. März 2013, 16:40.

Zeitfracht Medien GmbH
Ferdinand-Jühlke-Straße 7
99095 Erfurt, Deutschland
produktsicherheit@kolibri360.de